国家社会科学基金重点项目"促进更充分更高质
问题研究"（批准号：20AZD071）研究成果

RESEARCH ON
PROMOTING FULLER AND
HIGHER-QUALITY EMPLOYMENT

促进更充分更高质量
就业问题研究

王霆 等◎著

经济管理出版社
ECONOMY & MANAGEMENT PUBLISHING HOUSE

图书在版编目（CIP）数据

促进更充分更高质量就业问题研究/王霆等著.—北京：经济管理出版社，2023.9
ISBN 978-7-5096-9280-6

Ⅰ.①促…　Ⅱ.①王…　Ⅲ.①就业—研究—中国　Ⅳ.①D669.2

中国国家版本馆 CIP 数据核字（2023）第 180595 号

组稿编辑：郭丽娟
责任编辑：范美琴
责任印制：黄章平
责任校对：张晓燕

出版发行：经济管理出版社
　　　　　（北京市海淀区北蜂窝 8 号中雅大厦 A 座 11 层　100038）
网　　址：www.E-mp.com.cn
电　　话：（010）51915602
印　　刷：唐山昊达印刷有限公司
经　　销：新华书店
开　　本：720mm×1000mm/16
印　　张：18.25
字　　数：334 千字
版　　次：2023 年 11 月第 1 版　　2023 年 11 月第 1 次印刷
书　　号：ISBN 978-7-5096-9280-6
定　　价：98.00 元

前　言

我国始终坚持以人民为中心的发展理念。就业是民生之本，促进就业是安国之策，就业被习近平总书记视为"最大的民生工程、民心工程、根基工程"。党的十八大以来，在习近平新时代中国特色社会主义思想的指引下，结合经济社会发展新形势的需要，党和政府围绕做好就业工作推进了一系列重要举措，在确保民生的基础上有力地推动着我国经济的高质量发展。"十四五"期间，中国经济面临需求收缩、供给冲击、预期减弱三重压力，国内就业市场也出现了新的挑战和机遇，科学回答新时代中国如何实现更充分更高质量就业等一系列重要理论与实践问题，进一步丰富发展就业优先战略和积极就业政策，对于实现中国式现代化具有重要的理论价值和现实意义。

笔者自进入中国人民大学劳动人事学院从事博士后研究工作开始，紧紧围绕"新形势下中国就业问题"这一主线持续开展研究，以经济学、管理学为主体，融合社会学、法学、教育学等跨学科视角，在宏观层面探讨我国就业战略发展的理论基础和现实逻辑，在微观层面探讨大学生和职业技术学校学生的就业能力培养以解决高校毕业生和技能型人才的结构性失业问题，并以此为基础系统研究扩大就业战略背景下我国重点群体就业质量问题，通过多种分析方法揭示新形势下实现高质量就业的关键要素，探讨提升就业质量的有效路径。近年来，笔者在任教的中国政法大学商学院带领研究团队注重从宏观政策角度，通过政策量化评估方法分析我国就业政策的实际效用，运用复杂系统理论和方法探讨新时代促进高质量充分就业的政策协同机制。在前期研究积累的基础上，于2020年获得国家社会科学基金的立项资助，本书就是由笔者主持的研究阐释党的十九届四中全会精神国家社会科学基金重点项目"促进更充分更高质量就业问题研究"（项目批准号：20AZD071）的相关研究成果。

党的十九届四中全会明确提出，为了满足人民日益增长的美好生活需要，要健全有利于更充分更高质量就业的促进机制。然而在过去的三年时间里，伴随着经济下行压力增大、新冠肺炎疫情暴发、中美贸易摩擦加剧、实施"双碳"目标、全面整顿互联网平台、"双减"政策治理教培行业等众多因素影响，我国就业市场状况发生一定变化，尤其对于大学生、农民工、灵活就业者等重点就业群体而言，就业不稳定性、不确定性明显增加。在此背景下，对新形势下我国就业问题尤其是重点群体就业问题开展研究，对于实现更充分更高质量就业政策目标，不仅具有重要的应用价值、学术价值，同时还能够产生深远的社会意义。

本书遵循"从理论分析到实证研究，从整体系统到重点群体，从现实问题到政策建议"的逻辑思路，在对"充分就业"和"高质量就业"两个基本概念的内涵发展、评价指标、影响因素、实施对策等方面进行文献综述的基础上，分别从整体系统角度和重点群体角度开展研究：在促进城镇整体更充分更高质量就业方面，本书呈现了与就业数量、就业质量相关的两个实证研究；针对重点群体开展了促进大学生高质量就业、促进农民工更充分就业、提高灵活就业者就业质量等方面的专题研究，并针对大学生就业、农民工就业、灵活就业者就业的典型政策开展量化评估研究，据此提出针对重点群体就业政策的优化建议。

本书研究团队有着良好的合作氛围，团队成员对中国就业领域的学术研究充满激情，在研究过程中针对理论前沿开展充分讨论，从复杂适应系统研究范式构建就业生态治理的底层逻辑，运用多种研究方法从不同视角开展学术问题研究；深入现实聚焦就业热点问题，针对大学生慢就业、网络营销师新职业等现象形成研究命题，并在大学生、农民工、灵活就业者等重点群体中开展一线调查研究，尤其是在新冠肺炎疫情防控期间，克服种种困难收集一手资料和调研数据，确保课题研究的顺利开展。课题研究取得了大量的研究数据，形成了较好的研究成果，撰写了十余项研究报告和学术论文，其中多篇论文发表在国内外核心期刊，相关研究内容形成国家高端智库研究报告被国家相关政府部门采纳。

由于受篇幅限制，本书收录了课题研究的大部分主要成果，按照研究的逻辑思路共形成了七章：第一章由王霆撰写，分析了我国就业领域取得的成绩、当前就业的总体形势以及面临的挑战和机遇，对本书研究的研究背景、研究意义、研究思路和研究方法进行总体阐述；第二章由王霆、孔令哲、王薇昭、张娟撰写，对充分就业和高质量就业相关概念进行国内外文献研究综述；第三章从就业数量和质量两个角度开展了促进城镇更充分更高质量就业的两项实证研究，分别是由王霆、尤璐璐撰写的"新创企业与高质量就业岗位创造"和由邓晓、赵佳一、习开元撰写的"数字经济、营商环境与高质量就业"；第四章由王霆、林申琦、杨春林、韩庭轩、李世清、刘玉负责撰写，分别对大学生高质量就业的现实问题、大学生就业质量评价指标体系、大学生就业质量影响因素、大学生慢就业选择意愿、新冠肺炎疫情突发对大学生就业舆情的影响等问题开展研究；第五章由王霆、李洋负责撰写，对促进农民工更充分就业的现实问题、基本思路和有效路径开展研究；第六章由王霆、高迪、章敏负责撰写，分别对新就业形态发展的现实问题、新就业形态典型职业的特征分析和灵活就业者就业质量的影响因素等问题开展研究；第七章由王霆、刘玉、刘娜负责撰写，分别对大学生、农民工、灵活就业者等重点群体的就业政策开展量化评估，并提出政策优化建议。

本课题研究得到了国家社会科学基金的资助，尤其是全国哲学社会科学工作办公室对于课题研究过程的严谨管理以及课题匿名评审专家们认真负责和耐心细致的评阅确保了本项研究的质量。此外，本书的出版还得到了中央高校基本科研业务费专项资金资助。在研究过程中，本课题得到了笔者的博士后合作导师中国人民大学劳动人事学院曾湘泉教授的全程宝贵指导，得到了北京交通大学经济管理学院唐代盛教授，华东师范大学社会发展学院卿石松教授，广东工业大学经济与贸易学院明娟教授，北京林业大学经济管理学院汪雯教授，首都经济贸易大学劳动经济学院李晓曼教授、张成刚副教授，中国政法大学商学院李欣宇教授、何欣教授、王玲教授、郭颖教授、慕凤丽副教授、成福蕊副教授、黄丽君副教授、顾凡老师、王辉老师、邓晓老师、王尧老师、李琼华老师、何立丹老师、贾娜琳捷老师等诸多学者和同仁的大力支持。本课题从研究立项到成书出版，一直都得到中国政法大学科研处和商学院各位领导和老师的关心与支持。本书的出版还得到了经济管理出版社郭丽娟老师的大力支持和帮助，出版社在本书的编辑校对和出版发行方面付出了大量心血。在此向他们表示衷心的感谢。

有关中国就业问题的研究是长期而艰巨的任务，本书尝试运用管理学、经济学、社会学等多学科的研究方法，从促进更充分更高质量就业的政策目标视角来探讨这一社会现实问题。由于自身研究视野和相关调研数据的局限，研究仍然存在一定的差距和不足。此外，本项课题研究起止时间正值新冠肺炎疫情防控期间，其中诸多表述和对策建议都是基于当时的现实背景展开的针对性论述，与当前现实情况会有一些不同之处，需要在今后的研究中结合新的社会经济发展需要，进一步开展理论联系实际的就业问题研究，在中国式现代化进程中为实现高质量充分就业目标贡献力量。

王霆

2023 年 6 月于中国政法大学商学院

目　录

第一章　绪论

党的十九届四中全会明确提出，为了满足人民日益增长的美好生活需要，要健全有利于更充分更高质量就业的促进机制。就业被习近平总书记视为"最大的民生工程、民心工程、根基工程"。作为"六稳""六保"之首，就业工作一直是决策层的施政重点。当前中国经济面临需求收缩、供给冲击、预期减弱三重压力，把促进更充分更高质量就业作为评价经济社会发展成果的重要指标，形成以财政保障为基础、社会多方力量共同投入的长效机制，选择就业优先的经济发展战略，实施促进就业的综合性政策体系，对此展开的研究将是一项具有理论价值和现实意义的前瞻性课题。

一、研究背景

党的十八大以来，在习近平新时代中国特色社会主义思想的指引下，坚持以人民为中心的发展思想，我国就业领域取得了辉煌成就，在确保民生的基础上有力地推动着我国经济的高质量发展。"十四五"期间，面对新的经济环境，我国就业市场也出现了新的挑战和机遇，影响到我国更充分更高质量就业目标的实现。

（一）我国就业领域取得的成就

就业是民生之本，促进就业是安国之策。我国持续深化劳动就业领域改革，在就业总量、就业结构、就业质量等方面发展迅速，走出了一条具有中国特色的就业发展道路。根据瑞士洛桑国际管理学院发布的《2022世界竞争力报告》，我国就业指标排名第15，劳动力市场指标排名第7，就业方面总体呈现向好的趋势。

就业总量方面，我国呈现出持续增长的态势，实现较为充分就业。据国家统计局数据（见图1-1），自1990年以来，我国就业人数不断攀升，失业率稳步下降，年均就业增长率保持在0.62%，年均就业增长人数达438.7万人，位居世界前列。截至2021年，我国就业人数已达74654万人，较1990年增加了9905万人。尽管近几年略有下降，但不可否认的是，30多年来，我国就业总量总体呈现增长趋势。同时，我国城镇登记失业率自 2009 年后呈逐渐下降的趋势，到 2019 年达到最低，仅为 3.6%，远低于英美等发达国家同期水平，同时低于全球平均水平。

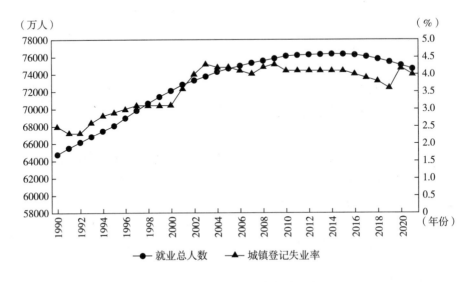

图 1-1　我国就业总量与失业率

资料来源：国家统计局。

　　就业结构方面，我国逐步实现了就业从农村向城镇的转移，从第一产业向第三产业的转移，从国有经济体向私营经济体的转移，就业结构持续优化和完善。据国家统计局数据（见图 1-2 和图 1-3），1990~2021 年，城镇就业人员规模及比重不断扩大，从 17041 万人上升至 46773 万人；第三产业逐步成为吸纳就业的主力军，就业人数从 11979 万人增加到 35868 万人。私营企业和个体工商户相较过去吸纳了大量就业人员，从 2275 万人增加到 40524 万人。就业结构的不断优化，不仅提升了我国劳动力整体质量，更有助于配合和推进我国经济社会的健康发展。

　　就业质量方面，我国劳动力市场调控政策取得了明显成效，社会保障覆盖范围不断扩大，保障水平持续提升。据全球经济指标数据网（Trading Economics）数据，2022 年底我国社会保障覆盖率达到 39.2%，参保人数达 55373.92 万人。国家特别关注重点就业群体，不断推出关于大学生、农民工以及就业困难人员的就业保障和服务措施，增加就业机会，提高就业质量。此外，各级政府也在积极采取措施，提升就业服务水平，比如人社部推出的公共就业服务平台"就业在线"已正式运行,运用数字化手段更好地服务就业市场。

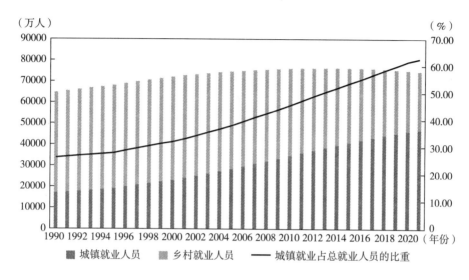

图 1-2 我国城乡就业结构

资料来源:国家统计局。

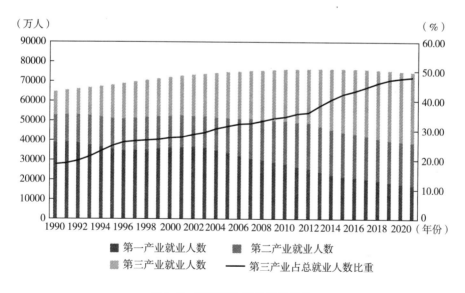

图 1-3 我国三次产业就业结构

资料来源:国家统计局。

（二）当前我国的总体就业形势

尽管我国就业形势长期整体向好，但近期受世界贸易环境变化、宏观经济增速放缓及新冠肺炎疫情等突发事件影响，我国当前就业市场正面临新的变化，就业形势较为严峻。据国家统计局数据（见表1-1），2022年第一季度就业形势基本稳定，但自3月起受新冠肺炎疫情影响就业压力显著增加，且持续影响到第二季度。4月全国城镇调查失业率为6.1%，较3月再次上升0.3个百分点，5月则有所回落，但较2021年5月同比上升0.9个百分点。可以看出，经济和就业在疫情下承受着一定冲击，尽管在复工复产工作的稳定推进下，全国城镇调查失业率呈现了下降趋势，但是31个大城市的城镇调查失业率却依然居高不下，就业形势依然严峻。

表1-1 2021年5月至2022年5月全国和31个大城市城镇调查失业率情况

时间	全国城镇调查失业率（%）	31个大城市城镇调查失业率（%）
2021年5月	5.0	5.2
2021年6月	5.0	5.2
2021年7月	5.1	5.2
2021年8月	5.1	5.3
2021年9月	4.9	5.0
2021年10月	4.9	5.1
2021年11月	5.0	5.1
2021年12月	5.1	5.1
2022年1月	5.3	5.4
2022年2月	5.5	5.4
2022年3月	5.8	6.0
2022年4月	6.1	6.7
2022年5月	5.9	6.9

资料来源：国家统计局。

中国人民大学中国就业研究所与智联招聘联合发布的中国就业市场景气指数（CIER）反映的是劳动力市场上职位空缺与求职人数间的比例关系。该指数越高则表明提供给当下就业人群的就业岗位越多，市场上就业竞争越缓和，就业机会及就业信心也越高。受新冠肺炎疫情影响，2022年第一季度中国就业市场景气指数（CIER）为1.56，低于前一季度的1.99与上年同期的1.66。虽然目前该指数的下降幅度有所收窄，但我国整体就业市场景气程度受疫情影响较明显。

总体来说，受宏观经济增速放缓等因素的影响，我国就业市场压力有所增加。现阶段，挑战与机遇共存，只有客观分析就业市场面临的新挑战，制定更有效的就业政策，才能抓住机遇，走出困境。

（三）我国就业市场面临的挑战

在新的经济环境下，当前我国就业市场面临着劳动力供给量下降、重点就业群体压力持续加大、就业极化现象逐步显现、不确定性因素增多等多重挑战。

1. 劳动力供给量下降趋势明显

在过去的约 30 年间，我国人口结构发生了较大变化，人口老龄化程度逐渐加剧。据国家统计局数据（见图 1-4），15~64 岁劳动年龄人口所占比例从 2010 年开始呈现明显下滑走势，其比例从 2010 年的 74.5% 下降到 2021 年的 68.3%。当前我国劳动参与率也在不断降低，尤其 16~24 岁青年劳动人口因高等教育的普及，劳动参与率持续降低；而 55 岁以上老龄劳动人口因近年来我国退休福利不断提高也呈现明显下降趋势，导致目前我国经济活动人口呈下降趋势。虽然劳动力供给量下降在一定程度上缓解了就业市场压力，但也导致了劳动力成本上升、国家和企业竞争力下降等一系列问题，给我国的劳动力市场带来了新的挑战。

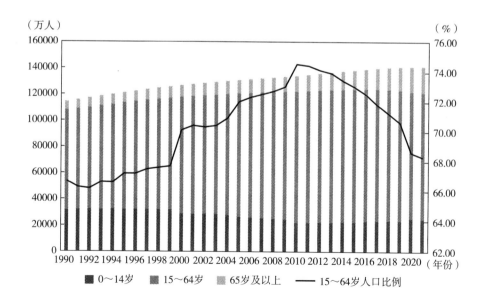

图 1-4 1990~2021 年我国人口结构

资料来源：国家统计局。

2. 重点群体就业压力持续加大

大学生和农民工历来是我国就业领域关注的重点群体。2022 年，我国高校毕业生人数突破新高，达到 1076 万，预计未来还将持续增加。而与此同时，随着经济增速放缓，我国新增就业岗位呈现增速减缓的趋势，更进一步加剧了我国大学生就业难问题。在农民工就业方面，根据 2021 年国家统计局发布的《农民工监测调查报告》，我国农民工总量达到 29251 万人，其占城镇就业人口的比例约为 62.5%。农民工数量非常庞大，其学历水平和职业化程度普遍较低，就业能力和就业选择较为局限，就业质量普遍不高。与此同时，受经济形势影响，重点群体的就业压力将持续加大。

3. 就业极化现象开始逐步显现

就业极化是一种由劳动力市场结构变化所导致的就业向极端方向发展的现象，过度的就业极化容易造成劳动者分流、失业率上升、收入差距扩大、生活满意度下降等问题，给我国今后的就业工作带来潜在问题。我国劳动力市场供给近年来在学历、就业地区、就业行业方面呈现明显的极化现象。据《中国人口和就业统计年鉴2021》，在学历方面，初中及以下学历劳动者数量庞大，多于高中学历及以上学历劳动者之和，占比约为 60.4%；而研究生学历劳动者占比仅为 1.1%，低教育水平就业人口极化严重。在就业地区方面，我国华东和中南地区就业人口占据绝对的数量优势，占比为 59.8%，大于其他地区就业人口占比总和，而对比之下，东北地区就业人口占比最少，仅为 6.6%，就业人口区域极化现象明显。在就业行业方面，公共行政、社会及个人服务行业与金融、保险、地产、专业及商用服务行业共占比 53.2%，在吸纳就业方面具有绝对优势。

4. 就业市场不确定性因素增多

近年来，中国就业市场的不确定因素逐渐增加，给我国就业市场带来新的挑战。一是随着我国对环保整治力度的不断加大，关停了一批环保不达标企业，岗位供给下降。二是中美贸易摩擦导致关税增加，影响进出口产业链企业生产效益，一定程度上影响到出口导向型企业的就业吸纳能力。三是随着社保改由税务部门征收，企业担心实际税率提高而裁员，给就业岗位创造带来了消极影响。四是新冠肺炎疫情期间大量企业停工停产，失业率上升较为明显，为未来就业环境带来更多变数。

（四）我国就业市场面临的机遇

在我国就业市场面临劳动力供给下降、市场不确定因素增加等新挑战的同时，"三新"经济快速发展，数字化产业转型创造出新需求，新型城镇化提供新动力以及就业新政策频出，也都为就业市场孕育着新的机遇。

1. "三新"经济激发新动能，展现就业吸纳力

据国家统计局数据，2020 年我国包括新产业、新业态、新商业模式在内的"三新"经济增加值为 169254 亿元，比上年增长 4.5%，超过同期国内生产总值（GDP）增速 1.5 个百分点，占 GDP 的比重为 17.08%，比上年提高 0.7 个百分点。"三新"经济在推动社会经济高质量发展的同时，也为我国就业市场带来新动能。"三新"经济的蓬勃发展将通过新科技、新技术的运用，拓展现有产业链，开辟新的市场空间，推进经济高质量发展，从而带动就业，向市场提供更多新的岗位，促进自主创业、灵活就业等多种新型就业形式发展，优化整体就业环境，为就业市场带来新的活力。

2. 数字化转型创造新需求，培育就业新形态

数字化转型是企业通过将生产、管理、销售各环节与互联网、大数据等相结合，实现企业业务数字化发展的过程。据互联网数据中心（IDC）2022 年的预测，中国企业的数字化转型相关投资在 2022～2025 年的复合年均增长率（CAGR）将增长至 18.9%，将占据中国整体信息通信技术（ICT）投资（含第三平台技术）的 51.5%，1/3 以上的公司将从数字化产品和服务中创造超过 30% 的收入。大量企业的数字化转型大大促进了我国平台经济的发展。平台经济的出现不仅创造了新的商业模式和商业机遇，催生出更多的创业和就业机会，还打破了传统的雇佣关系，为更加灵活的就业形式提供了必要条件，有助于未来培育全新的就业形态，使就业市场的供求关系更具弹性。比如，据中国人民大学劳动人事学院课题组测算，阿里巴巴自身雇佣员工约有 11 万人，但由平台间接创造的就业规模却超过 4000 万人。以数字化转型为依托的平台经济，逐渐成为未来就业市场的发展方向之一，为我国劳动力市场新增了平台型就业形态和大量的就业机会。

3. 新型城镇化聚焦新市民，增强就业稳定性

国家发改委在《2022 年新型城镇化和城乡融合发展重点任务》中明确提出，要坚持新型城镇化建设，提高新市民生活质量，增强城乡融合发展。乡村振兴是新型城镇化建设的重要内容，将有助于推动中小城镇经济发展，创造更多小城镇创业和就业机会，从而吸纳农村劳动力就近创业就业与外出务工人员返乡创业就业，增强就业稳定性。与此同时，农业转移人口市民化也是新型城镇化建设的核心任务，通过出台相应政策打破城市落户限制，提升外来务工人员公共服务享受率和享有质量，将有效化解外来务工人员的后顾之忧，增强外来务工人员的生活黏性，提升其就业质量。

4. 频出就业新政策，确保就业民生线

党中央、国务院高度重视就业工作，将其置于"六稳""六保"工作之首，

并出台了一系列具体政策，为就业民生工作增添了稳定剂。其中，为稳定就业岗位存量和创造就业岗位增量，各级政府制定了援企稳岗、减税降费、自主创业、灵活就业等多项政策，仅援岗稳企一项，2021 年就为企业减负超过 2 万亿元。另外，针对农民工、高校毕业生等重点群体，开展了专项培训计划、返岗"点对点"服务等，制定了提升劳动者技能、促进岗位匹配等政策。针对困难群众就业采取了一系列帮扶措施，用足用好各类公益性岗位，加大就业扶贫力度。据人力资源和社会保障部统计，截至 2021 年 12 月底，全国脱贫人口务工规模达到 3145万人，已超过年度目标任务。可以预见，我国政府的高度重视和强有力的政策落地将为就业人口带来大量工作机遇。

二、研究意义

《国民经济和社会发展第十四个五年规划和 2035 年远景目标纲要》明确提出，将实现更充分更高质量就业作为经济社会发展的主要目标。然而受经济下行压力增大、新冠肺炎疫情暴发、中美贸易摩擦、实施"双碳"目标、全面整顿互联网平台、"双减"政策治理教培行业、延迟退休政策等不确定因素影响，新形势下我国就业市场状况发生了一定变化，尤其对于大学生、农民工、灵活就业者等重点就业群体而言，就业不稳定性、不确定性明显增加。在此背景下，对新形势下我国就业问题尤其是重点群体就业问题开展研究，对于实现更加充分更高质量就业政策目标，不仅具有重要的应用价值、学术价值，同时能够产生深远的社会意义。

（一）研究的应用价值

受到经济下行压力和国内外错综复杂因素的传导，当前我国仍存在较大就业压力。首先，在就业总量上，新形势下我国经济总量增长速度放缓，就业岗位供给有限，而新增就业需求不断加大。以高校毕业生为例，毕业生数量逐年增加，2022 届高校毕业生人数达 1076 万，再创历史新高，就业总量承压风险持续增加，各级政府需要全面优化就业优先政策，注重金融、产业、区域、贸易等经济政策与就业政策的衔接配套、协调联动，努力优化营商环境促进充分就业，通过新创企业扩大就业岗位供给，从深层次上探寻有效路径确保稳就业、保就业战略目标的实现。其次，在就业结构上，结构性矛盾是中国就业市场特别突出的一个特征，对我国就业领域重大结构性失衡问题开展成因和策略探究，采取有效的政策组合缓解就业结构性矛盾，有助于解决区域之间、行业之间、人群之间的就业不均衡问题，提高就业市场的匹配度和劳动者的就业满意度。最后，在就业质量上，需要探讨影响我国更充分更高质量就业的关键要素和有效路径，尤其是聚焦大学生、农民工、灵活就业者这些重点群体，对其实现就业过程中出现的重点难点问题开展研究，量化评估提升重点群体就业质量的一系列政策效果，对于优化我国现行相关就业政策，促进我国就业市场高质量发展具有重要指导价值。

（二）研究的学术价值

新形势下我国面临的就业问题是一个复杂性生态系统，既需要借鉴前人研究成果，厘清研究思路，又需要紧密结合我国发展现状，提出符合我国国情的研究方向，为学术界的就业问题研究提供基于中国特殊国情的研究成果和话语体系。同时，就业问题的研究向来是一项系统性工程，需要综合各学科的理论体系，进行跨学科的交叉性研究，才能将促进更充分更高质量就业问题研究纳入全局整体性宏观层面，提升到理论和战略高度。

1. 展示中国国情下就业生态系统研究成果，构建有中国特色的就业问题研究学术体系和话语体系

国外充分就业研究起源于20世纪30年代，并伴随社会经济的发展，在充分就业研究基础上，就业结构、就业质量等问题逐渐被理论界所关注。截至目前，更充分更高质量就业问题研究已成为全球学者研究所关注的复杂性系统。本书结合我国经济社会发展现状以及就业市场特点，对新形势下我国城镇充分就业、高质量就业等问题开展系统研究，尤其是针对大学生、农民工、灵活就业者等重点群体开展分类别专题研究，既是现有就业理论在我国就业领域的现实应用，也是对就业理论研究的有益补充。我国具有自己特殊的国情，在经济增速放缓、新冠肺炎疫情突发的情况下能够保证就业的稳定，得益于国家出台的一系列稳就业政策。党中央、国务院深入实施更充分更高质量就业驱动发展战略，有效激发了市场活力和创新动力，市场主体大量涌现，新产业、新业态、新模式快速发展，创造了大量新职业、新工作、新岗位，成为充分就业的重要源泉。根据国家统计局"三新"统计调查资料推算，在全部增加的就业中，新动能的贡献达到70%左右。但是，我国就业总量压力依然很大，2022年城镇新增加劳动力仍然在1600万人左右，高校毕业生数量首次突破千万，再创新高，就业形势不容乐观。国际经济形势、国内营商环境对我国就业形势都有所影响，新生代大学生就业价值观对就业的影响需要学术界重点关注；农民工、大学生就业困难，就业的区域、城乡不平衡不充分问题，新就业形态劳动者就业质量问题等，这些特殊的情境都是中国就业研究区别于国际就业研究的地方。本书基于中国现有的现实制度分析框架和基本社会架构开展研究，深入揭示中国情境下的就业总量、就业结构、就业质量等方面研究的内在机理，探索符合中国国情的促进更充分更高质量就业的实

现路径，构建有中国特色的就业问题研究学术体系和话语体系，为新形势下我国就业工作现实情境提供应有的解释功能与指导价值。

2. 多学科探讨新形势下我国就业问题，运用复杂适应系统研究范式推动就业理论创新

本书通过将管理学、经济学、社会学、心理学、教育学等多学科融合、宏微观结合、主客观统一开展研究，为就业问题研究注入新的学科内涵和研究方法。从管理学角度对更充分更高质量就业影响因素进行测量并建立指标体系，构建就业系统分析框架，并运用管理学中的复杂性理论和组态分析方法开展一系列研究。从经济学角度探讨经济下行压力下我国就业问题的主要表现形式，以及产业转型升级、数字经济发展、区域经济发展等对就业结构性失衡影响的内在机理。从社会学角度开展当前大学生所出现的"慢就业"选择意愿的影响因素和内在机理及不同类别新就业形态劳动者就业质量差异性分析。从心理学角度探讨心理韧性对灵活就业背景下所产生的新职业网络营销师职业成功的影响机制。从教育学的角度看，技术创新日新月异，新型就业形态层出不穷，不断发展的就业市场对劳动者的就业能力提出较高的要求。此外，法学、政治学、生态学等学科的相关理论和方法也是本书理论构建的重要基础。近年来在解决复杂社会问题中备受关注的复杂适应系统（Complex Adaptive System，CAS）研究范式，是本书构建就业质量影响因素模型的底层逻辑，且本书运用组态视角和定性比较分析（Qualitative Comparative Analysis，QCA）方法探讨实现更充分更高质量就业的有效路径，据此形成的研究成果将推动就业领域的研究能够对接当前社会科学的前沿理论研究范式，实现就业治理这一复杂系统问题研究的理论创新和方法创新。

（三）研究的社会意义

在新形势下，我国经济发展方式出现新特点，就业市场面临新情况和新变化，对我国面临的就业总量压力、就业结构矛盾、就业质量提升等问题进行研究有助于更清晰透彻地分析劳动力市场，有助于研判我国经济发展大局；聚焦重点就业群体进行针对性研究，关注亟待解决的就业困境和就业风险，是稳定和改善民生的重要举措，是促进公平正义、实现"共同富裕"社会主义现代化发展目标的重要方式。

1. 加强新形势下就业问题研究，关注劳动力市场信号助力研判经济发展大局

经济发展新常态下，我国经济增长速度放缓，面临从高速增长向高质量发展的转变。单纯看 GDP 增长率已经无法判断宏观经济形势，而劳动力市场指标成

为判断宏观经济形势的重要指标。我国将就业优先政策纳入宏观政策层面，旨在以更加精准的方式，促进更充分更高质量就业，从而保持宏观经济稳定，改善民生。在全面把握宏观经济状况时，以劳动力市场信号作为重要观测指标，有助于提升政府决策能力，促进宏观经济政策和民生社会政策的密切联动。多年来，我国就业市场保持稳定的态势，城镇调查失业率保持在5%左右，城镇登记失业率保持在4%以下，劳动力市场运行总体平稳。然而不可忽视的是，就业市场也出现了一些新情况和新变化：首先，2018年底我国就业人数总量首次出现负增长，劳动年龄人口数量下降，计划生育政策对就业市场的滞后影响初现，我国未来将面临人口老龄化的压力。其次，就业市场结构性矛盾突出，体现在区域发展不平衡、行业发展不平衡等诸多方面，集中表现在农民工和高校毕业生这两大重点群体，就业能力的缺乏导致无法与用人单位的需求相匹配。最后，新技术的发展、新就业形态的出现也为我国就业市场带来了新的机遇和挑战，有关劳动报酬、劳动关系、工时等就业质量方面的指标也应纳入政府发布的劳动力市场信号中。这些新情况和新变化要求我们必须刷新对就业市场的认知，关注就业市场潜在的风险，并加强就业政策制定的有效性。就业市场与宏观经济密切相关，保持宏观经济稳定增长对于就业至关重要，不能脱离宏观经济谈就业；同样，稳就业对于宏观经济的稳定和发展也起着关键性的作用。因此，对于新形势下我国促进更充分更高质量就业问题进行研究，是应对当前就业市场挑战的必然要求，有助于研判我国经济大局、促进宏观经济稳定发展。

2. 聚焦重点就业群体，精准有效制定就业政策是稳定和改善民生的重要举措

就业是民生之本，关系到千家万户。在我国就业群体数量大幅增加、就业人员构成日益多样的同时，"有劳动能力和就业愿望，但是实现就业有困难"的失业人员的规模也逐渐扩大，就业困难群体的范围已经扩大到了包含农村转移的剩余劳动力、高校毕业生等。这类群体也应享受经济发展的红利，也应有通过双手勤劳致富的权利。党和政府强调全面做好"六稳"工作，作为"六稳"之首的就业问题是重中之重，提出要出台更多鼓励就业创业的措施，重点解决好高校毕业生、农民工等重点人群的就业问题。就业关系到广大人民群众最基本的生存问题，是人民群众改善生活的基本前提和基本途径。同时，就业也关系到公民的基本权利，关系到人的全面发展和社会的全面进步，关系到社会的稳定与和谐，关系到党和国家的长治久安。因此，如何采取切实有效的对策措施，解决农民工、高校毕业生等重点群体所面临的就业问题，让各类群体就业有门路，生活有保障，在提高就业率的同时保障就业质量是本书研究中必须认真面对的

现实问题。

3. 最大化发挥人力资本价值，促进更充分更高质量就业，实现"共同富裕"的社会主义现代化发展目标

面对新一轮的改革挑战，构筑"共创、共有、共富、共享"的和谐中国市场经济需要最大化发挥人力资本价值，使普通劳动者充分地运用自身人力资本参与社会经济活动，促进经济发展和综合国力增长，提升我国的国际竞争力。马克思的人力资本思想在对资本本质论证的基础上，深刻地分析了资本主义制度对普通劳动者人力资本价值实现的阻碍，中国正在坚定地走市场经济发展的道路，其与资本主义市场经济的显著不同是更能够发挥普通劳动者的人力资本的经济功能。但是，当下我国就业市场中人力资本失灵的问题日益凸显，普通劳动者人力资本价值实现还并不充分，甚至还存在严重问题。如何规避市场经济共性所引发的对普通劳动者人力资本价值实现的限制，无疑也是当下中国特色社会主义理论需要解决的重要课题。因此，很有必要从理论上具体地分析并着力解决普通劳动者人力资本价值实现所面临的问题，这一问题最直接最根本的任务就是准确识别新形势下我国的主要就业问题，提高国家对就业问题的现代化治理能力，促进人民群众更充分更高质量就业，实现"共同富裕"的社会主义现代化发展目标。

三、研究思路

(一) 研究的总体目标

我国始终坚持以人民为中心的发展理念，根据"十四五"期间就业形势和特点以及新时代社会主要矛盾的转化，围绕做好就业工作推进了一系列重要举措。本书结合当前中国经济所面临的需求收缩、供给冲击、预期减弱三重压力，科学回答新时代中国如何实现更充分更高质量就业等一系列重要理论与实践问题，进一步丰富发展就业优先战略和积极就业政策，为新时代做好就业工作提供理论框架、实证依据和政策支持。本书在理论创新、实践应用和服务决策等方面的总体研究目标如下：

1. 在理论创新上，系统分析就业优先战略，构建就业生态系统分析框架

本书根据就业生态理论和复杂性理论，认为影响我国城镇更充分更高质量就业的因素是一个复杂关系集合，其中有着复杂的相关关系，通过各子系统之间、子系统中各因素之间的相互影响机制对更充分更高质量就业这一复合结果产生综合影响。本书从促进更充分更高质量就业的概念内涵、关键要素、有效路径和结构优化等角度对新时代我国就业优先战略进行全方位、多角度、深层次的系统研

究，以构建就业优先战略系统论，为优化就业政策提供必要的理论基础，努力构建具有中国特色的就业领域研究话语体系。

2. 在实践应用上，关注重点群体就业问题，形成解决就业问题的有效路径

本书针对大学生、农民工和灵活就业者等重点就业群体开展一系列专题研究，分析新形势下重点群体就业出现的新特点、新问题和新趋势，探讨影响重点群体更充分更高质量就业的因素和内在机制，尤其是重点群体就业所面临的挑战和风险以及相应的对策建议。本书在传统研究基础上，运用大数据文本分析方法评估重点群体就业质量，基于组态视角提炼影响重点群体就业质量的有效路径，分析不同类型灵活就业劳动者就业质量的影响因素。本书对于大学生出现的"慢就业"现象、灵活就业背景下出现的网络营销师等新职业都开展了针对性的专题研究，为有效治理重点群体就业领域新问题提供实践性思考和应对性措施。

3. 在服务对策上，量化评估当前就业政策，提供针对性的政策优化建议

本书运用 CiteSpace 可视化文献研究方法对大学生就业等研究的前沿和发展趋势开展了文献分析，并对影响大学生就业、农民工就业、灵活就业者就业的总体和重点政策开展了较为系统的梳理，基于文本挖掘的 PMC 指数（Policy Modeling Consistency Index）模型对重点群体就业政策分别开展了量化研究，对相关典型政策进行分级评估，探讨不同政策的优缺点。本书还运用模糊集定性比较分析方法（fuzzy set Qualitative Comparative Analysis，fsQCA）探寻农民工就业政策对促进农民工充分就业的政策组合路径，为重点群体就业政策的科学制定提供实证基础，对提升我国政府在就业领域的现代化治理能力提出政策优化建议。

（二）研究的思路框架

本书遵循"从理论分析到实证研究，从整体系统到重点群体、从现实问题到政策建议"的逻辑思路开展研究，具体的研究思路和内容框架如图 1-5 所示。

（三）研究的内容成果

如图 1-5 所示，本书在对"充分就业"和"高质量就业"两个基本概念的内涵发展、评价指标、影响因素、实施对策等方面开展文献综述（第二章）的基础上，分别从整体系统角度和重点群体角度开展研究：

1. 从整体系统角度开展促进城镇更充分更高质量就业实证研究

在促进城镇更充分更高质量就业方面（第三章），本书分别从就业数量、就业质量两个方面开展实证研究。首先，在分析新创企业创办率对就业岗位数量创造和就业岗位质量提升的影响结构基础上，基于京津冀地区数据通过阿尔蒙三阶

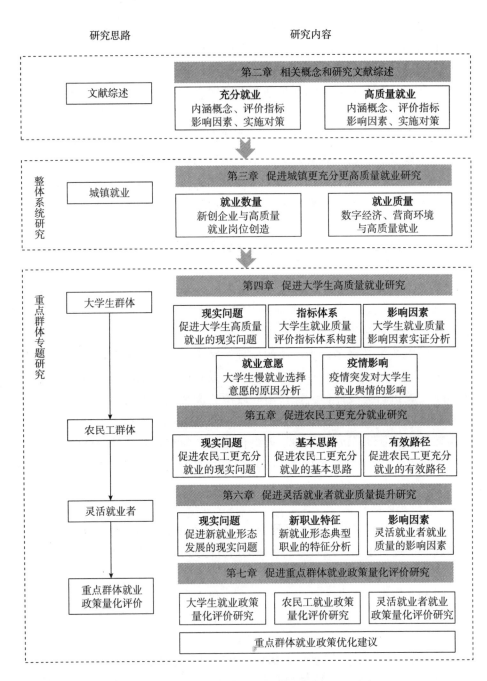

图1-5 本书的研究思路和内容框架

分布滞后模型开展实证研究。结果表明，京津冀地区的新创企业对净岗位增长率影响的滞后结构呈"正弦"型分布,新创企业在创建当年产生岗位折损,初期出现净创造,中期出现岗位折损效应,8 年后开始呈现出对净岗位创造率的长期积极影响;京津冀地区的新创企业对岗位质量增长率影响的滞后结构呈"U"型分布,在企业建立初期可以促进就业岗位质量提升,中期则导致岗位质量折损,8 年后开始对就业岗位质量提高产生了长期积极影响。研究结论说明了新创企业对于就业岗位创造存在滞后效应,在制定创业政策过程中要着重关注长期效果,同时要加强高质量就业岗位的创造。其次,本书基于中国 270 个地级市数据,运用回归分析和组态分析方法,探讨数字经济背景下城市营商环境优化对就业质量提升的影响及有效路径。研究发现,城市营商环境优化能够促进就业质量提升,而城市的数字经济发展水平在其中发挥正向调节作用。将城市数字经济发展水平分为高、低、中等三组,通过模糊集定性比较分析分别对三组城市营商环境促进就业质量的有效路径进行挖掘,发现无论城市数字经济发展水平如何,营商环境中的人力资源要素都是实现高质量就业的关键要素;但是,在不同组别城市的有效路径中,营商环境各要素的耦合作用不同,数字经济发展水平高、低、中等的城市分别主要通过"人力资源+法治环境""人力资源+政务环境""人力资源+政务环境+创新环境"的要素组合促进高质量就业的实现。

2. 从重点群体角度开展促进更充分更高质量就业专题研究

针对不同重点群体的就业现实问题以及面临的就业风险表现特征,在就业优先战略实施过程中所关注的就业问题也有明显区别。比如,大学生群体往往在毕业后半年内基本上能够实现较高就业率,因此针对大学生群体更应该关注的是如何实现高质量就业;农民工作为劳动力市场较为弱势的群体,其抗风险能力较弱,尤其是在面临新冠肺炎疫情对其劳动力要素流动产生很大影响的情况下,更应该关注其充分就业问题;而灵活就业者在现实中出现大量劳动者权益保障问题,法律法规的滞后性容易导致新就业形态出现就业质量系统性风险,因此针对新就业形态的灵活就业者在研究过程中更应该关注其就业质量问题。

本书针对重点群体开展"促进大学生高质量就业"(第四章)、"促进农民工更充分就业"(第五章)、"促进灵活就业者就业质量提升"(第六章)等方面专题研究,并针对大学生就业、农民工就业、灵活就业者就业的典型政策开展PMC 量化评估研究,据此提出针对重点群体就业政策的优化建议(第七章)。具体如下:

(1)促进大学生高质量就业研究(第四章)。第一,分析了大学生群体就业质量的现状,指出大学生群体面临就业风险的主要特征,并基于文献梳理提出当前与大学生就业质量相关的研究热点。第二,从社会公众认知的视角,运用文本挖掘方法构建大学生就业质量评价指标体系，并对大学生就业质量进行量化评价。第三，归纳影响大学生就业质量的因素，基于问卷调研与数据统计，构建大学生就业质量影响因素模型。第四，从大学生行为心理学的角度探讨了就业价值观与"慢就业"选择意愿之间的影响机制，认为可以通过调整大学生的就业价值观和就业焦虑，降低选择"慢就业"的意愿，从而促进大学生更充分更高质量就业。第五，新冠肺炎疫情对大学生就业产生较大冲击，通过对微博文本大数据进行挖掘，分析疫情暴发初期社会舆情对大学生就业问题所呈现的时空演化特征，以针对性地制定有效政策实现"保就业"的宏观目标。

（2）促进农民工更充分就业研究（第五章）。第一，分析了农民工群体面临的主要就业风险，探讨疫情对农民工群体就业产生的影响。第二，农民工就业总量矛盾依然突出，需要坚持底线思维，激活要素流动，稳住就业存量，加大失业救助。同时，要认识到农民工就业压力将长期存在，需要加强战略思维，增强经济再生活力，开拓新型就业形式，建立就业长效机制，实现"保农民工就业"的任务目标。第三，以农民工就业情况为案例，收集省级行政区的农民工就业政策文本，并从条件组态的角度探究就业政策的出台对于吸纳农民工就业的影响路径，揭示了就业政策单要素与多条件组合对促进农民工更充分就业的影响路径。

（3）促进灵活就业者就业质量提升研究（第六章）。第一，对新就业形态的概念、特征和分类进行分析描述，探讨当前新就业形态的发展现状及存在的问题。第二，分析了新就业形态典型职业互联网营销师的职业特点，探讨这一新职业群体的心理韧性对其主观职业成功的影响，从积极心理学视角揭示了在新冠肺炎疫情背景下的新职业特征。第三，基于调研数据，确定了14项影响平台型灵活就业质量的有效因素，据此构建平台型灵活就业质量的五层级解释结构模型（ISM），模型分析显示"平台类型"是影响灵活就业质量的根源因素。将平台型灵活就业分为经营型和劳务型灵活就业，对两类灵活就业的质量分别进行层次回归分析，结果显示，就业稳定性、平台认可度对两种类型灵活就业质量均有显著性正向影响，但职业规划和工作时长仅对经营型灵活就业质量产生显著性正向影响，薪酬收入和失业保险仅对劳务型灵活就业质量产生显著性正向影响。

（4）促进重点群体就业政策量化评价研究（第七章）。运用PMC指数模型分别对大学生就业、农民工就业、灵活就业者就业的典型政策开展文本量化评价研究。第一，对促进大学生就业的相关政策进行量化评价研究表明，当前绝大部分政策能够有效促进大学生就业，通过绘制PMC曲面图分析典型政策的优缺点，提出可以按照"政策倾向—政策领域—作用对象—政策重点"和"政策倾向—政策领域—政策效力—政策重点—作用对象—政策性质"两种不同思路对大学生就业政策进行优化提升。第二,对促进农民工就业政策进行量化评价研究,结果显示当前绝大部分政策能够有效促进农民工就业,各级政府在今后制定农民工就业政策时要体现短期目标和长效机制相结合的理念,进一步强化政策的激励约束作用,并且不断完善农民工职业技能提升和工资收入保障等内容以增强其政策效用。第三,对灵活就业政策文本进行量化评价,研究表明我国灵活就业政策在整体上设计较为合理,尤其在完善社保、鼓励创业、加大培训、消除歧视等方面发挥了政策引导作用。第四,针对大学生、农民工、灵活就业者等重点群体的就业政策制定分别提出针对性的改进优化建议。

四、研究方法

作为管理学、经济学、社会学、心理学、教育学等多学科交叉的研究,本书旨在通过对新形势下我国就业领域在数量、质量、结构等方面的系统分析,尤其是针对大学生、农民工和灵活就业者等重点群体的专题研究,以实现促进更充分更高质量就业的政策目标,因而在实际研究过程中,以问题为导向,综合运用了如下多种研究方法:

(一)文献研究法

通过对国内外相关领域经典文献和最新研究成果的多渠道、多数据库的系统整理和研读,充分总结已有的研究成果,对本书研究中涉及的充分就业、就业质量、就业结构等概念进行界定,既能为本书的整体研究奠定必要的文献基础,形成基本研究框架,也能够为本书的调查研究设计和研究模型构建等提供理论支持和文献基础。

(二)调查研究法

运用深度访谈和问卷调查等多种调查研究方式,深入劳动力市场,充分了解重点就业群体、政府、用人单位和相关中介机构对就业问题的信息反馈,并通过调查问卷调研一定数量的样本以获取数据,利用相关统计方法为分析大学生"慢就业"选择意愿、灵活就业不同类型劳动者的就业质量影响因素以及新职业网络营销师的职业特征等问题开展实证研究,验证相关研究假设提供必要的现实情境和数据支持。

(三)案例研究法

案例研究适用于探索复杂情境中的动态过程,通过案例形成的结论往往更具有说服力,符合本书对新形势下我国面临就业新问题开展研究的要求。比如,通过对疫情期间灵活就业发展过程中出现的新职业,选取网络营销师群体作为研究对象开展案例分析;在讨论更充分更高质量就业影响因素以及农民工就业政策对吸纳就业影响的研究中，将省级行政区作为案例对象收集相关数据开展组态分析，为问题的深入研究和有效方案的提出提供基础。

（四）理论推演法

理论推演是在文献研究、调查研究和案例研究的基础上，利用不同理论范式和方法对现实问题进行推演，根据本书研究的目的和内容，基于就业生态理论，构建我国更充分更高质量就业影响因素复杂系统，将影响因素分成劳动力市场"供给—需求—环境"三个子系统，形成相应的指标体系；在推拉理论的基础上，对于组态分析的不同路径进行归纳提炼；从事件系统理论揭示出疫情作为重大系统性社会变化事件，影响着城市营商环境生态促进充分就业的有效路径；将大学生就业价值观分为就业长期收益取向、就业短期收益取向和就业成本规避取向，拓展了就业价值观的维度，使就业价值观的维度研究更加具体；从积极心理学视角展开互联网营销师心理韧性的研究，揭示了在新冠肺炎疫情背景下新业态所产生的新职业特征。本书通过对管理学、经济学、社会学、心理学等相关理论进行推演，形成了针对研究对象具体就业问题的研究思路和分析框架，为进一步开展实证形成了研究假设。

（五）实证研究方法

在处理通过调查问卷、量表获取的调研数据方面，运用验证性因子分析、共同方法偏差检验、多元方差分析、相关性分析、回归分析、双重差分法等统计和计量分析方法，具体包括主效应检验、中介效应检验、调节效应检验、有调节的中介效应检验等，为大学生"慢就业"选择意愿的影响机制、灵活就业不同类型劳动者就业影响因素、网络营销师心理韧性对其主观职业成功影响机制等方面的理论假设提供科学的实证研究依据。

（六）文本数据挖掘

数据挖掘是一种跨学科研究方法，本书应用舆情分析相关研究方法，通过自然语言处理获取文本内容，开展舆情时空演化分析，为研究疫情冲击下的应届毕业生就业问题提供事实依据；本书从微博上收集了公众对大学生就业评论的文本，利用大数据文本挖掘方法，建立大学生就业质量评价指标体系，并对大学生就业质量进行量化评价；本书借助 CiteSpace 文献可视化分析方法，通过知识图谱的呈现深入探寻大学生就业质量领域的研究热点；本书通过基于政策文本挖掘方法的 PMC 指数模型，对影响大学生、农民工、灵活就业者等重点群体的就业政策分别进行评价，并通过绘制 PMC 曲面图较为直观地反映典型政策的优劣势，为重点群体就业政策优化提出针对性改进路径。

（七）复杂适应系统分析法

传统的劳动力市场理论对于解决就业这类复杂系统问题往往有一定局限，而复杂适应系统（CAS）理论分析范式和研究方法近年来在复杂性管理学中广受关注，能够以更为接近真实的方式为社会科学探寻复杂系统问题提供新的世界观和方法论。紧密围绕建立就业质量影响因素这一复杂社会系统的最终目的，运用复杂适应系统分析法，找出实现更充分更高质量就业的可行方案。通过系统目标分析、系统要素分析、系统环境分析、系统资源分析和系统管理分析深刻揭示问题起因，有效提出复杂就业系统中对于实现更充分更高质量就业的关键要素。

（八）组态定性比较分析法

运用组态视角下的定性比较分析（QCA）技术，将复杂案例转化为理论语言，关注跨案例的"并发因果关系"，从而找出多个自变量与因变量之间的复杂因果关系，旨在验证案例中存在的组态效应，即探究多变量间因果关系，以及变量组合如何促成结果变量的产生。本书在探索促进更充分更高质量就业的有效路径、疫情冲击前后城市营商环境对充分就业影响的不同路径、农民工就业政策对吸纳就业的影响路径等研究中均运用了模糊集定性比较分析法，从组态视角为新形势下促进更充分更高质量就业提供政策组合建议。

第二章　相关概念和研究文献综述

党的十九届四中全会明确提出：为了满足人民日益增长的美好生活需要，要健全有利于更充分更高质量就业的促进机制。国务院和各级地方政府在推动经济高质量发展的过程中，将稳就业置于"六稳"之首，并提出坚持就业优先战略，实施积极就业政策的一系列举措，这对于保持经济运行在合理区间、实现社会主义现代化宏伟目标具有重要意义。因此，有必要梳理国内外现有相关研究文献，对充分就业和高质量就业的内涵发展、评价指标、影响因素和实施对策等展开系统研究，把握实现更充分更高质量就业目标的理论基础和现实逻辑。

一、充分就业

（一）充分就业的内涵发展

充分就业的概念最早在凯恩斯的代表作《就业、利息和货币通论》中被提出，他认为充分就业是在一定的工资水平下，具有劳动能力且愿意就业的劳动者都可以获得就业机会的状态。然而在凯恩斯之前，古典经济学家信奉法国经济学家萨伊的"萨伊定律"，认为资本主义存在充分就业，且供给可以创造自身的需求，达到充分就业不存在任何障碍。英国经济学家庇古在其著作《失业论》中提出，完全自由竞争的市场环境只存在局部的、暂时的"自愿性失业"和"摩擦性失业"，工资率的变动可以调节劳动力市场供求，实现充分就业。20世纪30年代，资本主义世界爆发经济大危机，资本主义国家出现大量失业。因此，凯恩斯赞同古典学派的"自愿失业"和"摩擦失业"概念，但否定了"资本主义社会没有失业"的论断，接着又提出了"非自愿失业"概念，即失业者愿意接受现有工资水平却仍然找不到工作的状态。在此基础上，凯恩斯把"充分就业"定义为：在某一工资水平下，具有劳动能力而且愿意就业的劳动者都可以获得就业机会，即只要消除非自愿失业，即使存在摩擦性失业和自愿失业，也算实现了充分就业。

20世纪70年代，以凯恩斯主义为代表的充分就业理论因西方国家出现的经济滞胀和大规模失业宣告失灵。以美国经济学家弗里德曼为代表的货币学派提出

"自然失业率"假说：在没有货币因素干扰的情况下，劳动力市场在竞争中达到均衡时，仍存在由技术水平、风俗习惯、资源数量等实际因素决定的固有失业率，包括自愿失业、摩擦性失业和结构性失业等。自然失业率是保持零通货膨胀率的最低失业率，受到多种制度因素影响，因此自然失业率不会是一成不变的，积极的政策可以减少自然失业率，提升劳动力的就业数量和就业质量。

在理论层面，按照凯恩斯"非自愿失业"理论，解决了这部分人员的就业，即可实现充分就业。此后，经济学理论界围绕充分就业的定义形成了两种代表性观点：一种认为劳动力和生产设备需要达到充分利用的状态，同时产出水平需达到各种生产要素充分利用时的状态；另一种认为达到充分就业并不等于失业率为零，而是实际失业率等于"自然失业率"。

在实践领域，充分就业已被列为国际劳工公约的基本内容，国际劳工组织在《就业政策公约》（1964 年第 122 号）中将充分就业作为一项重要目标，提出以积极的政策促进充分的、自由选择的生产性就业举措。绝大多数市场经济国家都将充分就业作为本国宏观经济发展的战略目标之一。我国政府也一直高度关注充分就业问题，原劳动保障部在 2008 年《实施扩大就业的发展战略 实现社会就业更加充分》的研究报告中指出，我国充分就业的标志主要体现在四个方面：一是劳动力资源得到充分利用和开发；二是就业渠道畅通，即劳动者自主择业、自主创业的环境良好，劳动力可实现自由流动；三是具有劳动能力和劳动意愿的劳动力可以获得平等的就业机会；四是就业者的合法权益得到有效保障，就业稳定性进一步提高。

国内学者结合经济学理论的发展前沿和社会经济的现实情况，对充分就业给予了高度关注，并进行了深入研究，认为充分就业不等于就业率是 100%，而是总失业率等于"自然失业率"（史及伟、杜辉，2006）。政府调控就业的目标应该为适度充分就业，允许存在一定失业率（姜作培、管怀鎏，1997）。只要现有劳动人口中具有劳动意愿和劳动能力，可以接受现行最低工资水平并维持城乡居民最低生活标准的劳动者能够获得就业岗位即实现了充分就业（史及伟、杜辉，2006）。从劳动力市场供求关系来看，充分就业首先指就业总量的充分满足，即岗位数量达到供求平衡，其次是就业结构达到协调、就业质量达到较高水平（叶汉生，2000）。从社会经济的生产要素来看，达到充分就业意味着社会生产能力得到了充分的利用（曾令华，2000），即劳动力和生产设备都得到了充分利用（胡金波，2002）。从经济发展角度来看，张冰子（2018）认为实现充分就业的同时非人力的资源也能得到充分利用，整个国家的实际产出接近潜在产出，且处在经济周期的繁荣阶段。从政策目标角度来看，刘燕斌（2019）提出实现更充分就业是一个需要兼顾提高就业质量的积极创造就业岗位、努力扩大就业规模、控制城镇失业率的过程。赖德胜等（2019）提出稳就业的首要工作是实现充分就业，包括劳动机会的获得、人力资源的充分挖掘与利用、高校毕业生及农民工等特定群体多渠道就业创业的实现。

（二）充分就业的评价指标

经济学家威廉·菲利普斯最先提出菲利普斯曲线来研究失业与通货膨胀之间的替代关系，并使用 1861~1957 年英国失业率及工资变动数据，研究失业率与货币工资增长率之间的关系，再通过定量分析发现失业率与货币工资增长率之间存在负相关关系。弗里德曼在此基础上提出了"自然失业率"这一概念。随后，为论证"自然失业率"的存在性及决定因素，学者们提出自然失业率是劳动力供给不变时对应的稳定失业水平（Blanchard，1991），是实际失业率的均衡水平（石柱鲜等，2008）。自然失业率的概念已经被大多数经济学家所认可，但也引起了广泛争论。自然失业率被测量的可能性存疑，其概念定义过于宽泛且没有什么实际意义（Richard，1997）。

20 世纪后半叶，美国政府开始通过对非农就业率、失业率以及非农就业人数等就业数据进行分析处理得到美国非农就业指数，以此来反映美国经济趋势以及就业情况。美国非农就业指数的指标数值由劳工部统计局按月发布，该指数由企业调查和家庭调查两个独立的调查结果共同得出，涵盖了约 38 万个非农业机构雇员的数量变化情况。美国非农就业指数是美国经济指标中最重要的一部分，不仅直观地反映了就业情况，同时也是对汇市波动影响最大的经济数据。我国为充分了解各地失业情况，也于 20 世纪 80 年代初开始建立"待业登记"，1992 年更名为"失业登记"，城镇登记失业率的概念由此产生。

然而，登记失业率并不是十分全面，其在实践应用中的不足之处也逐渐显现出来，"城镇登记失业人员"和"城镇登记失业率"两项指标并不能做到对失业率的准确描述，表现出低估失业的情况（李实、邓曲恒，2004）。许多学者提出登记失业率仅以本地城镇户籍人口为统计对象，存在统计对象年龄过窄、统计数值缺少科学性、统计结果不能反映隐形失业状况等问题（任栋，2013）。2019 年12 月，时任中国社会科学院副院长蔡昉在网易经济学家年会的主题演讲《依据就业指标判断宏观经济周期》中提到，登记失业率并不敏感，无法反映农民工的就业情况，很难发现其与经济周期的关系。因此，以登记失业率反映国家或地区的失业状况缺乏准确度和灵敏度。

为了弥补登记失业率在准确度和灵敏度方面的不足，我国着力使用调查失业率配合登记失业率对失业率进行统计。2004 年，国务院办公厅发布《关于建立劳动力调查制度的通知》，采用抽样调查的方法计算调查失业率。我国政府于 2018 年第一季度首次开始正式对社会公布城镇调查失业率数据。2019 年，时任国务院总理李克强在政府工作报告中将把城镇调查失业率控制在 5.5% 左右作为政府对就业工作的目标，提出就业稳定的首要目标是确保失业率维持在充分就业水平。调查失业率相比登记失业率有更多的优点，在实践中具有更多的指导意义，受到更多学者的青睐。"统筹城乡劳动力""与国际接轨"等特点使调查失业率取代登记失业率成为一个趋势。调查失业率与登记失业率相互对照使用，使得对失业的统计结果更加具有准确性和灵敏性（鲍志伦，2010）。曾湘泉（2018）认为调查失业率覆盖范围广，发布频率快，指标定义符合国际标准，可以更全面、更及时、更合理地反映我国劳动力市场变动情况。但也指出，调查失业率存在调查频率和密度不足、主观性强的特点，且因缺乏客观标准，其测量信度和效度存疑（曾湘泉，2019）。对于调查失业率的不足，中国就业促进会在 2018 年发布的《关于我国就业统计的研究报告》中指出，调查失业率只能用于宏观判断，无法用于微观的具体对象，且由于抽样方式和样本量的差异，平行对比单次统计结果发现并不均衡；特别是在样本量少、抽样方法不够科学的情况下，其统计数据将难以反映真实情况。

为了更加准确、敏感和客观地评价就业情况，2010 年，由人社部就业促进司指导，中国人民大学劳动人事学院协助，易才集团（CTG）提供数据支持，人社部劳动科学研究所制定和维护，具有分行业特色的《CTG 中国（劳务用工）行业就业指数报告》应时发布。该指数反映了分行业的劳务用工情况，进而反映出劳务用工总体变动情况，对就业市场特别是对低端劳务派遣市场指导意义较大。同年，暨南大学与深圳市鹏程人力资源配置有限公司合作开发了由需求指数、供给指数、匹配指数三项指数构成的，反映深圳市人力资源市场即时供求关系的，具有地区特色的"深圳就业指数"。次年，中国人民大学就业研究所在智联招聘的协助下发布了兼具综合性和分行业、分区域和分职业特色的中国就业景气指数（CIER 指数），CIER 指数是以智联网络招聘大数据为数据基础、以招聘需求人数和求职申请人数之比"求人倍率"为理论基础构建的，是处于不断更新中并且具有敏感性、数据客观性的，包含全国总指数又兼顾分行业、分职业和分地区（城市）的就业景气指数。2019 年，曾湘泉教授在第 16 届中国人力资源管理新年报告会的主题演讲《大数据与劳动力市场》中提出，CIER 指数应用了大数据，具有数据量大、变化速度快、就业种类多、数据客观真实的特点。

除了实际使用的就业评价标准外，部分学者也着力于探索构建更具敏感性、真实性的评价标准。赵建国（2005）借鉴发达国家的经验，基于扩散指数法的失业预警模型和逐步回归法构建了改进的失业预警模型，用以计算社会可承受失业率的预警线。但是该分析主要是基于城镇登记失业率，还有待改进和完善。陈俊梁等（2013）针对苏州的就业情况，通过对就业存量、人力资源市场供求、非就业存量变化情况的连续监控及指数化处理，提炼出就业景气指数（EPI）。刘燕斌（2017）结合党的十九大报告总结出衡量充分就业的五个方面的关键指标，分别是就业状况（新增就业人数、失业人员就业人数和困难人员就业人数）、失业状况（失业率、青年失业率、长期失业率和不充分就业）、劳动者文化技能水平（劳动者文化水平和劳动者技能水平）、就业结构（产业就业结构和城乡就业结构）以及就业效率（劳动生产率和单位劳动成本）。谭永生（2020）通过就业机会、就业结构和就业市场三个指标来衡量充分就业，分别反映了劳动者参与就业的机会、就业岗位的创造能力及劳动力市场接纳就业的程度。

（三）充分就业影响因素研究

1. 宏观经济对充分就业的影响研究

（1）经济增长与充分就业。关于经济增长与就业关系的研究可以追溯到古典学派代表人物亚当·斯密提出的"一国国民每年的劳动，本来就是供给他们每年消费的一切生活必需品和便利品的源泉"。大卫·李嘉图（1962）也认为劳动生产率的提高和劳动数量的增长是社会财富增加的源泉。此后，萨伊进一步提出了就业的"市场决定论"，他认为社会的充分就业可以在市场机制的自发调节下实现。基于古典学派理论发展的基础，新古典学派的主要观点是"自动均衡"的充分就业理论，通过参考"索洛模型"和"奥肯定律"等建立生产函数模型来进一步描述经济增长与就业的关系。凯恩斯认为，有效需求不足是资本主义未能实现充分就业的原因，而保持一定速度的经济增长可以避免失业。弗里德曼指出，自然失业率是与实际工资率相适应的某种均衡水平，实现充分就业不需要通过其他方式干预，市场的自发调节能够解决失业问题，因此可以通过完善劳动市场、消除各种障碍等措施来提高劳动力的流动性、加强培训、加强就业信息的传递等。20世纪50年代以后，以刘易斯、拉尼斯、费景汉、托达罗为代表的发展经济学家开始了对发展中国家经济增长与就业关系的研究。阿瑟·刘易斯（2006）建立了第一个发展中国家人口流动模型，同时指出经济高速发展是解决工业化过程中大量农业部门人员就业的必要条件。在刘易斯的基础上，费景汉和拉尼斯（2010）研究了经济发展过程中不同阶段不同部门的劳动力流动，指出工业部门和农业部门的生产率的提高是实现经济结构转换的前提条件。托达罗在刘易斯的基础上探讨了农村劳动力转移背景下的城市失业问题，并提出大力发展农村经济等手段是解决城市失业问题的根本途径。

国内学者主要从就业弹性和对"奥肯定律"的检验两方面来研究我国经济增长与就业的关系。邓志旺等（2002）通过研究证明，我国经济的长期增长对就业增长具有平稳的拉动作用。从短期来看，我国非农产业的就业效应低，如果考虑产值变化对就业的滞后影响，第二、第三产业的就业弹性将有较为明显的提高（丁守海等，2009）。刘燕斌（2017）指出经济稳定增长是就业稳定发展的基础，保持经济增长在合理区间是稳定和拉动就业的必要条件。然而，多数学者使用各种奥肯定律模型进行研究，结果显示，中国经济增长的就业效应呈现出逐渐下降甚至为零或负的趋势。姜巍和刘石成（2005）通过运用差分的奥肯定律得出我国城市登记失业率与实际产出增长率之间不存在典型的奥肯定律现象。张五六（2012）通过运用动态奥肯模型分别测算中美两国产出与失业之间的关系，得出美国存在动态的奥肯定律，而我国产出与失业之间没有稳定的比率关系。马军和张抗私（2016）基于奥肯定律分析中国 1998～2013 年经济增长与高校毕业生失业率的关系，发现没得到任何一种形式的奥肯定律的验证。

此外，还有部分学者立足于数字经济的时代背景，认为数字经济的发展可以促进产业结构的调整，激发新的创新创业的活力，通过替代效应和创造效应来影响就业，以实现更高水平的充分就业（张顺，2022）。陈贵富等（2022）通过构建多维不充分就业变量和城市数字经济指数来衡量二者之间的关系，实证结果表明，数字经济的发展显著降低了不充分就业程度。

（2）财税政策与充分就业。国外从宏观角度分析就业问题，可以追溯到凯恩斯指出就业量的提高必须通过政府干预的方式刺激社会总需求增加。此后，Beveridge（1944）指出，国家需要使用宏观经济手段补充社会总需求以促进实现充分就业，如提高税率、增加财政支出等方式。随着就业理论的发展，相关的财政政策就业效应研究也逐渐丰富起来。国外学者对于财政政策与就业的关系持有三种看法：第一，平衡预算下的财政政策对就业没有影响。Molnaa 和 Moutos（1992）在市场不完全竞争的假设下，利用一般均衡模型研究发现，由于"非中性"的税收对资源具有一定的扭曲作用，其对就业的影响是负面的；而财政支出政策对就业具有正向的促进作用，二者对就业的相互作用可以抵消，因此认为预算平衡的财政政策对就业并不会产生影响。第二，赤字财政政策有利于就业的增加。Dixon 认为在开放的完全竞争市场中，财政赤字支出可以促进就业、提高社会福利。Ardagna（2007）在 Dixon 研究的基础上考虑工会对于就业的影响，使用动态一般均衡模型来研究财政赤字对就业的影响，得出赤字财政政策会增加社会就业、提高公共部门雇员工资和增加失业者福利的结论。第三，财政支出增加就业与财政政策类型无关。Mika、Ville（2010）通过分析 1990～2007 年的美国财政数据，采用 VAR 方法对财政政策与就业的关系进行实证分析发现，政府公共支出的增加会带来工作时间、就业量和就业机会的增加。

国内学者基于宏观视角，从税收、财政支出、财政政策对就业的影响三个维度研究财政政策与就业关系。第一，税收对就业的影响。王娜、夏杰长（2006）选取居民消费价格指数、经济增长作为控制变量实证分析，证明劳动税收与失业呈反向变化关系。石丹淅等（2014）认为，政府通过干预方式（比如税收减免）可以促使更多的工资性就业者或失业者成为自雇型创业者。第二，财政支出对就业的影响。陈仲常、吴永球（2007）利用我国省级面板数据进行实证分析，得出财政支出规模的扩大能够带来就业量增加的结论。王志宇等（2012）通过格兰杰因果检验法和时滞效应回归模型实证分析发现，政府科技支出不利于当期就业量的扩大。郭新强、胡永刚（2012）认为，就业支出、社会保障支出和政府教育支出均对就业有正向影响。第三，财政政策的就业效应研究。曾学文（2007）根据我国财政支出政策和就业量数据，采用时间序列方法进行实证检验，结果表明财政支出有助于就业的扩大。牟俊霖、王阳（2017）以中国省级面板数据为基础，采用面板向量自回归模型估计了各类财政政策对中国就业与经济增长的影响，结果发现，对城镇就业和经济增长都有很强促进作用的是扩张性财政政策。

（3）对外贸易与充分就业。对贸易与就业关系的理论研究可以追溯到古典贸易时期的亚当·斯密和大卫·李嘉图，他们用绝对优势理论与比较优势理论研究国际贸易发生的原因及影响，对后世影响深远。随后，赫克歇尔、俄林及萨缪尔森提出 H-O-S 理论，分别从短期和长期两个角度来看待贸易保护政策的作用，虽然从短期来看它可以增加国内一些产业的产出和就业，但是从长期来看，它对进口有限制作用，且仅靠出口并不能解决国内的失业问题。凯恩斯则将边际消费倾向与乘数效应相结合，建立了投资乘数理论，认为投资能使国民收入成倍变动。随后，在此基础上，马克卢普等将投资乘数理论引入到了国际贸易领域，这些学者经过理论推演得出一国的出口对就业和国民收入有倍增作用而进口对此有倍减效应的结论。

目前，国外学者主要以实证研究的方式探讨对外贸易与充分就业之间的关系。Anne（1978）研究了 15 个发展中国家和地区的对外贸易与就业关系，发现出口导向型贸易战略对增加发展中国家的就业更为有利。Filip 等（2003）实证研究了发达国家对外贸易与就业的关系，发现对外贸易规模的扩大对促进经济发展及增加就业有明显的积极作用。Kojiro（2004）对该内容的研究分为两部分：一是提取了 20 世纪 80 年代日本制造业对外贸易的数据；二是研究了对不同技术层次的劳动工人就业的影响，经过对研究结果的分析得出对外贸易增长对制造业的就业影响比较有限的结论。

我国多数学者认为，对外贸易可以增加国内就业机会。喻美辞（2010）运用制造业面板数据，实证得出从发达国家的进口没有减少制造业就业，反而通过R&D溢出增加了整个制造部门就业的结论。张志明（2014）通过构建服务贸易对就业的理论模型，实证研究发现服务贸易对我国的异质劳动力就业具有显著拉动作用。周申、何冰（2017）运用微观数据实证检验贸易的发展对非正规就业的影响，得出贸易自由化对非正规就业的影响存在较大的差距，影响效果存在明显的异质性的结论。与对外贸易的利好面相对应，赖德胜、石丹淅（2018）指出国际贸易争端尤其是单边贸易战会加剧就业市场尤其是涉事国就业市场的不稳定性。

2. 技术创新对充分就业的影响研究

技术创新对充分就业影响的研究可以追溯到 1695 年约翰·卡里在《关于贸易的演说》中提到的，即技术创新会提高生产效率、降低商品价格从而增加消费，最终带动就业增加，所以创新技术的应用不会导致穷人失业的观点。李嘉图首先提出机器的使用短期会带来暂时的困难，但是长期却能够节约大量劳动、给各个阶层带来更多的好处。随后，他提出机器的使用往往有损于劳动阶级的利益。李嘉图关于机器使用是否影响充分就业的前后矛盾的观点被称作"李嘉图之谜"，这一谜题引起了古典经济学家的长期争论，最终形成系统的"补偿理论"。补偿理论认为，机器的使用会使部分工人离职，但是补偿机制对真正的失业有一定的削减作用，只有未能补偿的已失去岗位才是真正的失业。马克思以生产力和生产关系理论为基础提出"产业后备军"理论，认为失业的根源是生产力和生产关系之间的矛盾，而非技术创新。1912 年，熊彼特研究了技术创新对充分就业的作用机理，提出经济周期理论，认为导致经济出现结构变动的原因是技术创新不规则和不平衡的特性，该特性会造成周期性的失业危机。熊彼特学派学者对经济周期理论进行改良后提出技术—经济范式理论，进一步阐述技术创新对就业的作用机理，并肯定了技术创新不是失业的根源的观点，这也是第一次全面、客观地阐述了技术进步对就业作用的机制。

国外学者就技术创新对充分就业的影响，在理论上提出了极化效应，认为技术创新对低技能劳动者造成巨大冲击，甚至会对一部分高技能劳动者造成冲击。Autor 等（2003）开发了在技术创新对充分就业影响领域进行实证研究的影响深远的 ALM 模型，他们将生产任务划分为低劳动技能的"程式化任务"和高劳动技能的"非程式化任务"，提出了"极化"效应的概念。"极化"效应认为自动化任务的冲击是带有偏向性的，会对从事程式化任务的劳动者造成损害，但可以给从事非程式化任务的劳动者带来好处。Autor、Dorn（2013）对 1960~1998 年的美国劳动力市场进行分析后发现，在 1970 年之后，自动化导致了"极化"效应；1980 年之后，"极化"效应趋势变得更加明显。Arntz 等（2016）预测的结果较为乐观，他们根据数据分析了 OECD 中的 21 个国家，得出只有约9%的工作会被机器取代的结论。但是不同国家的发展程度不同，机器应用程度存在差异，所以取代程度在各个国家之间具有差异性。

国内学者针对技术创新对就业的影响也进行了长期跟踪和深度研究。姚先国等（2005）利用制造业企业的微观数据测算了中国企业技术进步的技能偏态性，研究结果表明，技术进步在一定程度上导致了企业对高技能劳动力需求的增加，以及导致了高技能劳动力所占的就业比重和收入比重的增加。杨伟国、曹艳苗（2006）提出信息技术职业通过取代传统职业使就业机遇大幅增加，但就业机会存在一定的时滞效应。曾湘泉、徐长杰（2015）则认为以信息化和智能化为特征的新一轮科技革命既有增加就业数量的创造效应，也存在减少就业岗位的毁灭效应。在就业结构方面，新技术革命可以促使就业形式向多元化方向发展，非标准的就业规模也有持续扩大的趋势。罗楚亮（2018）认为，机器替代劳动力的程度不仅仅是由技术可能性决定的，更多的是由成本—收益分析经济选择结果决定的，从社会应用的角度来看，经济选择在机器替代劳动力的选择中可能产生了更加重要的影响，同时又因为机器替代劳动力的岗位具有重复性和大量存在的特征，导致劳动力市场出现了"极化"现象，即中等技能人群就业机会减少、收入下降。但有学者认为岗位极化现象并不会持续很长时间，从长远来看，替代与创造效应将长期共存，但创造效应的影响会越来越明显（杨伟国等，2018）。吴清军等（2019）使用倍差法和差值法选取了电商行业的某平台为研究对象，验证得出人工智能在商品流通领域对就业存在正向的促进作用，且超过了其对就业的负面冲击。根据多位学者对人工智能对就业影响的长远研究看，人工智能将会带来电商行业整体经济效益的增长并带来更多的就业岗位。

3. 创业对充分就业的影响研究

从世界范围来看，通过劳动者创业以缓解就业问题是积极劳动力市场政策的核心内容之一，国内外学者对创业能否带动就业以及创业如何带动就业做了较多研究，并且积极探索如何更好地发挥创业带动就业的效应。

（1）有关创业带动就业的效应研究。关于创业的就业效应研究可以追溯到 Frank（1921）的"相对收入理论"。此后，Gibrat（1931）提出"就业无关论"，即大小企业预期的就业增长率相同，所以个人创业只是劳动力的转移，不会影响总就业。但是，后期学者的研究表明"就业无关论"难以成立。Oxenfeldt

（1943）则是在富兰克·奈特的理论基础上提出了"失业推动创业论"。此后经过各学者的深入研究又逐渐形成了两种假说——"难民效应假说"（Fiess，2010）和"企业家效应假说"（Pfeiffer，2000）。其中，赞同"难民效应假说"的学者认为，因失业而产生的生存性的创业活动对就业没有明显的带动或促进作用；赞同"企业家效应假说"的学者则认为，由优秀的企业家主动进行的机会型创业才会促进就业。这两种假说也与全球创业观察（GEM）报告中所提及的"生存型创业"和"机会型创业"相对应。之后，有学者对英国的新创企业与就业数据进行研究，认为新创小型企业给英国创造了大部分的新增就业岗位（Gallagher & Stewart，1986；Storey & Johnson，1987）。而 Scott（1996）则根据 OECD 国家的统计数据，分析得出小企业和创业活动有提高国家经济成长率和降低失业率的作用。Decker 等（2014）研究发现，创业企业给美国提供了 20% 的工作岗位，高速发展中的企业则可提供 50% 的就业机会。

在中国市场环境中，学者们的研究肯定了创业对就业的带动作用（赖德胜、李长安，2009），但影响的大小和性质在经验研究层面并没有一致的结论。部分学者通过宏观统计数据对创业与就业增长的关系进行实证检验得出创业可以促进就业增长的结论（董志强等，2012）。此外，还有学者对创业的就业时滞效应进行了研究，认为中国市场的新创企业的就业挤出效应持续时间长且作用较大，且新创企业也存在着很多方面的问题，其中企业异质性低、在激烈的市场竞争中企业的创新能力不足以从容地面对等被认为是主要的方面（张成刚等，2015）。这些研究结论要求后续研究结合特定国家、地区或个体的经济和社会特征及其所处的外部环境，考察创业的就业效应。

（2）有关创业带动就业的作用机制研究。国外学者从区域因素、社会文化因素、新创企业特征和个体因素等角度来研究创业带动就业的作用机制。Jan Degadt（2003）认为，研究创业带动就业不仅要考虑激励创新措施，还要考虑营造创新创业环境。Acs 和 Mueller（2008）考察了美国 320 个城市并根据各个城市统计区域的数据，探究新创企业对本地区就业的影响，发现并不是所有的新创企业都可以影响当地的就业情况，只有处在一定的雇佣规模区间内（雇员超过 20 人但少于 500 人）且位于多元化的大都市圈内的新创企业才可以产生持续的就业效应。Mandelman 和 Montes-Rojas（2009）则是通过采用阿根廷 1995~2003 年的城市家庭调查数据，研究其家庭就业的动态变迁情况，发现在所有的创业活动中，以雇用他人为主的创业更能促进经济发展和促进当地就业，而以自营为主的创业则对就业情况的改善没有十分明显的作用。Farhat 等（2018）通过面板数据研究提出政治稳定性是发挥创业促进经济增长和提升就业率作用的关键因素。以上研究表明，同一国家的内部创业能否带动就业很大程度上取决于本国的经济环境及政治社会条件，而通过对多个国家历史创业及就业数据的分析以及经验研究，结果表明创业影响就业的作用机制复杂，而且仅靠单一效应是难以解释的。这启示学者们，后续的研究既需要考察各种重要外在因素，如政治、经济、社会、文化环境等，也有必要深入发掘创业影响就业的内在机理和经济逻辑。

（3）提升创业带动就业效应的措施研究。国内学者的研究路径大多数是在分析创业带动就业的影响因素的基础上来探索提升创业的就业效应的措施。李长安、谢远涛（2012）通过建立广义线性模型实证研究发现，经济增长能促进创业人数增加和促进创业带动就业；而实际租房价格、职工工资和贷款利率等要素的变动与其呈反向关系。因此，要充分发挥创业的就业效应，既需要继续保持国民经济稳定快速发展，也要减轻企业的要素成本压力。

国内研究的重点多是从宏观特别是从政府的角度进行对策性探讨。赖德胜、李长安（2009）回顾了我国三次创业高潮及对应时期的劳动力市场表现，提出应该从完善协调机制、改善市场环境、健全政策体系、加强扶持力度和注重创业教育培训这五方面促进创业对就业的带动作用。此外，学者们从税收等公共扶持政策角度来阐述如何提升创业的就业效应（张成刚等，2015）。另外，有些学者通过研究国外创业带动就业模式的特点，提出中国的改进措施，如王琦等（2015）比较了美、德、韩、印、以五国创新创业带动就业的模式，提出政府干预过多、企业创立程序复杂、中小企业创新不足、创新创业教育缺失等是影响我国创新创业促进就业的主要因素。有学者从政府角度给出了新时代促进创业以带动就业的建议，提出要推动数字经济基础及创业平台的建设（张顺，2022）。杨宜勇、蔡潇彬（2021）则是从创业环境的改善、创业带动就业、返乡创业等角度总结了党的十八大以来创业带动就业的成功经验。

4. 新就业形态对充分就业的影响研究

以互联网为核心的新一轮科技和产业革命导致传统的就业观念和就业方式正在发生改变，也改变了劳动力市场的格局和资源配置方式。我国在党的十八届五中全会公报中首次提出"新就业形态"的政策性概念，既反映了与"工业时代"就业概念的区别，也体现了新时代用工与择业新的变化和趋势。国内学者主要是从生产力和生产关系的角度进行界定。从生产力角度分析，新就业形态是数字智能化的生产资料与高素质劳动者相结合所构成的灵活的工作形式；从生产关系角度分析，新就业形态指的是一种去雇主的平台化就业模式（张成刚，2016）。

与传统就业形态相比，新就业形态的"新"主要表现在三个方面：第一，就业结构的高技能导向、人文化渗透趋向。在知识经济时代，新就业形态的出现不仅提升了就业质量，更促进了就业结构多元化，因此对劳动者能力的要求更为全面（韩巍，2017）。第二，组织方式的平台化、无组织化。与传统就业形态基于"泰勒制+福特制"的垂直组织模式不同的是，新就业形态淡化了"工厂"、"公司"的角色，强化"平台"的作用，长期目标是逐渐取代科层制及传统企业的组织架构。第三，雇佣关系的弹性化、虚拟化及多重化。新就业形态具有灵活、分散、去雇主化的特点，工作时间、地点、内容和期限变得柔性化，重塑了劳动关系，向非雇佣形式转变（纪雯雯、赖德胜，2016）。关于新就业形态的分类，欧洲改善生活与工作条件基金会认为，其主要包括雇佣分担、岗位分担、临时管理工作、临时工作、基于信息和通信技术的移动工作、基于凭证的工作、组合工作、众包就业和合作就业等类型。随着新就业形态的发展，劳动者群体的异质性增强、工作任务的碎片化程度提高，工作地点、工作时间、工作中的监督与管理以及雇佣关系都已发生转变。

学者们对新就业形态对于劳动者以及整个社会的发展能否带来益处持有不同看法。部分学者对新就业形态持悲观态度，Hill（2015）认为新就业形态对于劳动者以及整个社会发展没有益处，社会的发展进程将会退回至19世纪的零工时代，而"零工经济"将会毁灭人类过去100年在劳动力市场上取得的成绩。也有部分学者对新就业形态保持乐观的态度，认为实现充分就业的挑战在于就业总量压力大，而新就业形态在缓解就业总量压力方面表现突出（王娟，2019）。刘燕斌（2019）指出，新就业形态就业规模呈现扩大趋势，并为城乡各类劳动者提供了大量就业机会。王娟（2019）认为，新经济、新业态以延伸就业链条的方式创造了新的就业机会、缓解了就业压力，是解决当前就业总量问题的重要抓手，也是确保实现比较充分就业的保障。

（四）促进充分就业对策研究

我国促进充分就业的道路任重道远，并非一蹴而就，更不可单凭某一项政策实现，需要我国政府和全社会群策群力共同完成。新时代背景下，我国政府应发挥宏观调控作用，制定切实可行的公共政策来实现充分就业。下面将针对总量矛盾、摩擦性矛盾和结构性矛盾，具体分析要实现充分就业总目标的三大路径。

1. 创造就业岗位解决总量失业

作为人口大国，我国当前及今后一个时期内的就业总量压力将持续不减。我国劳动力资源丰富，总量巨大，这也使实现充分就业变得十分困难。2018年国务院发布了《关于做好当前和今后一个时期促进就业工作的若干意见》，其政策内容覆盖已就业、失业或半失业、创业以及转岗等群体，政策措施包括支持企业发展以稳住已就业群体，以及帮扶下岗失业人员再就业等。学者们也认为解决总量失业首先要充分用好用足现有就业促进政策创造更多就业岗位（陈建伟、赖德胜，2019），多渠道稳定和扩大就业，如做好特定群体的就业工作（赖德胜、蔡宏波，2019），在产业转型升级过程中，创造更多高质量的就业岗位（刘燕斌，2014）。增加就业岗位是治理失业的主要对策，而降低利率、增加政府支出可以刺激投资，通过增加总需求以缓和失业问题。所以，应减少企业税收负担，鼓励企业保持和扩大雇佣水平，稳定现有就业水平，增加就业机会（陈建伟、赖德胜，2019）。陈仲常、金碧（2005）认为可采取积极的财政政策和扩张性货币政策促进经济增长，提高有效需求，增加就业总量，以缓解内生性总量失业。同时，政府有必要建立适合灵活就业劳动者的收入分配和社会保障制度（刘燕斌，2002），支持新就业形态发展，以激发劳动力市场活力，创造更多就业岗位（张成刚，2019）。

2. 强化就业公共服务减少摩擦性失业

陈全（2015）认为，应该将"健全和完善劳动力市场，提高求职者和空缺岗位匹配效率"作为解决我国摩擦性失业的总体方针。当前我国劳动力市场呈现出多元化分割的特点，以户籍为代表的制度使得劳动力配置出现扭曲，这种现象导致出现个体理性而集体非理性的局面，不利于整体实现充分就业。有学者提出应该进一步推进市场化改革，扭转劳动力市场分割现状，建立起东、中、西高效一体的劳动力市场，实现优化配置以提高就业质量（赖德胜、石丹淅，2013）。也有学者将目光看向农村，认为要切实推进乡村振兴战略，坚持农业农村优先发展，鼓励进城务工人员返乡创业，解决农村劳动力的就业问题。具体措施为坚持城乡融合发展，统筹并充分利用城、乡两个劳动力市场，合理配置各生产要素及资源，将拓展农民就业空间与稳定城镇就业举措有效结合（陈建伟、赖德胜，2019；赖德胜、蔡宏波，2019）。

对于劳动力市场的匹配，赖德胜等（2019）利用公共就业服务机构的求职招聘信息分析了不同地区劳动力市场匹配效率，研究发现，改善经济发达地区的劳动力市场匹配效率可产生明显的就业效应、产出效应和收入效应。此外，劳动力市场应平衡好灵活性和稳定性的关系，过度灵活或稳定都不能充分发挥劳动力市场有效性。改善劳动力市场匹配效率还需加大投入，发挥各类中介机构作用，可以通过建立全国性的就业信息平台来降低摩擦性失业，改善信息市场区域性失衡。政府对劳动力市场实行的是定向调控、相机调控、精准调控相互结合促进实现充分就业和高质量就业（赖德胜、石丹淅，2018）。另外，中美贸易摩擦事件发生后，有学者研究了其对我国就业是否产生影响，并预测贸易摩擦可能导致就业岗位减少，最终得出贸易摩擦的本质其实是"就业战"的结论（李长安，

2018)。这就要求政策通过利用大数据等手段对贸易部门的就业数据进行监测，重点关注直接受到影响的行业和企业，监测岗位空缺、人岗分离、失业持续期等数据，以增强就业政策的预见性（陈建伟、赖德胜，2019）。政府还应采取相应的优惠、扶持性政策，鼓励大众创业，加大对创业环境、社会保险等方面的帮扶，发挥好就业服务中介机构促进就业质量的桥梁作用（苏丽锋、赖德胜，2018）。

3. 增强就业能力解决结构性失业

劳动者就业能力是决定就业状况的重要因素，随着我国经济发展和产业结构转型升级，高素质劳动者的缺口越来越大，需要切实提高劳动者就业能力（赖德胜等，2019）。我国的结构性失业主要表现为以下三个方面：一是劳动者素质结构的失衡导致结构性失业（赖德胜等，2019）；二是经济发展失衡导致区域性结构性失业（刘燕斌，2016）；三是就业结构的变动趋势导致结构性失业（董志强，2001）。另有学者指出，当前经济周期性下行压力与结构转型期因素交织，我国的结构性失业问题的原因很大程度上是由需求不足转为供需结构不匹配，尤其是由高技能人才的供需结构失衡（陈建伟、赖德胜，2019）导致的。随着我国进入新发展阶段，人才资源的重要性尤为凸显，现阶段的经济增长更依赖于创新、全要素生产率和人力资本红利（赖德胜、蔡宏波，2019），下一步的工作要求应是进一步深化人才供给侧改革，不断致力于提升劳动者的就业能力，最大程度缓解结构性就业矛盾（赖德胜等，2019）。

劳动力市场人力资本积累和配置的功能一旦失调，就会导致劳动供求不匹配，结构性就业矛盾将被放大，而劳动力市场的宏观调控可以缓解这种矛盾（陈建伟、赖德胜，2019）。构建补偿机制可以加速劳动力密集型制造业的劳动力迁移，以劳动力转移带动制造业的加速转型从而实现就业结构性矛盾的缓解（赖德胜等，2019）。面对外部环境的冲击，我国劳动力市场应该加强劳动者培训，促使劳动者不断改进劳动技能以便更好地适应劳动力市场变化和产业转型升级的要求（赖德胜、蔡宏波，2019）。

教育对于劳动力配置能力发挥作用的重要前提是市场的半径和劳动力市场的均质性，必须打破制度性分割才能大幅度降低劳动力流动成本（赖德胜，2012）。在就业区域分布上，可建立人力资本投资补偿机制，平衡大学毕业生就业的区域悬殊，实现个人、用人单位和国家"三赢"。首先，加大义务教育（尤其是农村义务教育）支持力度，提高低水平劳动力素质，缓解结构性失业（王超，2005）。其次，从政府相关政策的角度来说，教育质量要进一步提高，教学过程中要将认知技能与非认知能力相结合，同时培养学生的就业能力、创业能力以及在不同职业之间进行转换的能力（曾湘泉、李晓曼，2013）。再次，在高等院校学科教育与职业教育结构调整上，大力发展职业教育，合理设置课程体系、调整学科结构、完善高校就业信息平台，提高学生专业与市场匹配的能力（刘燕斌，2016）。最后，要持续推进高等教育结构调整，进一步深化高校招生和人才培养体制改革，引导高校加快急需人才、紧缺人才的专业化培养体系建设（陈建伟、赖德胜，2019）。

加快现代职业教育体系建设，提高技术技能型人才的培养质量。2018年《政府工作报告》中指出，要实施职业技能提升行动，改革完善高职院校考试招生办法，适当扩招以鼓励更多应届高中毕业生和退役军人、下岗职工、农民工等群体报考。深入开展职业技能教育和培训，要以高质量就业为导向，真正瞄准生产、建设和服务一线的需求缺口。实施"国家大规模职业技能培训规划"，对于不适应未来岗位需求的职业技能培训制度进行修改，建立新型职业技能培训、激励和评价机制，设立中小企业培训员工技能补贴，提升工作岗位质量，从而有效改善技能型劳动力供给的结构性矛盾（苏丽锋、赖德胜，2018）。政府有必要根据劳动力市场所需的人才类型以及劳动者参加工作所需要的职业技能，配合出台针对性的相关培训支持政策，提高劳动者技能以提升其转岗或再就业的能力，从而达到降低中低技能劳动者结构性失业风险的目的（赖德胜等，2019）。

二、高质量就业

（一）高质量就业的内涵发展

学者对就业质量方面的广泛研究兴起于20世纪70年代，最早提出的概念为"工作生活质量"（Quality of Work Life）。工作生活质量引申于霍桑实验提出的"生活质量"（Quality of Life），Sinha（1982）、Nadler和Lawler（1983）认为生活质量的最初内容包括对员工间关系以及整体工作环境的评价，强调在关注经济与科技维度的基础上需要重视人力资源，进而通过多项指标的满足程度反映工作生活质量。自此以后，更多西方国家劳动力市场的组织及决策者开始注重研究就业质量，最为典型的是国际劳工组织和欧盟委员会。在20世纪末，国际劳工组织先后将"体面劳动"和"工作质量"作为个人参与工作活动的权利基础，认为它是在任何经济发展水平下都必须满足的先决条件。二者共同反映一系列相互关联的就业问题，关心就业者的从业机会、薪酬福利、工作环境、平等尊重待遇、工作稳定性与安全性等方面，但体面劳动侧重于个人生活，考虑工作时间、工作与生活平衡等（ILO，1999），而工作质量则侧重于个人在企业中的成长发展，要求企业提供有效的组织管理手段，积极开发人力资源。欧盟委员会也于

1997 年正式制定"欧洲就业战略"（EES），在第一个五年计划（1997~2002 年）内，"工作质量"（Quality in Work）被作为就业战略的重要目标及就业指导方针的优先事项（European Commission, 2008）。随后，Schroeder（2007）定义"高质量就业"为，个人在一份给予自身挑战性和满足感的工作的复杂环境下，获得报酬以维持生计的能力。至此，在国外的研究中，就业质量从最初重视技术与人的协调，发展到对多维度指标进行评价，其内涵随着视角的扩张而不断丰富与完善。

国内学者对就业质量的研究起步较晚，对概念的表述因研究视角不同而略有差异，具体呈现出主观与客观、宏观与微观相结合的特点（曾湘泉、王辉，2018）。但概括而言，国内学者认为就业质量是指在整个就业过程中，基于主客观评价（徐莉、郭砚君，2010），反映一定范围内个体就业状况、个体与生产资料结合的优劣程度及各主体效用与价值增加情况的综合性指标。根据考察范围不同，如个人、行业、地区、国家等，就业质量囊括微观及宏观的不同层次。由此可见，就业质量是对就业过程中各主体主客观要素满足程度的综合评价。

学者们针对高校毕业生、农村转移劳动力、残疾人群体等重点群体的就业质量概念进行界定。高校毕业生就业质量是对毕业生满足社会潜在需求情况的反馈（柯羽，2007），其表现为高校毕业生从事与个人学历、专业、学校或学院培养目标等相吻合的工作（曾向昌，2009），从而在个人满意的基础上，实现社会各方主体共同满意（吴新中、董仕奇，2017）。农民工就业质量是一个层次性、复合性和动态性概念，包含职业稳定、职业声望、发展机会、收入水平、工作环境、职业满意度、幸福感等因素，其中职业稳定性是农民工就业质量的基础，而收入水平则是评价体系的核心（姚永告，2009）。残疾人的就业质量是一国或地区残疾人劳动者整体就业状况的综合评价，体现为残疾人劳动者资源配置状况及全体有劳动能力的残疾人劳动者整体的就业质量水平。

（二）高质量就业的评价指标

在就业质量概念与内涵不断扩展充实的同时，作为衡量就业质量优劣程度依据的就业质量评价指标应运而生。就业质量的概念与就业质量的评价指标互为依托：就业质量概念起到提纲挈领的作用；而就业质量评价指标则侧重使概念落地，并给予方法支持。自 20 世纪 70 年代起，国外学者已经针对相关指标展开研究。最初，工资福利（Jurgensen, 1978）和工作满意度（Seashore, 1974）被认为是评判就业质量的核心指标，当时虽尚未形成完备的就业质量指标体系，但二者业已奠定就业质量指标领域的重要地位。在之后的理论研究中，更多影响就业质量的非物质指标被学者论证，包括技能水平（O'Brien & Feather, 1990）、心理健康（Dhondt et al.，2012）、工作保障（Hall & Soskice，2003）等。学术界对就业质量指标的研究成果受到了各国政府与机构的重视，并推动了就业质量指标体系在实践方面的落实。国际劳工组织对"体面劳动"与欧盟委员会对"工作质量"指标的具体说明，标志着较为系统的就业质量指标体系的形成。"体面劳动"包含11个测量属性及40个指标（ILO，1999）；"工作质量"则被归纳为10个维度，二者都涉及个人工作评价、工作内容与环境、劳动关系与基本权利、性别差距、工作与生活平衡等多方面内容，是关于就业质量最低满足条件的表述。在二者的影响下，国外学者基于不同研究视角，分别形成以工资福利（Sehnbruch，2004；Davoine et al.，2008）和工作满意度（Kalleberg & Vaisey，2005）为核心，以"体面劳动"和"工作质量"指标体系为标准，各具侧重点的就业质量指标体系。总体而言，国外对就业质量指标体系的研究经历了由理论到实践再到理论的过程。

与此同时，国内对就业质量指标体系的研究同样首先以"体面劳动"的内容和评价指标为基础。刘素华（2005a，2005b）首先提出就业质量的五项指标，而后立足于国内实际情况，将反映"强迫劳动和童工劳动"工作性质的指标去掉，利用层次分析法构建了四维度指标体系。而赖德胜等（2011）在其构建的六维度指标体系中，增加了评价宏观就业环境指标的同时，突出强调了薪酬和就业能力的重要作用。国家统计局人口和就业统计司的课题组对国际常用指标进行梳理，构建了四维就业质量指标体系，包括工资水平、就业充分、就业稳定、工作生活平衡。吕达奇、周力（2022）使用 AF 双栏法对中国劳动力就业质量进行分析，其指标体系主要包括收入、稳定性、工作条件三个维度，而且我国东、中、西部的就业质量存在显著差异且依次降低。由于国内学者对就业质量的研究视角不同，研究内容涉及诸多群体，导致不同就业质量的侧重方面也有所不同。

随着各类特殊群体就业问题的日益严峻，众多学者分别针对大学生、农民工等群体的就业质量测量建立了指标体系。高校毕业生就业质量指标体系包含宏观、中观、微观三个层次，涉及国家、社会、高校、企业、家庭、个人等多个主体（吴新中、董仕奇，2017）。在宏观层面，经济表现、就业率、就业制度与就业政策、就业机会、就业结构被作为重点评价指标（吴新中、董仕奇，2017；王永友、张学亮，2017；王霆、何立丹，2019）；在中观层面，学者主要考虑劳动关系、就业地域以及区域经济发展状况（刘婧等，2016）；在微观层面，根据主客观角度区分为满意度、挑战性、适应度、愉悦感等主观评价指标（钟秋明、刘克利，2015；张抗私、朱晨，2017）和工资薪酬福利、工作条件、社会保障、就业单位性质等客观评价指标（石红梅、丁煜，2017；杨海波、王军，2018）。根据主体区分，可分为就业能力、职业期待等个人角度评价指标（信长星，2012；应银华，2015），就业指导、能力培养等学校角度评价指标（曾湘泉、王辉，2018）以及人职匹配度、专业匹配度、用人单位满意度等企业角度评价指标（岳德军、田远，2016）。

在农民工就业质量方面，学者对其就业质量评价指标体系主要从微观层面上的主观和客观两个角度来阐述。在主观层面，设立工作与非工作的和谐、职业发展与就业前景、就业满意度等主观评价指标（钱芳等，2013；石丹淅等，2014）；在客观层面，设立工作质量和稳定性、权益保障、职业和就业安全、健康和福利、技能发展等客观评价指标（钱芳等，2013；石丹淅等，2014）。在残疾人群体的就业质量方面，从宏观层面上评价残疾人的就业质量可以从机会、结构、环境、能力、保障以及劳动关系六个维度来进行分析。

（三）高质量就业影响因素研究

国内外最新的研究表明，我国充分就业水平虽然总体较好，充分就业指数稳健提升，但就业质量仍相对较低（谭永生，2020），有必要对影响高质量就业的因素进行深入的研究。就业质量影响因素既涉及经济、文化、社会、环境等具有同一性的宏观方面（曾湘泉，2004），又涉及研究对象群体特性及个体因素特殊性的微观方面，因此对该问题的研究过程和方法更加复杂。依托就业质量概念、内涵及指标体系，国外学者进一步讨论高质量就业的影响因素，以探索改善就业质量的有效方法。在宏观方面，Gallie 等（2014）在欧洲范围内选取 4 个协调型市场经济国家和 1 个自由型市场经济国家，通过对就业质量指标的比较分析，描述了不同制度体系对就业质量的影响。Vidal（2011）基于前人研究基础进一步说明不同生产制度体系所造成的不同影响。此外，经济危机对就业质量造成的巨大负面影响也为国外学者所重视（Berglund，2014）。在微观方面，国外学者对就业质量影响因素的研究主要围绕就业质量指标体系展开。Per Olaf 和 Anton（2008）将就业能力进行细分，指出高等学历、工作培训、工作条件及工作环境都会通过提高就业能力间接影响就业获取及就业质量。而在就业能力相关研究中，知识技能对就业质量的影响也得到验证（Findlay et al.，2013）。

国内对高质量就业影响因素的研究更为丰富，不仅包括对整体共性因素的研究，还包括重点群体特性影响因素的研究。在共性因素研究方面，学者将目光集中于宏观和中观层面的影响因素。宏观层面上，刘素华等（2007）具体阐释了全球化影响就业质量的机理与表现。赖德胜、石丹淅（2013）基于对全国就业质量的问卷调研结果提出，经济发展方式、户籍制度和劳动力市场制度性分割是影响我国就业质量状况的重要因素。刘婧等（2016）通过经济增长、经济结构与就业质量的灰色关联度耦合分析，发现二者与整体就业状况、劳动报酬、劳动关系的影响关联度都处于较高水平。杨艳琳、翟超颖（2016）认为城镇化与就业质量存在单向因果关系，其中，城镇化质量可以带动就业质量的提升。杨海波和王军（2018）还着重考虑了教育及外商直接投资的影响作用。中观层面上，李佩莹（2016）实证研究了区域创新能力与就业质量的耦合度，指出政策、资本、信息、技术刺激区域创新能力发挥影响力。杨丽君（2018）通过对我国通货膨胀率与失业率进行研究，认为二者符合"菲利普斯曲线"描述的反向关联。在微观层面，研究就业质量共性影响因素仍是围绕就业质量设立评价指标，包括劳动报酬、工作时间、职业发展、职业尊重等（苏丽锋、陈建伟，2015）。

由于研究群体的不同，针对各群体影响因素的研究也有所差异。对高校毕业生群体的研究，可以分为宏观、中观与微观三个层面，而从影响主体上可以分为社会环境因素、政府因素、用人单位因素、高校因素、个人及家庭因素五个方面。在宏观层面，政府政策法规与经济发展状况依然是重点讨论对象（高玉萍、王生雨，2017）。中观层面的研究主要围绕就业地域展开，包括地方就业政策、地方就业环境、地方对教育重视程度以及城市依赖性等（岳昌君、杨中超，2012；支华炜等，2016）。微观层面影响因素研究主体性的区分明显，并且以个人及家庭因素为主（王广慧，2015）。就业能力、心理因素、就业观念、实践情况、就业期望偏差及择业自我认知都对就业质量产生影响（王霆，2015；涂建明、涂晓明，2015；童辉杰等，2017；王向东等，2022）。此外，新冠肺炎疫情的暴发对国家经济和社会发展都产生了巨大的影响，有学者通过分析疫情前后高校毕业生的就业数据，发现虽然就业数量保持稳定，但就业稳定性变差、总体就业质量堪忧（刘保中等，2022）。

国内学者对农民工群体的就业质量影响因素的研究可以从宏观、中观、微观三个角度展开。其中，宏观影响因素主要包括劳动力市场因素（城乡二元劳动力、一二级劳动力分割）、社会保障制度、经济发展水平、就业和户籍歧视、政府培训、公共就业服务（李礼连等，2022；刘长全，2022）等。中观因素主要包括企业所在地、企业政策、企业所属行业等（于艳芳、陈鑫，2015；田福双，2015）。微观因素主要包括人力资本和社会资本（赵蒙成，2016）。

国内外学者主要从个体（残疾类型、残疾等级、就业意愿、是否愿意降低残疾人就业最低工资标准限值等）和家庭（婚姻状况、家庭组成结构、家庭残疾人比例、恩格尔系数、教育培训等）因素以及社会环境因素三个方面对残疾人就业质量影响因素进行分析（Mitra & Sambamoorthi，2006；郁松华，2009；纪雯雯、赖德胜，2013）。

（四）促进高质量就业对策研究

随着我国经济发展进入新常态，就业压力不断增大，高质量就业面临新的挑战。劳动保障作为民生之安，应该发挥其制度性优势，切实保障各类人群就业，做好民生兜底工作。从理论角度看，就业质量的概念从提出到不断发展的历程中，尽管在不断丰富完善，但国外和国内学术界仍然认为劳动保障是重要评价指标之一，并且进一步细分为收入分配、劳动关系和社会保险等不同二级指标（Bonnet et al.，2003；Clark，2005；曾湘泉、张成刚，2012；王霆，2015；Davoine & Ethel，2008；丁守海等，2018；潘旦，2022）。因此，加强并规范劳动保障，建立适应并且能够促进就业质量提高的配套劳动保障体系是实现高质量就业的重要途径和基本要求。从现实角度看，一方面，近年来我国的就业质量虽有所提升，但仍然存在工资水平较低、工资拖欠、劳动关系不和谐、社会保险缴纳率低等诸多问题（孔微巍，2019），劳动保障的落地执行亟待规范；另一方面，新产业、新业态、新模式的蓬勃发展，数字经济的迅速兴起，人工智能、区块链等新技术的发展，在进一步提高就业质量的同时，对劳动保障的实施和选择提出了新的挑战（宋国恺，2018；张顺，2022）。

第三章 促进城镇更充分更高质量就业研究

面对经济下行、经贸摩擦等多重压力，我国就业形势面临较大挑战，如何促进更充分更高质量就业成为当前就业工作的战略重点。在"十四五"时期的新发展格局下，激发企业市场主体活力，创造更多就业岗位需求，提升人才供给技能水平，有效促进更充分更高质量就业，是贯彻落实新发展理念下助推经济高质量发展、实现社会主义共同富裕目标的基本要求。因此，实施就业优先战略需要对促进城镇更充分更高质量就业问题开展深入研究，本章分别从新创企业对高质量就业岗位创造以及在数字经济背景下营商环境对高质量就业的影响进行理论构建和实证分析。

一、新创企业与高质量就业岗位创造

创业是最积极、最主动的就业，"以创业带动就业"是当前实施积极就业政策的重要举措。面对目前严峻的就业形势和沉重的就业压力，在"双创"政策的带动下，创业成为实现更高质量和更充分就业的战略选择。然而，创业并不一定意味着就业岗位的数量净增加，根据每年发布的"创业死亡榜"统计，每年至少有百余家明星创业公司倒闭，这一现象显示创业对就业岗位的挤出效应也十分明显。

根据当前国外学者关于新创企业对就业影响的研究发现，尽管新创企业的消亡率比较高，但是，新创办的企业在就业创造方面较成熟型企业更有优势（Van Stel & Storey，2004），新创企业对就业的影响最直接体现在对就业岗位的影响上。根据Fritsch 和 Mueller（2004）对德国和葡萄牙的研究，新创企业对于就业的带动效果在不同时期的表现并不相同，而对就业岗位的创造主要集中在新创企业创办的前期和后期，中期则引起了岗位挤出效应。总体来看，我国在新创企业岗位创造上的量化研究较少，同时国外的研究结果是否能够适用我国的实际情况，也是并未证实的疑问之处，因此，如何衡量我国当前新创企业的就业岗位创造效果成为亟待解决的问题。

本章针对京津冀地区数据开展此项研究，京津冀地区包括北京市、天津市和河北省，是我国北方面积最大、经济发展水平最高的地区。京津冀区域总面积达21.6万平方千米，占我国总面积的2.3%，人口共计有1.1亿，占我国总人口的8%。近些年，京津冀区域内创新创业水平不断提升，创业积极性不断提高，因此京津冀区域内私营企业的数量一直保持增长趋势，2005～2014年京津冀地区的私营企业数量从46.45万户增长到了162.29万户，企业数量的增速甚至要高于同期该地区GDP的增速。

另外，京津冀地区就业需求大，逐年递增的高校毕业生数量、随着城镇化的发展增多的务工农民工数量等，都对京津冀地区的就业岗位数量提出了巨大需求。作为相应国家战略的示范区域，京津冀地区的新创企业数量也在逐渐增多，并且随着雄安新区的建设显示出高速增长趋势，相应地，对于新创企业的就业效应、岗位创造、岗位创造效应及其评估等方面的研究就显得十分必要。

一方面，国内对于新创企业就业岗位创造效应的评价和分析研究相对较少；另一方面，在当前我国就业创业背景下，京津冀地区作为产业密集、就业人口众多的重点区域，其新创企业对于就业岗位的创造效应亟待评估。所以，基于以上情况，本书对国内外创业和就业创造的理论及实证研究进行文献回顾与总结，试图从宏观层面构建新创企业就业岗位创造指标体系，通过实证研究的方法，对当前京津冀地区新创企业就业岗位创造效应进行评价，并分析新创企业创办率对于就业岗位创造的影响作用效果，进而提出结论与建议。

（一）文献回顾与研究假设

新创企业不是中小企业，本书借鉴参考之前学者的研究结论，在定义新创企业时从企业生命周期角度出发，把新创企业的概念界定为成立时间在8年以内的内资企业（国有企业、集体企业、股份合作企业、公司、其他企业）、私营企业（独资企业、合伙企业、有限责任公司、股份有限公司）和个体工商业。本书认为经过8年的发展，新创企业已经建立起市场地位，企业发展和人员结构趋于稳定。

1979年，麻省理工学院教授David Birch在其出版的调研报告《工作产生过程》中，通过丰富的数据推翻了长久以来人们认为的大企业是国家经济发展支柱和创造新就业岗位主体的观点，发现创业活动对创造新工作岗位、促进经济发展具有重大的意义。Birch通过收集整理1969～1979年的企业和就业数据，建立实证模型探究小企业创业对于就业促进的影响，研究结果显示，在此期间员工总数不足20个人的小型企业成功贡献了美国每年就业岗位新增总数量的80%。

通过借鉴Birch的实证研究模型，Gallagher和Stewart（1986），Mcgregor等

（1987）收集整理了英国的企业和就业数据进行分析研究，结果发现在英国也是雇佣规模较小的企业创造了每年超过一半的就业岗位增加数量。尽管小企业的淘汰率比较高，但是在创造就业机会、提供就业岗位这一点上，创办年限较少、雇佣规模较小的企业要明显领先于创办时间较长、雇佣规模较大的企业（Peter & Nicholas，1999）。Snijders 和 Meijaard 等（2001）通过对荷兰地区就业情况的调研和实证分析，发现在 1994～1998 年，新建立的企业创造了荷兰每年新增就业岗位总数量的 80%。Van Stel 和 Suddle（2004）对 1988～2002 年荷兰 40 个地区的企业数据进行研究后发现，新创企业对区域内的就业增长产生了明显的积极影响，在新创企业建立的大约 6 年后积极影响达到了峰值。Fritsch 和 Mueller（2008）收集和整理了德国西部 71 个省份 1984～2002 年的就业数据和新创立企业数据，通过计量分析发现创业可以对区域内的就业水平产生促进效应。

国内学者对于新创企业创造就业机会普遍持积极态度。蔡昉（2008）提出创业带动就业是扩大就业、解决就业问题的根本途径，他指出，与之前普遍认为的 1∶1 的就业增长效果不同，创业是可以产生乘数大于一的就业岗位创造效果的，因而创业是一种非常有效的带动就业的手段。从实证的角度来看，通过对 2007 年《全球创业观察中国报告》中的调研数据进行客观分析后，高建（2008）发现，机会型创业在我国可以有效带动就业人数的增加，每一个机会型创业企业可以在其创办的当年带动就业人数增加 2.77 个人，在创办的 5 年内可以带动就业人数增加 5.99 个人，即创业可以明显带动我国就业增长。

1. 就业岗位数量创造维度

Drucker（2001）通过研究提出，新创企业对于就业的影响并不是在当期即刻就能产生的，而是需要非常长的一段时间。根据 Audretsch 和 Fritsch（2002）对德国的企业和就业数据的实证分析，创业和就业之间存在明显的时间滞后关系，虽然在有的地区这种时间滞后关系存在的时间非常短。

Fritsch 和 Mueller（2004）通过数据实证后构建了一个时间滞后模型用于详细解释创业行为对于就业的影响，如图 3-1 所示，在最开始，新创企业一旦成功建立就可以在当期一个短时间内对就业带来直接影响。在中期阶段，新创企业可能会将市场中已经存在的一部分企业挤出市场，这种对原有企业的替代效应最后会导致原有企业员工的失业；同时，新创企业也会通过对原有公司产生"诱导效应"，进而激励市场中已经存在的企业进行创新和改善，从而促进区域市场中竞争能力改善、行业效率提高等。

Fritsch 和 Mueller（2004）通过收集德国的企业和就业数据，对他们所构建的创业对就业影响的滞后效应模型进行验证，在计量分析后发现，德国的新创企业对就业增长产生的影响存在滞后，在企业建立的 0~1 年为积极影响，2~6 年为消极影响，6 年之后则为积极影响，这种积极影响在企业创办的第 8 年达到最大值，而到了企业建立的第 10 年则开始明显下降。

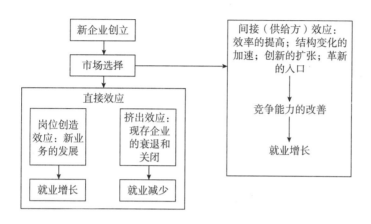

图 3-1　新创企业带动就业的作用机制

资料来源：Fritsch & Mueller（2004）.

Baptista 等（2007）为了分析新创企业对就业的影响，选取了 1982~2002 年葡萄牙的企业进行调研，通过整理和分析调研数据后发现，新创企业对区域内就业影响的间接效应要比直接效应更强，但是，这种间接效应要在新创企业建立后 8 年才开始逐渐显现，同时他们也在研究中提出，新创企业对就业增长存在滞后影响，但是无法确认具体的滞后时间和滞后程度，因为不同行业和类型的新创企业具有不同程度的滞后效果。

2008 年，Fritsch 又使用葡萄牙的数据对这一滞后模型进行了实证研究，进一步证实了新创企业创办前期产生的岗位创造效应和中期产生的就业挤出效应，如图 3-2 所示。

图 3-2　新创企业带动就业的整体效应

资料来源：Fritsch & Mueller（2008）.

— 43 —

张成刚等（2015）利用我国1996~2012年的省际面板数据检验Fritsch所提出的创业带动就业的时间滞后模型在我国是否能够适用，研究结果发现，企业在建立的0~2年内对就业的影响效应是正向的，在2~10年内对就业的影响效应为负向，而在建立的10年之后产生的就业效应则为正向。这项研究清楚地证明了这一时间滞后模型可以应用于我国新创企业对于就业的影响研究。

根据新企业创办对于就业和工作创造影响的研究，多数学者指出新创企业对于区域就业的影响是一个长期过程（Audretsch & Fritsch, 2002; Fritsch & Mueller, 2004, 2006; Van Stel & Storey, 2004; 张成刚等, 2015），因此，在本章中，结合当前国内外的已有研究，提出以下研究假设：

假设1：新创企业创办率对就业岗位数量创造增长存在滞后作用。

假设2：新创企业创办率对就业岗位数量创造短期和长期都存在积极影响，而中期则会产生消极影响。

2. 就业岗位质量创造维度

从20世纪70年代开始，西方很多发达国家就已经着手讨论超越数量意义的就业概念。紧接着，国际劳工组织在1999年提出了体面劳动的概念，与之同一时期，欧盟也明确关注高质量就业岗位——促进良好的工作条件和提供社会保障，其在《里斯本条约》的就业政策目标中体现，即"在经济可持续增长的同时，提供更多和更好的工作"。2000年法国尼斯欧盟理事会提出了"工作质量"的概念。在学术界，Green（2013）将高质量就业岗位定义为能够满足固定工作者工作需求的一系列特性；Burns等（2016）对这些特性给予了进一步解释：包括内在重要的员工福利、赔偿金、工作剧烈程度、劳动合同、任务多样性和自治水平等。

国内学者多是研究劳动者的就业质量，研究方法基本为客观评价和主观满意度测量，其中多数通过满意度调研的方式研究工作质量，而指标选择上，也多集中于就业环境、就业稳定性、工作声望、岗位薪酬、工作发展机会等。柯羽（2007）设计了一个包含5个一级评价指标和10个二级评价指标的评价体系，一级评价指标主要关注了毕业生供需比、工资收入情况和就业结构等五个方面，二级评价指标则重点选取了就业单位层级、自主创业率和就业地点等十个方面，对我国高校毕业生的就业质量进行评价。

秦建国（2011）提出，对就业质量进行评价时，应当设计四种类型的评价指标，这四种类型包括可以用于评价就业质量的总量指标、工作岗位质量评价的指标、劳动者就业满意度情况指标和劳动者就业之前的相关主客观情况指标。刘新华和杨艳（2013）在研究过程中，把就业质量评价指标转化为工作地点、工作单位性质、工作岗位类型、工作薪酬水平、工作环境、工作发展前景六个方面，要求通过调研测量被调研对象对每个方面的主观满意程度。

一般来说，根据企业生命周期理论，新创企业的健全和发展需要一段时间，其所能提供的就业岗位质量在建立初期不会达到最优。事实上，我国的就业质量普遍存在很多问题，就业数量和就业率的增加并不一定导致就业质量水平的增长（曾湘泉，2004），就业岗位质量的影响因素十分宽泛，市场化水平、经济发展程度、企业单位情况以及相关就业政策等都会对工资水平和就业安全等就业岗位质量维度产生影响。Teal（2014）对1987~2003年加纳的微型和小型企业的就业质量展开了研究，发现相对成熟和建立年限更长的企业岗位质量较好；赖德胜等（2011）对我国30个省份的就业质量进行测算后发现，随着地区经济发展水平的提高、企业单位建立健全程度的完善，就业质量水平会更高。随着新创企业建立时间的增加，企业各项制度和文化更为成熟。因此，在本章中，结合当前国内外已有的研究，提出以下研究假设：

假设3：新创企业创办率对就业岗位质量提升存在滞后作用。

假设4：新创企业创办率对就业岗位质量存在积极影响且随着时间推移而增大。

（二）就业岗位创造指标体系构建

1. 指标的选取

根据现有文献的研究基础，结合当前国内就业创业需求形势，在对企业就业岗位创造评价体系的指标选取过程中必须依照如下原则：

一是科学性与系统性原则。一方面，构建的指标体系应对企业就业岗位创造情况进行科学评价，从整体上把握所要评价主体的每个维度；另一方面，要深刻把握每一项指标之间存在的逻辑关系，同时要保证指标体系可以系统地对新创企业的就业岗位创造情况做出科学准确的评价。

二是指标独立且特征明确。本书最终所构建的评价指标体系应当具备统一确定的分类标准，每一项指标都有清晰明确的内涵，避免选择相似指标，同时要求指标具有独立性。另外，确保每个指标特征明确，都能独立反映就业岗位创造某一方面的信息。

三是可操作性原则。在设计就业岗位评价指标时，应当考虑其实用性与可操作性。为了确保在应用指标进行评价时实际评价的有效展开，就一定要保证评价指标体系所采取的计算方法方便理解和易于操作，另外所选取的指标不应当过多，简单实用为好，确保数据可得、度量可行。

对就业岗位创造可以从岗位数量指标体系和岗位质量指标体系两个方面进行评

价，在指标选取过程中为了统一获取和计量，全部采用客观性指标，将岗位数量指标体系和岗位质量指标体系对比评价，最终通过汇总各项指标得分进行综合分析。

（1）岗位数量指标体系。在衡量岗位数量创造时，仅仅计算某一时期通过企业创建和企业扩张所增加的就业岗位数量总和就确定为当期岗位创造总量，会忽略经济活动中同期也存在的企业倒闭和企业规模缩减引起的就业岗位数量减少，所以，在就业岗位创造总数量中减去就业岗位数量减少后得到的数值才是就业岗位创造净值。

在对于岗位数量衡量的文献当中，Davis 和 Haltiwanger（1996）在设计出企业就业岗位创造率的计算方法后，把这种方法进一步扩展，从而延伸到对某个行业的就业岗位创造计算中，他们所提出的这种计算就业岗位创造的方法可以从宏观角度分析整个行业的总体就业岗位创造情况。首先要将某一行业的就业岗位创造率和就业岗位损失率分开计算：

岗位创造率：

$$POS_{st} = \sum_{\substack{e \in Q_{st} \\ g_{et} > 0}} \left(\frac{x_{et}}{X_{st}} \right) g_{et} \tag{3-1}$$

岗位损失率：

$$NEG_{st} = \sum_{\substack{e \in Q_{st} \\ g_{et} < 0}} \left(\frac{x_{et}}{X_{st}} \right) |g_{et}| \tag{3-2}$$

净岗位创造率：

$$NET_t = POS_{st} - NEG_{st} \tag{3-3}$$

其中，POS_{st} 表示在 S 地区 t 时间所有规模扩大的行业规模综合变化率（也就是该地区就业岗位创造率）；NEG_{st} 表示在 S 地区 t 时间所有规模缩小的行业规模综合变化率（也就是该地区就业岗位损失率）。Q_{st} 表示 S 地区行业类别数量，X_{st} 表示 t 时期 S 地区的就业规模，g_{et} 表示 t-1 到 t 时期某一行业的雇佣规模变化率，x_{et} 表示 t 时期某一行业的雇佣规模。

因此，在岗位数量评价指标中，由于缺少直接衡量企业岗位数量的指标，则将一级评价指标确定为净岗位创造率，二级指标确定为岗位创造率和岗位损失率。

（2）岗位质量指标体系。对就业质量和岗位质量的测度评价，国内的学者多数采用或借鉴国外关于体面劳动的概念，因此至今还没有能够形成标准的指标评价体系。参照了国际劳工组织提出的关于"体面劳动"的量化指标，主要借鉴了国内学者刘素华（2005）、柯羽（2007）、赖德胜等（2011）、张抗私和李善乐（2015）所建立的指标体系，本书选取平均工资水平、工资增长空间、工作—家庭平衡指数、工作风险性、福利和社会保障指数五个二级指标作为新创企业就业岗位质量评价体系的评价指标。

平均工资水平。平均工资表示的是在企事业机关单位工作的员工每年的人均货币工资额。京津冀三省工资数据为从 2006~2016 年《中国统计年鉴》获得的职工平均工资数据，京津冀地区平均工资水平=（北京市平均工资×就业人数+天津市平均工资×就业人数+河北省平均工资×就业人数）/京津冀地区就业人数。

工资增长空间。这一指标衡量的是区域内三年的工资率变化（t+2 年的工资率相对于 t 年工资率的增长），通过百分比表示。

工作—家庭平衡指数。工作家庭平衡是衡量区域就业质量的重要指标，我国所规定的工作时间为一天 8 小时，但很多企业或多或少需要员工加班，加班时间越长，对身体损害越大，就业质量就越低。工作—家庭平衡指数的数据来源于智联招聘和北京大学社会调查中心定期发布的《中国职场人平衡指数调研报告》，并参考权威期刊中对工作—家庭平衡的研究结果。

工作风险性。根据工作岗位的职业类型进行风险性打分，参考国家的职业分类，借鉴保险行业所应用的职业风险系数标准，取区域内各行业风险系数加权值作为工作风险性系数。

福利和社会保障指数。通过衡量地区的基本社会保险参保率作为该地区的社会保障程度，并且也将企事业单位所提供的福利政策、补充保险水平等作为参考依据。数据参考中国保险行业协会发布的《中国职工福利保障指数大中城市报告》。

2. 计算方法

根据前文设计的就业岗位创造评价指标体系结构及其具体指标构成，本书中将使用层次分析综合评价法得出新创企业就业岗位创造评价体系模型中各个指标的权重系数，这一方法在综合评价过程和运算中被广泛使用。

第一步，构造两两判断矩阵。利用 1~9 比率标度法①对每个指标的相对重要性开展评分判断，同时对处于一个层级的指标两两比较其重要性，另外设置不同的值，在选取判断值的平均值后将之用于构建出一个判断矩阵 Q（具体样式见表 3-1）。

---

① 1~9 比率标度法标度及其含义：1-两个指标相比，同等重要；3-两个指标相比，一个指标比另一个指标稍微重要；5-两个指标相比，一个指标比另一个指标明显重要；7-两个指标相比，一个指标比另一个指标强烈重要；9-两个指标相比，一个指标比另一个指标极端重要；2，4，6，8-两个指标相比，一个指标比另一个指标的重要性介于上述之间；1~9 的倒数-前面指标比后面指标不重要的相应描述。

表 3-1 判断矩阵表

指标	C_1	C_2	C_n
C_1	b_{11}	b_{12}	b_{1n}
C_2	b_{21}	b_{22}	b_{2n}
⋮	⋮	⋮	⋮
C_n	b_{n1}	b_{n2}	b_{nn}

其中，各元素 b_{ij} 表示横行指标 C_i 对各列指标 C_j 的相对重要程度的两两比较值，用 1、2、3、4、5、6、7、8、9 或其倒数表示。

1. 分别计算判断矩阵 Q 每一行元素的乘积：$M_i = \prod_{j=1}^{n} b_{ij}$，$i = 1, 2, \cdots, n$

2. 分别计算各行 M_i 的 n 次方根：$W_i = (M_i)^{\frac{1}{n}}$

3. 对向量 $W = (W_1, W_2, \cdots, W_n)^T$ 做归一化处理：$W_i = W_i / \sum_{i=1}^{m} M_i$

第二步，计算每个指标权重。求解出表 3-2 中判断矩阵 Q 的最大正特征根 β，进而可以求解出 QW = 可获得的排序值，将数值归一化后就可以得到每个指标的对应权重。

表 3-2 企业就业岗位创造效应评价指标体系

目标层	一级指标层	二级指标层	二级指标权重（%）	指标影响	分值确定标准
企业就业岗位创造评价	岗位数量	岗位创造率	50	+	通过净岗位创造率数值（%）表示，不设打分分值
		岗位损失率	50	−	
	岗位质量	平均工资水平	28	+	以换算分值的方式表示，各项二级指标满分为指标权重，本项满分值为 100 分
		工资增长空间	16	+	
		工作—家庭平衡指数	18	+	
		工作风险性	18	−	
		福利和社会保障指数	20	+	

第三步，需要对判断矩阵进行一致性检验。应用层次分析法对评价指标的权重进行一致性检验时，即所有专家在判断评价指标的重要性时，每一个判断之间的思维逻辑应当要保持协调一致，不可以产生相互矛盾的结果。假设判断矩阵没有通过一致性检验，就需要将本次的结果再次反馈给专家，使其对判断矩阵进行修正，重复这个步骤一直到通过一致性检验为止。

本书选取了十位对就业问题有深入关注的专家学者对岗位质量评价体系进行权重打分，按照层次分析法的要求，经过多次反复操作上述步骤，最终获得了企业就业岗位创造评价体系各级评价指标的权重，如表3-2所示。

其中，就业岗位质量评价分值换算标准参照柯羽（2007）提出的毕业生就业质量指标的权重等级标准设计：平均工资水平、工资增长空间通过数据标准化过程换算出得分值；工作风险性按照风险等级7级为0分、1级为100分的比例确定分值；工作—家庭平衡指数、福利和社会保障指数这两项则直接将数值乘以权重得出分值。

（三）变量选择与模型设计

1. 变量选择

综合国内外文献对于就业岗位创造的研究，将控制变量选取为经济增长水平（GDP_t）、人口密度（DP_t）和市场化水平（ML_t）这三项指标。

第一，从宏观层面上来看，经济增长水平和企业创新创业、就业岗位质量、平均工资水平和工资增长空间等都可能存在相互作用，区域内企业家的创新、创业行为能够推动所在区域的经济发展，直接带来该区域的失业率下降（惠宁等，2017），而经济增长在一定程度上加速了区域的创新创业。因此，本书将经济增长水平（区域生产总值的增长率）作为控制变量。

第二，从区域特征来看，人口密度与地区内的新企业创建、就业岗位需求以及就业岗位创造等都存在相互影响关系，因此，本书将人口密度这一指标作为控制变量之一。在本书中使用人口密度这一指标代替这些能够影响企业创建和就业创造的指标引入计量模型，可以有效避免因为这些影响因素之间较高的相关性而导致的多重共线性问题（Audretsch & Keilbach，2004）。

第三，地区市场化发展水平和程度也是影响新创企业就业岗位创造的重要区域特征（王仲，2012；朱金生等，2017），因此，本书中将市场化水平作为控制变量。本书在考察市场化水平时，使用区域市场化指数这一指标进行市场化水平的量化，本书中市场化指数数据采用王小鲁2006~2016年公开发布的《中国分省份市场化指数报告》一书中的数据。

本书中使用京津冀三省2006~2016年的区域数据，分析区域新创企业的就业岗位创造效应。下面是本书中所使用的主要变量的定义和来源。

新创企业创办率：本书使用劳动力市场法计算新企业创办率，即新企业创办率=新创企业数/对应时期的劳动力人口数。我们将新创企业创办率定义为每一千个就业人口中的新办企业数，即该时期新企业数量除以该区域相应时期的就业人口数（以千计）。之所以使用区域就业人口数量，而不是区域劳动力存量，是因为就业数据容易获得，且更可靠。各年的新企业数目从国家工商行政管理总局获得，即每年在国家工商行政管理总局新登记注册的企业数目。

就业岗位数量评价指数：岗位数量评价指标中的净岗位创造率，即岗位创造率和岗位损失率的差值。

就业岗位质量评价指数：岗位质量评价指标中平均工资水平、工资增长空间、工作—家庭平衡指数、工作风险性、福利和社会保障指数的加权值。

经济增长水平：区域生产总值的增长率，每年的增长率从国家统计局数据库获得。

人口密度：这一指标通过每平方千米的人口数（以千计）来计算。京津冀地区各省市的年末常住人口和地区的总面积从国家统计局数据库获得。

市场化水平：通过区域市场化指数表示，从 2006~2016 年《中国分省份市场化指数报告》中查阅获得。

2. 研究模型

在研究新创企业对于就业岗位创造效应的短期、中期、长期影响时，一般来说需要构建 2006~2016 年的新创企业创办率对净岗位创造率和就业岗位质量评价指数变化影响的回归方程。但是，通过数据分析后发现，新创企业创办率之间的相关系数在 0.01 水平上统计性显著，如表 3-3 所示，产生了多重共线性问题，因此无法直接使用最小二乘法进行计算。

表 3-3　2006~2016 年新创企业创办率的相关矩阵

年份	2016	2015	2014	2013	2012	2011	2010	2009	2008	2007	2006
2016	1										
2015	0.016	1									
2014	-0.339	0.935	1								
2013	0.167	0.988*	0.871	1							
2012	-0.072	0.996**	0.963*	0.971*	1						
2011	-0.243	0.966*	0.995**	0.916	0.985*	1					
2010	-0.378	0.920	0.999**	0.850	0.951*	0.990*	1				
2009	-0.381	0.918	0.999**	0.848	0.950*	0.989*	0.999**	1			
2008	-0.379	0.919	0.999**	0.849	0.950*	0.990*	0.999**	0.998**	1		
2007	-0.324	0.941	0.990**	0.879	0.967*	0.996**	0.998**	0.998**	0.998**	1	
2006	-0.363	0.926	0.996**	0.858	0.956*	0.992**	0.999**	0.960**	0.988**	0.999**	1

注：*表示在 0.05 水平（双侧）上显著相关；**表示在 0.01 水平（双侧）上显著相关。

为了解决这一多重共线性问题，本书借鉴 Van Stel 和 Storey（2004）、Fritsch 和 Mueller（2004）以及 Baptista 等（2007）估计新创企业对区域就业增长影响的时间滞后模型，应用阿尔蒙（Almon）三阶滞后模型计算新创企业对于就业岗位创造的影响。当自变量的前期或者前几期的值都能够影响因变量发生变化的现象可以称为滞后效应，阿尔蒙多项式法主要是针对有限分布滞后模型，通过阿尔蒙变换，定义新变量，以减少解释变量个数，然后用普通最小二乘法估计参数。由于阿尔蒙分布滞后模型中规定了滞后系数的特殊结构，因此可以降低多重共线性的影响。

为了分析京津冀地区 2006~2016 年新创企业对就业岗位创造的影响，设有限分布滞后模型如下：

$$JQ_i = a + c_0 ER_t + c_1 ER_{t-1} + c_2 ER_{t-2} + \cdots + c_{10} ER_{t-10} + u_1 \tag{3-4}$$

$$JM_i = b + d_0 ER_t + d_1 ER_{t-1} + d_2 ER_{t-2} + \cdots + d_{10} ER_{t-10} + u_2 \tag{3-5}$$

$$u_1 = \lambda_1 GDP_t + \lambda_2 DP_t + \lambda_3 ML_t \tag{3-6}$$

$$u_2 = \theta_1 GDP_t + \theta_2 DP_t + \theta_3 ML_t \tag{3-7}$$

其中，JQ_i 表示就业岗位数量创造率，JM_i 表示就业岗位质量指数，ER_{t-i} 表示 t-i 年的新创企业创办率，u_1、u_2 表示控制变量。

将三阶多项式逼近系数 c_i 和 d_i，则 c_i 和 d_i 的结构为：

$$c_i = a_0 + i a_1 + i^2 a_2 + i^3 a_3, \quad i \leqslant 10 \tag{3-8}$$

$$d_i = b_0 + i b_1 + i^2 b_2 + i^3 b_3, \quad i \leqslant 10 \tag{3-9}$$

其中 a_0、a_1、a_2、a_3、b_0、b_1、b_2、b_3 为待定系数。

通过阿尔蒙三阶多项式变换后得到阿尔蒙三阶模型：

$$JQ_i = a + a_0 \sum_{i=0}^{10} ER_{t-i} + a_1 \sum_{i=0}^{10} i ER_{t-i} + a_2 \sum_{i=0}^{10} i^2 ER_{t-i} + a_3 \sum_{i=0}^{10} i^3 ER_{t-i} + u_1 \tag{3-10}$$

$$JM_i = b + b_0 \sum_{i=0}^{10} ER_{t-i} + b_1 \sum_{i=0}^{10} i ER_{t-i} + b_2 \sum_{i=0}^{10} i^2 ER_{t-i} + b_3 \sum_{i=0}^{10} i^3 ER_{t-i} + u_2 \tag{3-11}$$

$$u_1 = \lambda_1 GDP_t + \lambda_2 DP_t + \lambda_3 ML_t \tag{3-12}$$

$$u_2 = \theta_1 GDP_t + \theta_2 DP_t + \theta_3 ML_t \tag{3-13}$$

通常来说，阿尔蒙模型的二阶模型和三阶模型在实际研究过程中使用较多，为了方便判断拟合效果，在实证过程中选取阿尔蒙二阶模型进行拟合优度对比，二阶模型如下：

$$JQ_i = a + a_0 \sum_{i=0}^{10} ER_{t-i} + a_1 \sum_{i=0}^{10} iER_{t-i} + a_2 \sum_{i=0}^{10} i^2 ER_{t-i} + u_1 \qquad (3-14)$$

$$JM_i = b + b_0 \sum_{i=0}^{10} ER_{t-i} + b_1 \sum_{i=0}^{10} iER_{t-i} + b_2 \sum_{i=0}^{10} i^2 ER_{t-i} + u_2 \qquad (3-15)$$

$$u_1 = \lambda_1 GDP_t + \lambda_2 DP_t + \lambda_3 ML_t \qquad (3-16)$$

$$u_2 = \theta_1 GDP_t + \theta_2 DP_t + \theta_3 ML_t \qquad (3-17)$$

（四）数据分析与结果

1. 新创企业就业岗位质量评价

随着经济的快速发展，越来越多的关注点从就业数量创造转移到就业质量、工作质量和岗位质量上，区域内的就业岗位质量、企业的就业岗位质量逐渐成为吸引就业者的重要指标。"就业移民"这一现象的出现，进一步说明了就业者趋向于从岗位质量得分较低的区域转移到岗位质量得分较高的区域就业，这也可能会进一步促进区域就业、创业的增加，同时，新创企业与经济发展的作用关系，促使新创企业的建立和增加能够影响到就业岗位的质量。

按照本书设计的新创企业就业岗位创造评价指标体系，在岗位质量评价方面，本书收集整理了京津冀地区 2006~2016 年的平均工资水平、工资增长空间、工作—家庭平衡指数、工作风险性以及福利和社会保障指数这五项指标的数据。

将收集到的各项指标数据经过加权求出得分后，就得到了新创企业就业岗位质量评价表，如表3-4所示。

表3-4 新创企业就业岗位质量评价

年份 地区	2006	2007	2008	2009	2010	2011	2012	2013	2014	2015	2016
北京市	51.00	52.79	**59.51**	55.38	54.44	62.04	64.57	64.67	66.45	68.95	70.99
天津市	43.75	45.56	**52.35**	49.23	50.23	49.82	49.31	52.16	52.38	55.35	57.63
河北省	40.28	41.17	**49.39**	48.17	45.49	45.68	44.99	44.43	45.33	49.45	51.13
京津冀地区	43.79	45.05	**52.51**	50.07	48.34	50.58	50.60	50.59	51.54	55.03	56.85

注：就业岗位质量分值满分设为100分。

总体来看，京津冀地区的岗位质量得分是随着时间的推移而不断提高的，而且北京市的岗位质量得分一直以来都高于天津市和河北省。另外，结合新创企业创办率 2006~2016 年的变化趋势来看，值得注意的一点是，在 2008 年，不仅地区新创企业创办率较高，岗位质量得分在京津冀三地也均较高。2008 年 9 月开始，金融危机席卷全球，对我国的经济和就业质量造成了一定的冲击，根据岗位创造质量评价来看，从 2006 年至 2008 年一直保持增长趋势，而 2008 年造成了冲击后导致 2009 年就业岗位质量得分下降，减缓了岗位质量提升的速度，北京市由于就业环境的改善，使其在 2012 年左右就回到了金融危机前的增长水平，而天津市和河北省由于经济发展速度和就业环境等限制，直到 2013 年左右才恢复到金融危机前的就业岗位创造质量得分水平。

图 3-3 是京津冀地区就业岗位质量得分的增长率变化趋势，可以看出，北京市、天津市和河北省的增长率走势总体上趋于一致，仅有个别年份出现了正负值差异，如 2016 年，仅有北京市岗位质量增长率为正值。

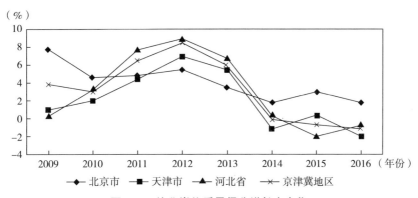

图 3-3　就业岗位质量得分增长率变化

通常来说，随着经济发展水平的提升、社会政策的完善，就业岗位质量会逐渐提高，但就业岗位质量的增长率则会受到很多因素的影响，后文中，为了判断新创企业创办率对于就业岗位创造质量的影响，会进一步分析新创企业创办率对于就业岗位创造质量得分增长率的影响。

2. 新创企业对就业岗位数量的滞后模型分析

本章运用阿尔蒙滞后模型分析 2006～2016 年新创企业创办率对 2016 年岗位数量变化的影响。为了方便对比，在计算过程中分别计算了阿尔蒙二阶和阿尔蒙三阶多项式，结果如表 3-5 所示。在实证过程中，本书使用 Eviews 9.0 软件运行 PDL（阿尔蒙法）公式处理，通过确定 PDL01、PDL02、PDL03、PDL04 对应的估计系数，进一步计算出初始公式中的各期分布滞后估计系数。

从表 3-5 中可以看到，阿尔蒙三阶模型的 F 检验概率 P 值取值小于所选取的显著性水平标准，另外，二阶模型和三阶模型调整后的 R^2 取值分别为 -0.02 和 0.23，三阶模型的拟合优度更高。综上所述，阿尔蒙三阶滞后模型的回归结果是最佳的，本书将采用三阶模型计算出的系数作为判断滞后性的依据。

表 3-5　新创企业创办率对就业岗位数量影响的回归分析

变量		阿尔蒙多项滞后		
		二阶多项式	三阶多项式	三阶换算系数
ER_t	PDL01	-0.234 (0.155)	-0.086*** (0.405)	-0.086
ER_{t-1}	PDL02	0.604 (0.140)	0.141*** (0.580)	0.017
ER_{t-2}	PDL03	-0.003* (0.141)	-0.041*** (0.661)	0.056
ER_{t-3}	PDL04		0.003** (0.441)	0.049
ER_{t-4}				0.014
ER_{t-5}				-0.031
ER_{t-6}				-0.068
ER_{t-7}				-0.079
ER_{t-8}				-0.046
ER_{t-9}				0.049
ER_{t-10}				0.224
ER_t 到 ER_{t-10} 的系数和				0.099
经济增长率$_t$		1.273*** (2.412)	0.378*** (0.148)	
人口密度$_t$		-0.739 (0.859)	-0.015* (2.632)	
市场化水平$_t$		0.008* (5.450)	0.044** (2.093)	
Constant		-0.479*** (1.503)	-0.398*** (1.414)	
R^2		0.15	0.38	
Adj R^2		-0.02	0.23	
F 检验的 P 值		0.39	0.05	

注：（1）括号内为标准差；

（2）*** 表示 $p<0.01$，** 表示 $p<0.05$，* 表示 $p<0.1$；

（3）PDL01、PDL02、PDL03、PDL04 是阿尔蒙多项滞后方程所得的估计系数。

　　表 3-5 中阿尔蒙三阶多项式的回归结果显示，估计系数都通过了显著性检

验，其中 PDL01、PDL02、PDL03 三项系数 t 检验的概率 P 值小于 0.01，PDL04 这一系数 t 检验的概率 P 值小于 0.05。另外，控制变量经济增长率和市场化水平的系数也通过了显著性检验，而人口密度这一控制变量在模型中显著性不强，根据对人口密度数据的统计计算发现，可能是由于这一变量值在统计的年限内变化程度较小所致，这也与 Fritsch 和 Mueller（2008）对葡萄牙的研究结果相类似。

由于 Eviews 软件中所直接得出的系数并不是每一期滞后的系数，需要进一步计算，表 3-5 的最右侧一列为通过阿尔蒙三阶估计换算后得到的每年系数，计算公式如下：

$$c_i = PDL01 + (i-1)PDL02 + (i-1)^2 PDL03 + (i-1)^3 PDL04，i \leqslant 10 \tag{3-18}$$

将表 3-5 中的滞后系统通过折线图（见图 3-4）表示后，可以看出，新创企业对就业岗位创造数量影响的滞后结构呈"正弦"型分布。从图 3-4 中可以看出，企业在建立当年，对岗位数量造成了负向影响，产生了就业岗位折损，但是短期来看，新创企业在建立的 1~4 年内直接创造了就业岗位。在新创企业创立的 5~8 年间，由于新创企业的推出或者竞争者挤出替代等原因，致使新创企业在这一期间对就业岗位创造数量产生了消极影响。在企业建立 8 年后，逐渐成熟稳定，对就业岗位数量也再次产生积极影响，说明新企业在建立 8 年后，有效促进了区域经济发展、带动了区域就业。

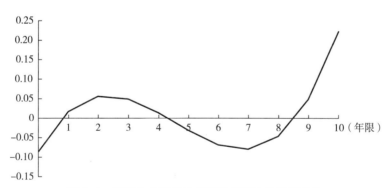

图 3-4　新创企业对岗位创造数量影响的滞后结构

假设 1 和假设 2 均得到验证，新创企业创办率对就业岗位数量创造的增长存在滞后效应，且其对就业岗位数量创造在短期和长期存在积极影响，中期内则产生了消极影响。

3. 新创企业对就业岗位质量的滞后模型分析

同样地，本章对 2006~2016 年新创企业创办率对岗位质量变化的影响也运用了阿尔蒙分布滞后模型进行分析，结果如表 3-6 所示。

表 3-6　新创企业创办率对就业岗位质量影响的回归分析

变量		阿尔蒙多项滞后		
		二阶多项式	三阶多项式	三阶换算系数
ER_t	PDL01	1.575** (2.071)	1.261** (1.093)	1.261
ER_{t-1}	PDL02	−0.491* (3.168)	−0.542*** (2.143)	0.572
ER_{t-2}	PDL03	−0.075 (3.524)	−0.178*** (1.785)	−0.287
ER_{t-3}	PDL04		0.031** (1.790)	−1.13
ER_{t-4}				−1.771
ER_{t-5}				−2.024
ER_{t-6}				−1.703
ER_{t-7}				−0.622
ER_{t-8}				1.405
ER_{t-9}				4.564
ER_{t-10}				9.041
ER_t 到 ER_{t-10} 的系数和				9.306
经济增长率$_t$		−0.011 (0.673)	−0.008* (1.835)	
人口密度$_t$		0.928*** (1.410)	1.201*** (2.864)	
市场化水平$_t$		−0.041* (1.067)	−0.275** (0.016)	
Constant		1.973*** (6.059)	2.312*** (5.399)	
R^2		0.184	0.492	
Adj R^2		−0.223	0.38	
F 检验的 P 值		0.091	0.032	

注：（1）括号内为标准差；

（2）*** 表示 $p<0.01$，** 表示 $p<0.05$，* 表示 $p<0.1$；

（3）PDL01、PDL02、PDL03、PDL04 是阿尔蒙多项滞后方程所得的估计系数。

从表 3-6 中可以看到，通过阿尔蒙三阶分布滞后模型运算的解释变量和被解释变量的线性关系是显著的，另外，表3-6中二阶模型和三阶模型调整后的 R^2 取值分别为-0.223 和 0.38，也就是说，三阶模型的拟合优度更高。综上来看，阿尔蒙三阶滞后模型的回归结果是最佳的，对岗位质量的分析也将采用三阶模型计算出的系数作为判断滞后性的依据。

根据表3-6中阿尔蒙三阶多项式的回归结果，估计系数 PDL01、PDL02、PDL03、PDL04 都通过了显著性检验，其中 PDL02、PDL03 两项系数 t 检验的概率 P 值小于 0.01，PDL01、PDL04 这两项系数 t 检验的概率 P 值小于 0.05。另外，控制变量人口密度和市场化水平的系数也通过了显著性检验，而经济增长率这一控制变量在模型中显著性一般。

由于 Eviews 软件中所直接得出的系数并不是每一期滞后的系数，需要进一步计算，表3-6的最右侧一列为通过阿尔蒙三阶估计换算后得到的每年系数，计算公式如下：

$$d_i = PDL01 + (i-1)PDL02 + (i-1)^2 PDL03 + (i-1)^3 PDL04, \quad i \leqslant 10 \quad (3-19)$$

将表3-6中的滞后系统通过折线图（见图3-5）表示后，可以看出，新创企业对就业岗位质量影响的滞后结构呈"U"形分布。从图3-5中可以看出，企业在建立的当年和第1年，对岗位质量创造增长造成了积极影响，岗位质量得到了提高，但是从中短期来看，新创企业在建立的2~7年间导致了就业岗位质量增长率的降低。在企业建立8年后，也就是新创企业逐渐成熟稳定后，对就业岗位质量也再次产生积极影响，说明新创企业在建立8年后，有效提升了区域就业质量水平、带动了区域岗位发展。

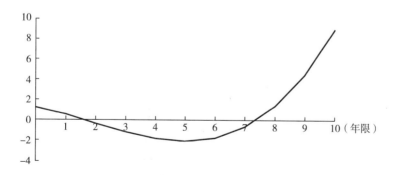

图3-5 新创企业对就业岗位质量的滞后结构

假设3得到验证，新创企业虽然在成立初期能够提高就业岗位质量，但之后对就业岗位质量创造增长率的影响效应还是存在滞后，而假设4则得到拒绝，新创企业创办率对就业岗位质量创造的增长在短期和长期存在积极影响，中期内则产生了消极影响，在做出假设 4 时，普遍认为企业的建立能够带动区域内就业岗位质量进一步提高，但是新创企业在建立的中短期内，可能由于发展不稳定、经营不佳等各种原因消亡，这也对就业岗位质量的提高产生了折损效应。

新创企业在刚创建的 2 年内，能促进岗位质量增长率提高。但是，在建立中期阶段，也就是创建后 2~7 年间，新创企业创办率的提高，会导致区域内岗位质量增长率降低。在创建 7 年之后开始呈现出对岗位质量增长率的长期积极影响。

（五）研究结论与建议

1. 主要结论

（1）京津冀新创企业创办率对于就业岗位创造存在滞后效应。通过对国内外文献的回顾总结，发现新创企业对区域内就业岗位并不是一直产生积极影响的。首先，新创企业进入市场时能够直接创造工作岗位，但是，由于大多数企业开办时规模较小，创造的就业岗位数量不多，再加上新企业存活率低（Geroski，1995），并且新创企业的成功可能会导致现存企业的市场份额降低或者退出市场等原因，新创企业对就业岗位创造又存在着消极的影响。

国内外学者也通过实证研究清晰表明，新创企业对区域内就业增长的影响存在时间滞后，并且长期的影响比新企业在创办时的最初影响显得更为重要（Fritsch & Mueller，2004，2008；Van Stel & Storey，2004；Fritsch，2008；张成刚等，2015）。本书在对京津冀地区 2006~2016 年这 11 年的企业数据和就业岗位创造率等数据进行实证研究后发现，京津冀地区的新创企业对净岗位增长率影响的滞后结构呈"正弦"形分布，也就是说，新创企业对京津冀地区就业岗位数量创造存在显著的滞后作用，新创企业在创建 8 年之后开始呈现出对净岗位创造率的长期积极影响。

另外，在对京津冀地区 2006~2016 年这 11 年的企业数据和就业岗位质量得分增长率等数据进行实证研究后发现，京津冀地区的新创企业对岗位质量增长率影响的滞后结构呈"U"形分布，也就是说，新创企业对京津冀地区就业岗位质量也存在显著的滞后作用。新创企业建立当年和第 1 年，对就业岗位质量增长造成了积极影响，而在建立的 2~7 年间导致了就业岗位质量增长率的降低。从企业建立 8 年开始，对就业岗位质量提高产生了长期积极影响。

（2）新创企业创办率对岗位创造数量和质量增长率的影响不同步。根据实证分析结果，新创企业在创办当年对就业岗位的净岗位创造率具有消极影响，而对就业岗位质量的提高具有积极影响，也就是说，在企业建立当年，新创企业使区域内产生了岗位数量损失但是提高了当年的就业岗位质量。

一般来说，京津冀地区的新创企业多数为主动创业企业，新企业的建立使其在岗位设置时需要至少满足区域内的岗位平均标准，因此，也就相应提高了岗位质量的整体水平。而新创企业由于在初期不稳定、存活率低等原因，引起了岗位数量上的折损。

从中期来看，新创企业创办率对净岗位创造率的消极影响出现在创办中期的5~8年，而对岗位质量增长的消极影响出现在创办后2~7年间，说明新创企业对岗位创造数量和质量的影响并不是完全同步的，仅出现在中期5~7年间同时产生消极影响和8年之后产生长期积极影响。因此，新创企业对于就业岗位创造数量和质量的作用机制可能存在差异，导致作用时间并不完全同步。但是整体来看，都存在中期的折损效应和长期的促进效应。

2. 建议与讨论

（1）关注企业长期就业效应，制定积极就业创业政策。在积极就业政策的制定和实施中，不应该仅仅重视新创企业的短期岗位创造效应，更要重视新创企业的中长期就业效应。当前出台的相关鼓励创业政策，多数都是从当期创办企业数量增加的角度出发，包括很多大学生创业支持政策和农民工创业优惠政策等，对短期创业率的增加有着十分显著的效果，但是忽略了对新创企业长期发展的关注。在积极就业政策的制定上，不能陷入仅仅关注短期效果的误区，在鼓励大学生、农民工等特殊群体积极开展创业活动的同时，更要关注这一群体创业活动的推进展开情况，保障其所进行的创业活动、创建的新创企业能够具有竞争力，可以在市场中保持长效发展。

新创企业建立中期对就业岗位的折损效应是由于产生了对现存企业的挤出效应所导致的，本书的结论中，从长期来看，新创企业创办率的提高在企业建立8年左右的时间开始对就业岗位数量创造和质量创造产生显著的积极影响。也就是说，新进入市场的企业对当前市场中现存企业存在挤出效应，在新创企业创办中期这种挤出效应最为明显，对就业岗位产生了非常明显的消极作用。为了削弱新创企业对于当前市场中现存企业的挤出效应，在政策制定中，要鼓励和引导具备创新能力，对产品、服务和技术等方面提供新型的解决思路方案的企业进入区域市场，促进区域整体技术发展和效率提高，保障新创企业的进入能够为整个行业带来创新性，这样可以减少新创企业对于现存企业的竞争压力，从而对就业挤出效应有所改善，同时也可以促使区域企业整体核心能力的发展和提升。

由于新创企业对就业岗位创造影响的滞后性，在制定相关积极就业政策时，应当适当考虑企业发展的生命周期，不仅仅关注创办率，而且要对建立时间在8年以内的新创企业给予重视。根据本书的研究结论，新创企业在创办初期虽然可以提升净岗位创造率和岗位质量得分增加率，但在长期阶段，其对就业岗位创造的贡献是更为显著的，明显超过其初期的影响结果。也就是说，在政策制定过程中，应该要关注企业的稳定发展，考虑其中期可能面对的风险性，针对中期的发展风险提供政策保障，确保企业长期生存。

（2）关注新创企业岗位质量，提升就业岗位创造效果。通过政策制定等方式，对新创企业中期提升就业岗位质量方面提供支持。近年来，就业质量一直是就业问题中的热点，就业者在就业择业过程中，对岗位质量的关注应当引起企业和政府的重视，虽然我国京津冀地区的就业岗位质量评价得分从 2006 年至 2016 年一直保持逐年上升趋势，但是总体来看还有很大的提升空间。

京津冀地区协同发展，以及雄安新区的建设和发展，需要吸引一大批高素质的人才，人才的引入很大程度上依赖区域内企业所提供的就业岗位质量。按照当前京津冀地区协同发展的规划，未来多年内，人才引进和创新企业引进都将是重中之重，保障新创企业的就业岗位质量，通过企业和区域发展前景吸引、扩充人才队伍，都是促进京津冀地区协同发展的重要途径。

根据本书中新创企业创办率对就业岗位质量得分增长率的影响分析，发现与其对就业岗位数量创造的影响类似，在新创企业创办的初期阶段和长期阶段，对就业岗位质量提升存在显著积极影响，而在中期阶段存在折损效应，也就是说，在新创企业创建的 2~7 年间，新创企业减慢了岗位质量提升的速度，即对区域就业岗位质量存在消极影响。

一方面，就业岗位质量是就业者在求职过程中非常关注的一项指标；另一方面，企业所能提供的岗位质量标准在一定程度上反映了企业的发展现状和经营情况。因此，应当在积极就业政策制定过程中将新创企业的就业岗位质量作为一项重点关注内容。特别地，根据本书的实证结果，新创企业在创立中期容易对岗位质量产生消极影响，所以，对于处在创建中期阶段的新创企业，可以着重从工资水平、工资增长空间、工作—家庭平衡、工作风险性、福利和社会保障这五个方面提供对应的保障机制。

二、数字经济、营商环境与高质量就业

就业是民生之本。党和国家高度重视就业问题，党的十九大报告指出中国已由高速增长阶段转向高质量发展阶段，因而在民生方面提出要坚持就业优先战略和积极就业政策，以实现更加充分更高质量就业。其中，实现高质量就业是中国高质量发展的重要内容，受到了政策与研究领域的广泛关注，各级政府也采取了多种宏观措施促进就业质量提升。然而高质量就业的实现受到各种宏观环境因素

的影响。营商环境作为一种外部宏观环境，也是各地政府宏观经济政策中的重要组成部分，因其降低企业制度性交易成本（许和连和王海成，2018）、营造企业良好生产经营环境（夏杰长和刘诚，2017）等方面的作用，可能对于改善就业质量有着一定的作用效果（娄成武和张国勇，2018）。然而，通过优化营商环境影响就业质量的效果如何以及具体影响路径亟待探讨。

2021年12月12日，国务院印发《"十四五"数字经济发展规划》，指出全新的数字经济时代已经来临。数字经济现已成为中国社会经济发展中最活跃的领域，它与经济社会各领域融合的广度和深度也在不断拓展。现有研究认为，数字经济能够推动技术变革，当被应用到社会生产过程中（王梦菲、张昕蔚，2020），有助于提高企业创新能力与全要素生产率（赵宸宇等，2021）；数字经济的发展在一定程度上还能消除经济系统内信息的不完全性，引入新的数据生产资料，有助于优化市场的资源配置效率，促进企业的发展转型（张昕蔚，2019；左鹏飞等，2020）。因此，数字经济的发展极有可能通过技术创新应用和信息交换优化实现营商环境优化对企业发展和转型的促进作用，从而可能带来区域就业质量的提升。在就业优先战略和大力发展数字经济的政策逻辑下，探讨数字经济背景下的城市营商环境促进就业质量的效果和具体路径，对于营商环境政策的制定与实施以优化区域就业质量具有重要的现实意义。

基于以上背景，本节旨在探讨数字经济背景下的营商环境对就业质量的影响，具体尝试解答以下问题：营商环境对就业质量的影响如何？引入数字经济大背景，对于发展水平不同的城市，营商环境对就业质量的影响效果和作用路径又如何？本节基于回归分析和定性比较分析方法（Qualitative Comparative Analysis，QCA），做出了如下回答和贡献：首先，针对以往关于营商环境的探讨主要集中于对区域宏观经济发展（董志强等，2012）和企业经济行为（夏后学等，2019；魏下海等，2015）的影响两方面，而对就业等社会效益层面影响的探讨相对较少，本节通过对其与高质量就业关系的讨论，为营商环境带来的社会效益做出了补充，拓展了现有营商环境影响研究的范畴。其次，当今互联网及相应新兴技术产生的数字经济正表现出蓬勃发展的态势，习近平总书记在党的十九大报告中强调，新时代要大力发展数字经济并促进其与实体经济融合发展，这已经成为国家层面促进现代化建设和经济高质量发展的重大战略举措。因而本章引入数字经济作为背景，论证不同数字经济环境下，营商环境优化对高质量就业产生的作用差异，扩展对于数字经济所带来的影响的研究，为数字经济时代的政策制定提供理论参考。最后，鉴于现有研究主要探讨营商环境整体或单个要素的影响，缺乏对营商环境生态中要素组合影响的讨论，而这大多受限于传统的基于自变量相互独立、单向线性关系和因果对称性的统计技术。因而本章引入 QCA 技术,可以用于解释自变量相互依赖等复杂的因果关系,进而探究了数字经济发展水平不同的城市,营商环境促进就业质量的不同组态路径,以启发地方政府针对性地出台区域营商环境优化的政策。

(一) 文献回顾与研究假设

1. 区域营商环境与就业质量

2001 年,世界银行首次提出"营商环境"的概念,并于 2003 年起每年均发布不同主题的《营商环境报告》,为各个国家和地区创造良好的营商环境提供借鉴和参考,以推动各经济体的私营部门发展。随着中国市场经济体系日趋完善,"营商环境"一词开始进入国家的战略视野,成为国家治理领域的高频词汇和焦点论题(娄成武和张国勇,2018)。伴随各级政府一系列政策的出台,世界银行发布的《2020 年营商环境报告》显示,中国排名由 2013 年的 96 位跃至全球第 31 位。尽管中国的营商环境优化工作取得了显著成果,但仍存在提升空间。较早的观点认为,营商环境是一个国家或地区影响商事主体行为的硬件设施等硬环境和制度文化等软环境(Stern,2002;董志强等,2012)。随着研究者们不断探索发现,影响企业生存与发展的因素不仅包括制度环境,还包括社会环境等其他因素,越来越多的学者从企业生产生态的角度对营商环境进行界定。李志军等(2019)强调营商环境涵盖企业整个生命周期内所面临的资源与环境状况,共包含 7 个维度的环境指标,分别为:公共服务、人力资源、金融服务、市场环境、法治环境、政务环境和创新环境。这一定义受到了较为广泛的关注和认可(张志红等,2022;邓慧慧和刘宇佳,2021;申烁等,2021)。

Schroeder(2007)最早提出"高质量就业"(High-quality Employment)的概念。后续的研究从宏观和微观两个方面丰富了就业质量的含义。宏观层面,学者们认为就业质量是衡量一个国家或地区全体劳动者劳动条件的优劣程度,通常用社会保险参保率、平均工资等来表示(刘素华,2005),强调就业质量的区域属性。微观层面认为,就业质量是衡量单个劳动者在从事社会劳动中所得到劳动条件的优劣程度,如劳动者的工资报酬高低、工作时间的长短以及劳动者对所从事工作的满意度等(刘燕斌,2017),强调就业质量的个体工作者属性。宏观区域研究更多地采取前者对就业质量进行界定(张抗私和李善乐,2015;刘婧等,2016),在具体指标的选取和制定方面存在较大的差异,但劳动收入作为衡量就业质量的必要指标被纳入各种指标体系中。

高质量就业的实现受多种因素的影响。现有研究指出:通过产业升级等创造高质量就业岗位、降低非正式就业规模以及提升人力资源水平是提升就业质量的三类重要手段。从创造高质量就业岗位的角度出发，杨惠馨和李春梅（2013）围绕劳动力的需求与供给理论发现信息技术产业发展会相对增加企业对高技能劳动者的需求，减少对低技能劳动者的需求，因而推动企业创造更多针对高技能劳动者高的质量岗位；蔡跃洲和陈楠（2019）围绕人工智能及自动化对就业结构的冲击也论证了这一点；谭永生（2020）围绕对高质量就业和更充分就业指数测度的研究发现加快产业升级优化产业结构、调整就业结构，创造更多高质量的就业岗位是实现更高质量和更充分就业所必须的。从降低非正式就业规模的角度出发，王智烜等（2018）指出实行减税降费政策将会降低正式部门的负担，使得逃税的成本大于收益，减小其逃税、转向非正式部门的可能性，从而有利于降低非正式就业规模，促进高质量就业的形成。从提升人力资源水平的角度出发，苏丽锋和赖德胜（2018）指出实现高质量就业还要注重提升劳动者的就业能力，改善劳动者供给侧的结构性矛盾，促进人才聚集；孔微巍等（2019）通过理论和模型推演发现，人力资本投资是增加有效劳动力供给、助推高质量就业，进而实现经济高质量发展的必然选择；王霆（2020）在论证如何提高大学生就业质量时，也强调了提高人力资本质量、加强人力资本投资的重要性。

基于现有理论，首先，营商环境的优化有利于吸引外资（姚树洁等，2006；姚树洁，韦开蕾，2008）和国内私人投资，从而有助于增加在产业创新上的资金投入，产业的技术创新活动恰恰是实现产业结构的根本性调整和升级的动力（周叔莲和王伟光，2001），从而创造出更多高质量的就业岗位（谭永生，2020）；优化营商环境还有利于降低制度性交易成本，有助于改善企业绩效（许和连和王海成，2018），促进企业扩张，进而增加对高质量劳动者的需求，有动力为其提供更多的就业岗位。其次，营商环境优化推动实行高质量税收政策（孙玉山和刘新利，2018），如减税降费政策和降低社保费率政策，使得逃避缴纳税和社保的成本大于收益，可以有效减少企业和个人转向非正式就业，从而有利于降低非正式就业规模，促进高质量就业的形成。最后，营商环境优化能降低制度性交易成本的同时还有助于企业将更多的资金投入到对企业员工、高层管理者的培训与深造上，以增强人力资本的质量，实现人才聚集，提高整体的就业质量。因此，本书提出如下研究假设：

假设 1：营商环境优化促进就业质量提升。

2. 数字经济背景下的营商环境与就业质量

自 Tapscott（1996）最早提出"数字经济"概念以来，各国陆续展开了数字经济的定义及测算研究，数字经济的概念主要有广义和狭义之分。广义的数字经济被视为一种经济活动，是以信息化网络作为载体，促进效率提升和宏观经济结构优化的经济活动总和（IMF，2018）。例如，中国信息通讯研究院发布的《中国数字经济发展报告白皮书（2022年）》将数字经济定义为"四化"，即数字产业化、产业数字化、数字化治理、数据价值化。狭义的数字经济被理解为一种产业经济，即数字产业化，其是从传统国民经济部门中剥离出来的数字化服务或货物的生产、消费与分配活动（戚聿东等，2020）。基于对数字经济内涵理解的不同，学者们对其指标体系的评价角度也各不相同，主要从数字经济规模（许宪春和张美惠，2020）、ICT发展和应用（赵涛等，2020；刘军等，2020；温珺，2019）、数字经济生态（王喆等，2021；王娟等，2022；孙毅，2022）三个角度进行数字经济评价体系的建立。综合学者们对数字经济测度的指标体系，考虑到互联网是数字经济发展的重要依托，数字金融普惠性是数字经济整体发展状况的重要反映，因此本书借鉴赵涛等（2020）开发的数字经济综合发展指数，主要关注城市层面的数字化基础设施发展和数字化交易普惠性两个方面，具体分别用互联网发展水平和数字普惠金融的发展水平进行衡量。

数字经济发展水平高的区域，通常具备较好的技术发展基础和信息交换能力，因而营商环境优化可以有效加强企业技术创新，有助于产业转型升级和就业结构优化；数字经济还会在一定程度上消除系统内信息的不完全性，拓宽经济系统内各类信息的传播范围（张昕蔚，2019），使得企业对于创业商机的把握和信息沟通较好（周广肃、樊纲，2018），营商环境的优化将有效激发创业活动，推动产业升级，创造更多高质量的就业岗位。在技术和信息优化的基础上，优化营商环境还能更为有效地降低交易成本、融资成本、服务成本等限制，从而改善中小企业融资状况，实现整体盈利水平提高（张勋等，2019），有条件为劳动者提供更高的工资待遇，吸引人才聚集。

相对而言，数字经济发展水平低的区域，数字设备、技术条件弱，信息应用与流动相对较闭塞，使得仅通过营商环境的优化较难促进企业的技术创新和产业的信息利用，从而降低成本，实现产业升级，通过产业升级促进就业质量提升。

综上所述，数字经济发展水平不同的区域，优化营商环境对就业质量的促进效果及路径可能存在差异。数字经济水平较高的区域，能够更好享受数字经济发展带来的红利，具备产业升级的技术与信息基础条件，因而更能通过营商环境优化促进产业升级，从而实现对就业质量的促进作用；数字经济水平较低的区域，缺乏产业升级的信息和技术基础，因而优化营商环境对于产业升级的促进作用不会起到同样的效果。因此，本书提出如下研究假设：

假设2：数字经济发展水平不同的城市，营商环境对就业质量的促进效果存在差异。

假设 3：数字经济发展水平不同的城市，营商环境对就业质量的促进路径存在差异。

（二）变量选择与研究设计

1. 变量说明

（1）被解释变量。被解释变量为城市平均工资水平（Y），数据来源于《中国城市统计年鉴》，手动整理得到城市层面全市职工平均工资。

（2）解释变量。在回归分析中，解释变量为城市营商环境总指数（Bus）；在 QCA 分析中，解释变量为营商环境各个维度的分指数。数据均来源于《2020·中国城市营商环境评价》（李志军等，2021），该报告围绕公共服务、人力资源、市场环境、创新环境、金融服务、法治环境、政务环境这 7 个维度着手建设中国城市营商环境指标体系，并测算了共计 289 个城市的营商环境总指数和分指数。上述各要素指标主要来源于 EPS 全球统计数据/分析平台中的"中国城市数据库""中国城乡建设数据库"以及手工在网页中搜索整理（李志军，2021）。本书选取该报告中 2019 年的七大分项指标数据和营商环境总指数数据。

（3）调节变量。调节变量为数字经济（De）。目前，涉及城市层面数字经济具体测度的相关文献较少。本书借鉴赵涛等（2020）的做法，综合考虑互联网发展和数字普惠金融这两个方面。互联网发展测度涉及互联网普及率、相关产出量、相关从业人员数、移动电话用户数这四个子指标，其原始数据均可从《中国城市统计年鉴》中获得。数字金融发展采用数字普惠金融指数，该指数由北京大学数字金融研究中心和蚂蚁金服集团共同编制（郭峰等，2020）。将上述指标进行主成分分析处理得到数字经济综合发展指数，以衡量数字经济发展水平。

（4）控制变量。为控制其他因素对充分就业的影响，减少估计偏误，以保证回归结果的准确性与客观性，本章分别选取以下控制变量：经济发展水平，采用人均实际 GDP 取对数来表示；人力资本投资，以教育支出占一般预算支出的比重表示；基础设施建设，以人均邮电业务量表示；人口密度，以每平方千米人口数取对数表示。

2. 研究方法

针对营商环境对区域就业质量的作用效果以及数字经济背景之下营商环境对就业质量作用效果的差异（即假设 1 和假设 2），本章采用回归分析的方法进行探讨；针对数字经济发展水平不同的城市，营商环境促进充分就业的有效路径，本章采用 QCA 分析方法进行探讨。QCA 方法在根据变量赋值规则进行校准的基础上，利用 fsQCA3.0 软件构建真值表，最终结果为研究者提供了复杂解、优化解和中间解，选取复杂度适用不允许消除必要条件的中间解对条件组态进行分析，能够对产生高质量就业结果的条件组合路径进行深入分析。

（1）回归模型构建。为验证理论假设 1，研究营商环境对高质量就业的影响，本章构建回归模型，如式（3-20）所示：

$$Y_i = \sigma_0 + \sigma_1 Bus_i + \sigma_2 X_i + r_i + p_i \tag{3-20}$$

其中，Y_i 代表高质量就业指数，核心解释变量 Bus_i 代表营商环境指数，σ 表示常数项及各解释变量对充分就业的回归系数，X_i 代表经济发展水平、人力资本投资、基础设施建设、人口密度。r_i、p_i 分别为城市固定效应和随机误差项。

为验证理论假设 2，研究数字经济在营商环境对高质量就业作用中的调节效应，本章加入数字经济综合发展指数与营商环境指数的交互项，构建模型，如式（3-21）所示：

$$Y_i = \sigma_0 + \sigma_1 Bus_i + \sigma_2 Bus_i \times De_i + \sigma_3 De_i + \sigma_4 X_i + r_i + p_i \tag{3-21}$$

其中，调节变量 De 为数字经济综合发展指数，$Bus_i \times De_i$ 为数字经济综合发展指数与营商环境指数的交互项，其他变量与式（3-20）相同。本章主要借鉴已有相关研究成果选取控制变量。

（2）fsQCA 变量校准。本章采用直接法把变量校准为模糊集，具体遵循 Fiss（2011）的校准方法，将 7 个条件变量与 1 个结果变量（城市职工平均工资）的 95%、50% 与 5% 分位数值分别作为完全隶属、交叉点和完全不隶属的门槛值。其中，用高平均工资来反映城市就业质量。按照 2019 年数字经济综合发展指数数据降序排序，采用四分法将 270 个城市分成三组，分别为数字经济发展指数前25% 城市组、后 25% 城市组以及中间 50% 城市组。2019 年各城市组变量校准锚点及描述性统计见表 3-7。

表 3-7 2019 年各城市组集合、校准和描述性统计

组别	集合	描述性分析				模糊及校准		
		均值	标准差	最小值	最大值	完全不隶属	交叉点	完全隶属
前25%城市组	城市平均工资	91908.60	20400.22	61517.00	173205.00	65661.10	88470.00	127547.00
	公共服务指数	14.73	13.87	1.11	73.08	1.60	12.05	40.83
	人力资源指数	32.50	14.43	14.48	76.20	16.30	28.93	60.84
	市场环境指数	19.27	13.57	0.84	65.23	4.81	16.63	45.77
	创新环境指数	12.97	19.59	0.00	96.39	0.22	6.68	47.30
	金融服务指数	11.32	15.86	0.23	100	0.69	7.22	30.03
	法治环境指数	45.36	12.85	15.18	76.98	25.53	46.82	65.76
	政务环境指数	31.76	17.57	4.83	98.08	10.30	28.83	57.12

续表

组别	集合	描述性分析				模糊及校准		
		均值	标准差	最小值	最大值	完全不隶属	交叉点	完全隶属
中间50% 城市组	城市平均工资	73911.85	12442.19	44953.00	126026.00	56003.25	74296.00	95424.00
	公共服务指数	6.35	6.23	0.89	54.59	1.38	4.90	14.73
	人力资源指数	19.84	5.44	8.83	53.49	13.46	19.05	27.31
	市场环境指数	9.75	6.51	1.18	48.08	2.70	8.16	20.29
	创新环境指数	2.35	4.11	0.03	34.34	0.13	1.15	7.72
	金融服务指数	2.82	4.02	0.38	34.76	0.53	2.09	6.32
	法治环境指数	36.89	11.75	0.75	68.56	22.67	34.08	55.08
	政务环境指数	19.78	7.16	4.09	48.43	9.58	18.96	31.63
后25% 城市组	城市平均工资	70149.73	9361.13	49970.00	94006.00	57453.30	69145.00	88644.60
	公共服务指数	4.07	2.03	1.00	8.75	1.39	3.60	8.39
	人力资源指数	17.82	2.45	10.16	23.67	14.02	17.60	22.35
	市场环境指数	5.09	2.40	0.28	9.92	1.71	5.16	9.26
	创新环境指数	0.86	0.75	0.00	3.36	0.11	0.60	2.36
	金融服务指数	1.71	1.04	0.29	5.92	0.51	1.44	3.38
	法治环境指数	36.60	9.68	21.89	51.32	22.71	38.81	49.45
	政务环境指数	16.35	6.67	1.54	43.43	4.58	17.11	26.03

（三）数据分析与结果

1. 基准回归结果

如表3-8所示，营商环境的发展与高质量就业呈显著正相关，验证了假设1。营商环境对高质量就业作用系数为1183，且在1%的显著性水平下显著，说明营商环境的发展每提升1个单位，将给高质量就业带来1183个单位的促进作用。数字经济与营商环境的交互项对高质量就业作用系数为109.7，说明数字经济在营商环境促进高质量就业中发挥积极的正向调节效应，验证了假设2。

表3-8　基准回归结果

变量	高质量就业指数	
营商环境×数字经济	—	109.7 ** (54.87)

变量	高质量就业指数	
营商环境	1183*** (91.40)	768.7*** (175.1)
数字经济	—	4046** (1995)
经济发展水平	9047*** (1488)	8769*** (1658)
人力资本投资	73632*** (19116)	79364*** (18742)
基础设施建设	0.0599 (0.217)	-0.976*** (0.365)
人口密度	-4171*** (779.1)	-4128*** (761.1)
常数项	-27036* (15817)	-21009 (17284)
观测值数	268	267
R²	0.656	0.677

注：括号内为标准误差；***表示 p<0.01，**表示 p<0.05，*表示 p<0.1。

控制变量中，经济发展程度、人口密度、人力资本投资显著地促进了高质量就业的发展。在中国经济发展程度高、人口密度大的地区，劳动者有大量可以选择的就业机会，更能实现高质量就业。人力资本投资可以有效地提高劳动者的学历，助力高质量就业。另外，基础设施建设并没有显著促进高质量就业的发展，说明城市所具有的便利性已经不能发挥促进高质量就业的作用。

2. fsQCA 单变量必要条件分析

本书仅对条件变量做必要条件判断分析，各变量的必要条件检测结果见表3-9，分别报告了2019年三组城市（数字经济水平前25%城市组，中间50%城市组，后25%城市组）研究的必要条件分析结果。由表3-9可知，数字经济发展水平前25%城市组和中间50%城市组的各个单项前因条件变量的必要性都没有超过0.9，不构成必要条件。这说明单个变量的存在不会导致平均工资的必要提高；而后25%城市组的高人力资源条件变量的必要性为0.91，超过了0.9，因此构成必要条件，这说明高人力资源条件存在会导致平均工资的必要提高。其中，"～"表示"非"，即"不存在"，如"～公共服务"表示非高公共服务。

表 3-9　2019 年各城市组 QCA 方法单个条件的必要性检验

| 条件 | 结果变量（高平均工资） | | | | | |
| | 前 25% 城市组 | | 中间 50% 城市组 | | 后 25% 城市组 | |
	一致性	覆盖度	一致性	覆盖度	一致性	覆盖度
公共服务	0.76	0.85	0.63	0.55	0.62	0.61
~公共服务	0.63	0.54	0.71	0.72	0.69	0.63
人力资源	0.83	0.86	0.88	0.84	**0.91**	0.86
~人力资源	0.56	0.51	0.54	0.50	0.52	0.50
市场环境	0.77	0.84	0.76	0.73	0.56	0.57
~市场环境	0.60	0.52	0.61	0.55	0.76	0.68
创新环境	0.74	0.86	0.71	0.76	0.55	0.57
~创新环境	0.64	0.53	0.65	0.53	0.71	0.62
金融服务	0.78	0.86	0.70	0.72	0.55	0.54
~金融服务	0.61	0.53	0.65	0.55	0.74	0.69
法治环境	0.78	0.79	0.66	0.62	0.59	0.57
~法治环境	0.58	0.55	0.59	0.59	0.65	0.59
政务环境	0.83	0.82	0.70	0.66	0.68	0.66
~政务环境	0.57	0.54	0.63	0.58	0.68	0.63

3. 组态分析

本章采用 fsQCA3.0 软件分别分析 2019 年数字经济发展水平不同的三组城市导致高平均工资水平的环境组态，这些不同的组态表示实现同一结果（高平均工资）的不同营商环境生态。基于 Fiss（2011）研究中的建议将原始一致性阈值设定为 0.8，基于杜运周（2017）研究中的建议将 PRI 一致性阈值设定为 0.7，案例阈值设定为 1，并基于此构建真值表。本章结合简单解与中间解分析出核心条件组态，并针对具体各组态进行详细的分析和解释。

本章对于 2019 年各城市组高平均工资为结果变量的 QCA 分析结果如表 3-10、表 3-11 和表 3-12 所示。●表示核心条件存在，⊗表示核心条件缺席，●表示辅助条件存在，⊗表示辅助条件缺席，条件存在即条件变量的取值为较高状态；空格表示该条件既可以出现也可以缺失，不影响结果的准确性。

（1）前 25% 城市组。数字经济发展水平位于前 25% 城市组通过"人力资源+法治环境"驱动型的要素组合提高平均工资水平。表 3-10 中呈现了 5 种组态，无论是单个组态解还是总体解的一致性水平均超过 0.8，总体覆盖度为 0.75，说明 5 条组态对高平均工资的解释程度较高，同组织与管理领域的 QCA 研究基本持平。组态结果显示，人力资源作为核心条件出现在每一条组态中，说明人力资源对于提高城市平均工资至关重要。法治环境作为核心条件在 5 种组态中出现了 4 次，表明法治环境对于城市平均工资的提高也有重要的驱动作用。因此，将数字经济发展水平前 25% 的城市组实现高平均工资的组态结果定义为 "人力资源+法治环境" 驱动型。

表 3-10　在 fsQCA 中实现 2019 年前 25% 城市组高平均工资的组态

条件	S1	S2	S3	S4	S5
公共服务	●	⊗	⊗	⊗	
人力资源	●	●	●	●	●
市场环境			⊗	⊗	
创新环境		●	⊗	●	●
金融服务	●		⊗	●	●
法治环境	●	●	⊗	●	●
政务环境	⊗		⊗	●	●
一致性	0.96	0.98	0.96	0.98	0.96
原始覆盖度	0.28	0.32	0.35	0.29	0.57
唯一一覆盖度	0.01	0	0.1	0	0.24
总体一致性	0.96				
总体覆盖度	0.75				

（2）后 25% 城市组。数字经济发展水平位于后 25% 城市组通过 "人力资源+政务环境" 驱动型的要素组合提高平均工资水平。表 3-11 中呈现了 5 种组态，无论是单个组态解还是总体解的一致性水平均超过 0.8，总体覆盖度为 0.62，同组织与管理领域的 QCA 研究基本持平。组态结果显示，人力资源作为核心条件出现在每一条组态中，说明人力资源对于提高城市平均工资至关重要。政务环境作为核心条件在 5 种组态中出现了 3 次，表明政务环境对于城市平均工资的提高也有重要的驱动作用。因此，将数字经济发展水平后 25% 的城市组实现高平均工资的组态结果称为 "人力资源+政务环境" 驱动型。

表 3-11　在 fsQCA 中实现 2019 年后 25% 城市组高平均工资的组态

条件	S1	S2	S3	S4	S5
公共服务		⊗	●	●	●

续表

条件	S1	S2	S3	S4	S5
人力资源	●	●	●	●	●
市场环境	⊗	⊗	⊗	●	⊗
创新环境	⊗	⊗	⊗	●	●
金融服务	⊗	⊗	⊗	⊗	●
法治环境	⊗			⊗	●
政务环境		⊗	●	●	●
一致性	0.93	0.94	0.95	0.93	0.97
原始覆盖度	0.38	0.42	0.27	0.20	0.21
唯一覆盖度	0.02	0.07	0.01	0.04	0.04
总体一致性	0.94				
总体覆盖度	0.62				

（3）中间 50% 城市组。数字经济发展水平位于中间 50% 城市组通过"人力资源+政务环境+创新环境"驱动型的要素组合提高平均工资水平。表 3-12 中呈现了 3 种组态，无论是单个组态解还是总体解的一致性水平均超过 0.8，总体覆盖度为 0.53，同组织与管理领域的 QCA 研究基本持平。组态结果显示，人力资源、创新环境和政务环境作为核心条件出现在每一条组态中，说明人力资源、创新环境和政务环境对于提高城市平均工资至关重要。因此，将数字经济发展水平中间 50% 的城市组实现高平均工资的组态结果定义为"人力资源+政务环境+创新环境"驱动型。

表 3-12　在 fsQCA 中实现 2019 年中间 50% 城市组高平均工资的组态

条件	S1	S2	S3
公共服务	●	⊗	●
人力资源	●	●	●
市场环境	⊗	●	●
创新环境	●	●	●
金融服务			●
法治环境	⊗	⊗	
政务环境	●	●	●
一致性	0.94	0.95	0.90

条件	S1	S2	S3
原始覆盖度	0.26	0.25	0.48
唯一覆盖度	0.02	0.02	0.23
总体一致性	0.91		
总体覆盖度	0.53		

4. 比对分析

经过组态分析可以发现，三组城市均可以被定义为"人力资源+"驱动型，表明改善人力资本质量、加强人才聚集对于提高区域平均工资是极其重要的一环。进一步地，还可以将前25%城市组、后25%城市组和中间50%城市组分别划分为"人力资源+法治环境"驱动型、"人力资源+政务环境"驱动型以及"人力资源+政务环境+创新环境"驱动型。这是由于在数字经济发展水平较高的区域（前25%城市组），数字经济的发展带来了技术变革，具备更好的技术基础，更加有利于消除信息的不完全性和拓宽信息的传播范围，在这种情况下，优化营商环境可以有效加强产业转型升级，进而推动就业结构优化，创造高质量的就业岗位。在企业快速发展和转型升级的同时，法治环境起着重要的监管作用，以维护有序的市场秩序，提升和保持良好的市场活力，营造公平高效的营商环境，更有利于区域整体企业的转型升级，促进区域高质量就业。在数字经济发展水平较低的区域（后25%城市组），数字设备、技术条件较弱，信息应用与流动相对较闭塞，仅通过营商环境的优化来实现产业升级较难。在这种情况下，更需要良好的政务环境起到引导和规划作用，一方面加大政府"放管服"力度，提高政府服务效率，有利于降低企业的成本，从而使得企业能够将更多的资金投入到提高劳动者的工资待遇；另一方面政府实行减税降费政策，将长期有利于降低非正式就业规模，这两方面均可以逐步促进就业质量的提高。对于中间50%城市组，具备一定的数字经济基础，因此除了重点优化政务环境以提高工资待遇和降低非正式就业规模以外，创新环境的优化还使得企业能够更好地利用创新投入和创造科研成果，从而提高企业的创新绩效，进一步促进企业转型升级，以实现高质量就业。

（四）研究结论

研究通过回归分析和fsQCA技术，对中国2019年城市营商环境生态、平均工资和数字经济的数据进行分析。研究发现，营商环境优化对于提高就业质量有促进效果，并且在数字经济背景下，营商环境优化对于就业质量提升的效果存在差异，即数字经济发展水平越高，营商环境优化对于就业质量提升的促进作用越显著。进一步发现，数字经济发展水平不同的城市，营商环境促进就业质量的有效路径也存在差异：无论数字经济发展状况如何，营商环境中的人力资源维度都是提高区域平均工资极其重要的一环，因而各城市组通过营商环境促进就业质量的路径类型为"人力资源+"驱动型，即劳动力市场供给侧要素对就业质量的提升起着至关重要的作用；数字经济发展水平高、低、中等的区域分别可以通过"人力资源+法治环境"驱动型、"人力资源+政务环境"驱动型、"人力资源+政务环境+创新环境"驱动型促进高质量就业，即数字经济发展水平高和低的区域还需要劳动力市场环境保障的要素共同发挥作用，数字经济发展水平中等的区域还需要劳动力市场需求的要素和环境保障的要素共同发挥作用。

本章从三个方面对现有理论进行了扩展。首先，整理现有文献发现，以往对于营商环境的探讨主要集中于对区域宏观经济发展和企业经济行为的影响两方面，而对就业等社会效益层面影响的探讨相对较少。本章基于回归分析证明了优化营商环境有助于提高就业质量，为营商环境带来的社会就业效益做出了补充，拓展了对营商环境影响维度的研究。其次，在中国大力发展数字经济的战略背景下，数字经济已经融入了社会生产生活等各个领域。本章基于回归分析，深化论证了数字经济对优化营商环境以提高就业质量所起到的加强作用，补充了数字经济的积极影响。最后，现有研究主要探讨营商环境整体或单个要素的影响，缺乏对营商环境生态中要素组合的系统性影响的讨论。本章考虑到营商环境生态是一个多要素构成的复杂环境系统，基于 QCA 技术，探究数字经济发展水平不同的城市，营商环境促进就业质量的不同组态路径，突破了以往整体或单一要素的研究视角。

从实践角度来说，研究验证了营商环境生态对于高质量就业有促进作用，且根据区域数字经济发展水平不同，此促进作用存在差异，具体有效组态路径也存在差异。一方面，研究结论有助于政策制定部门基于区域数字经济水平和其他实际情况，选取适当的要素组合，进行营商环境生态的优化，从而促进就业质量的提高。比如，对于任一地区都需要注重加大教育投资，吸引人才聚集等，以改善人力资本整体质量；再如，对于数字经济发展水平高的地区，数字经济带来的信息和技术红利明显，相关政策还应关注对于劳动力市场环境保障要素的优化，尤其是法治环境的建设，制定"人力资源+法治环境"的联动政策。另一方面，政策还应鼓励区域数字经济的发展，如加强互联网基础设施的建设、加大普惠金融力度等，以使得营商环境优化对于就业质量提升起到更显著的促进作用。

尽管本章从城市层面较为创新地回答了数字经济、营商环境与高质量就业的内在联系，但受限于数据可得性和理论局限，仍然存在进一步补充探讨的空间。由于数字经济相关指数的研究目前主要集中于对信息与通信技术等硬实力的探讨，指标体系对于数字政府和数字治理的关注较少，同时，数字经济发展涉及社会经济发展的各个领域，因此研究中的数字经济发展水平与实际的数字经济发展水平还存在一定的差异。今后研究过程中可以尝试采集更为准确的数字经济衡量指标或建立新的指标体系进行进一步的探讨。

第四章　促进大学生高质量就业研究

2022年4月，根据国家统计局调查，16~24岁青年群体的调查失业率高达18.2%，是全国城镇总体调查失业率的3倍左右。近年来，随着双碳经济、人工智能、产业转型、国企改革以及新冠肺炎疫情的冲击，大学生就业难的现象日益凸显。由于缺少工作经验，较多青年通过数字化方式寻找工作，加上大学生有自己独特的就业观念，灵活就业成为新潮流。2021年8月27日，《"十四五"就业促进规划》明确指出，我国大学生就业任务艰巨，结构性就业矛盾还未解决，仍需坚定不移地以实现更高质量就业为目标，各方共同配合努力提升大学生就业质量。大学生就业质量作为一个综合性概念，旨在评价毕业生在就业阶段中岗位与专业、期望等是否匹配。从微观上来说，大学生就业质量包括工作满意度、岗位特点、就业能力等方面；从宏观上来说，大学生就业质量是反映个人、高校、社会和政府等相互作用、共同努力的结果。

通过CiteSpace软件对大学生就业质量相关文献进行可视化分析，目前国内学者对于大学生就业质量的相关研究主要集中在评价体系和影响因素两方面。因此，本章将从大学生就业质量的现实问题出发，在文献梳理的基础上，从社会公众认知的视角，建立大学生就业质量评价指标体系，并对大学生就业质量进行量化评价，同时开展实证分析，剖析高校毕业生就业质量影响因素。

此外，本章还开展了两项专题研究：首先，从大学生行为心理学的角度探讨了就业价值观与"慢就业"选择意愿之间的影响机制，认为可以通过调整大学生的就业价值观和就业焦虑，以降低选择"慢就业"的意愿，从而实现大学生更充分就业；其次，新冠肺炎疫情对大学生就业产生较大冲击，本章通过对微博文本大数据进行挖掘，分析疫情暴发初期社会舆情对大学生就业问题所呈现的时空演化特征，以针对性地制定有效政策实现"保就业"的宏观目标。

一、促进大学生高质量就业的现实问题

（一）大学生群体就业质量的现状分析

作为我国高等教育发展的一项重要任务，提升大学生就业质量是促进更充分

更高质量就业的重要环节。它既是加快创新型国家建设的重要支撑，又是将毕业生个人前途与国家命运紧密相连的关键纽带。大学生是掌握先进技术、最具创新活力的人力资源。当高校毕业生合理地参与到经济活动中时，他们为社会带来的经济效益与创新理念是普通劳动力所无法比拟的。可以说，大学生是国家现代化的支柱，是维护国家市场经济可持续发展的智力支持，对大学生就业质量的关注是国家人才发展战略的重要体现。一方面，保障大学生就业质量有助于维护社会稳定。近年来，高校毕业生就业人数持续增加，而2022年这一数字已经超过千万。高质量就业对于个人生活水平的影响范围，以及控制社会贫富差距的有效性呈现逐年扩大的态势。另一方面，提升大学生就业质量有利于推动公共教育投资。就业是实现个人价值的途径，而教育是提升个人价值的途径，只有高校毕业生通过高质量就业充分实现个人价值，才能有力彰显教育在改善个人生活中起到的关键作用，从而形成家庭重视教育、积极投资教育的良性社会氛围。近年来，大学生就业质量在一些方面有所提高，但仍然存在问题与不足。

首先，大学生的平均起薪仍处于较低水平。根据麦可思《2022年中国大学生就业报告》的统计结果，受疫情影响，大学生薪资增速放缓。2020~2021届大学生本科毕业半年后月收入起薪平均涨幅为4%，低于疫情前的2018~2019届的起薪平均涨幅7%。2021届本科毕业生平均月收入为5833元，虽有所增长，但相比之下，个人生活成本的增长趋势同样明显。

其次，大学生的就业满意度已经连续五年保持较低水平。《2022年中国大学生就业报告》显示，2021年的高校毕业生中，约有1/3表示对其工作不满意。与之相应地，大学生的就业稳定性同样处于较低水平，其离职率一直较高，有33%的入职者在入职半年内有离职经历，并且这一指标连续五年处于上述水平。"闪辞"现象一直是社会关注和讨论的热点话题，员工忠诚度严重影响公司人力决策，甚至会导致公司对辞职者毕业院校的态度转变。

再次，大学生在就业选择上价值趋向明显。公务员考试愈发激烈的同时，幼儿教师、小学教师等职业对大学生缺乏吸引力。合理有效的人才流动有利于保持社会活力和促进可持续发展，然而在主客观因素影响下，大学生的就业选择导致出现人力资源供求结构性矛盾。

最后，大学生出现"慢就业"现象。"慢就业"是指毕业生在毕业之后，既不打算立即投入工作，也不急于继续深造，而是暂时处于失学、失业状态，以游学、支教、在家、考察等方式，缓慢选择人生道路和职业发展道路的现象。"慢就业"行为是毕业生对自身未来发展不确定性的反应，造成了人力资源的浪费。

（二）大学生群体就业风险的表现特征

从1977年恢复高考以来，以1993年2月13日出台的《中国教育改革和发展纲要》为界，高校毕业生就业经历了由"计划分配"到"自主择业"的转变，就业风险随之出现。赵宏斌（2004）认为，由于教育成本相对固定，但收益则发生在未来较长一段时期内，因此这类群体的就业充满不确定性。

从失业风险角度，林成华和洪成文（2016）指出造成大学生失业的原因众多，社会层次的不公平是其中的重要因素。王阳（2017）指出该群体的就业风险主要体现为首次就业困难，尤其对法律、教育、历史等文科专业的毕业生而言"毕业即失业"现象突出。阮成武和唐菡悄（2020）认为改革开放后经济增长加大了对人才的需求，高等教育人才培养的数量规模与经济建设对人才的需要开始出现严重不平衡，造成了大学生失业现象。谭杰和吴强（2021）进一步指出，不升学、不工作、不参与职业培训的"尼特族"（Not in Education, Employment or Training, NEET）已经在全球范围内出现。

从就业预期与实际从事工作的差异风险角度，武向荣（2004）指出，大学生群体就业风险主要是由于社会经济生活中存在着多种不确定因素和毕业生群体个人预期的不完善性。沈堰奇（2011）认为，多重精英定位的尴尬身份冲突造成了该群体的就业风险。张亚强（2012）指出，就业风险带来的损失还包括就业过程中钱财物的损失、就业时间的耗费、就业机会的措施以及由就业问题带来的大学生群体将承受的巨大心理压力。

实证研究中，谭远发等（2015）利用持续时间模型从大学生工资预期与实际落差的角度分析了这类群体的失业风险，结果表明87%的大学毕业生在就业中对工资的期望高估了41%。罗明忠和陶志（2017）基于对299份高校毕业生的调查指出，根据对就业风险容忍度的不同，大学生工作搜寻时间和就业满意度表现有差异。高振强和王志军（2018）通过实证分析认为，就业期望、就业偏好行业和城市集中等主观因素都是就业风险形成的重要原因。魏杰等（2021）以疫情影响为出发点，研究了"985"院校精英大学生的心理，教育精英形象受到挑战、阶层固化所致的青年阶层焦虑和网络"丧文化"带来了就业风险。

（三）大学生就业质量相关的研究热点

以中国知网为基础数据源，运用CiteSpace作为研究工具，对大学生就业质量的研究态势进行定量分析，直观地展现相关信息，为大学生就业质量研究方向提供文献分析基础。

关键词是对一篇论文的核心概括，对关键词进行探索即可对论文主要内容有大致了解。将215篇核心期刊导入CiteSpace V. 5. 8. R3，时间段设置为2004～2021年，Years Per Slice选择"1"，Node Types选择keyword，选择标准设置为"k=25"，选择寻径剪切（Pathfinder），运行后得到我国大学生就业质量的关键词共现图。如图 4—1 所示，该图谱一共生成 220 个节点，410 条连线，密度为 0.017。综合节点数量和大小、连线的粗细程度和密度大小三个方面，发现我国大学生就业质量研究较为分散，还未形成紧密的研究网络。通过阅读就业质量相关的重要文献，剔除无意义、无代表性的关键词，图 4—1 中"社会资本""人力资本""就业能力""就业观""经济资助"等关键字节点体积较大，是大学生就业质量领域的研究热点。本书通过可视化图谱和重点文献的阅读，将研究热点分为就业质量的评价体系和影响因素两个方面。

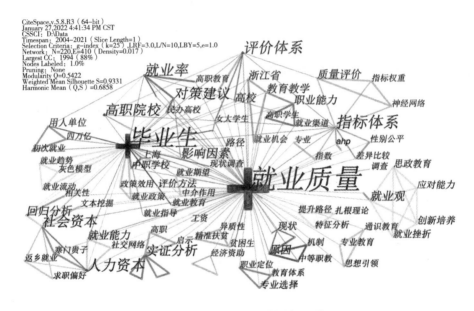

图 4—1　我国大学生就业质量关键词共现图

1. 大学生就业质量的评价体系

大学生就业质量评价从宏观上来说是衡量我国人才培养、高等教育的结果，从微观上来说是反映大学毕业生就业后与岗位的结合程度。构建评价体系是大学生就业质量研究的基础，从 2007 年秦建国在核心期刊上发表关于就业质量评价体系的论文之后，学者们结合研究对象的特点纷纷开始进行探讨。目前国内关于就业质量评价体系的研究呈以下特点：①评价原则：中心性、全面性、客观性、简明实用、独立性、可比性、超前性、主客观相结合性（秦建国，2007；柯羽，2010）；②研究指标：就业率、薪酬福利、就业满意度、就业机会、劳动关系、工作环境等是学者普遍认同的就业质量评价指标（张瑶祥，2013），其他的指标会因研究对象的不同、学者参考文献的不同等有所差异；③研究方法：在获取数据时经常使用问卷法，在构建评价体系时使用德尔菲法、层次分析法（AHP）、主成分分析法（PCA）、模糊评判法和 BP 神经网络等方法，以确定符合对象特点的评价指标及权重；④研究视角：学生关切、国家建设需求、劳动者福祉、中国特色等。总之，国内较多学者研究设计就业质量的评价体系，但未形成明确统一的评价模型，并且较少学者研究评价指标的落地环节。

2. 大学生就业质量的影响因素

（1）人力资本。20 世纪 60 年代，人力资本理论指出教育能够提升个体的生产效率，从而增加收益（Schultz，1961）。毕业生的人力资本主要指在大学教育阶段通过课堂学习和自身实践所获取的知识、技术和健康要素的总和。目前我国关于人力资本对高校毕业生就业质量影响的研究呈以下特点：①研究内容。人力资本可划分为两种类型：一类是"通识素质"，比如学校、学历（王天骄、蒋承，2020）、学科专业、政治面貌、成绩、英语、计算机、其他专业证书、发表论文等；另一类是"实践技能"，比如学生干部、实习等。②影响路径。人力资本对就业质量具有正面影响，有利于毕业生进入发展前景更好、就业质量更高的用人单位（胡建国、裴豫，2019），但也有少部分学者研究发现人力资本对就业满意度具有负面作用（石红梅、丁煜，2017）。其中，通识素质对毕业生初职就业质量产生正向影响，实践技能影响不显著（秦印，2017）。在招聘过程中，用人单位基于"预期—潜力"机制更侧重考察毕业生的学习能力和发展潜力。总之，国内学者对人力资本对大学生就业质量影响的研究保持高度关注，但进行实证研究时由于选取角度和研究对象不同，得出的结论也会不同甚至相反。

（2）社会资本。社会资本是一个与人力资本相对应的理论概念，其内涵是指社会关系网络（Montgomery，1991）在大学生就业过程中起着至关重要的作用（徐莉、郭砚君，2010）。目前国内关于人力资本对大学生就业质量影响的研究呈以下特点：①研究内容。社会资本可划分为先赋型社会资本（家庭收入、父母工作性质、社会地位等）（郑洁，2004）、自致型社会资本（工作职位、实习经历等）（康小明，2006）和社会资本支持度（介入形式、参与程度等）（苏丽锋、孟大虎，2013）。②影响路径。由于先赋型社会资本的影响作用大于后致型社会资本（王霆，2020），因此社会资本对就业结果、稳定程度和满意度产生积极影响，但是容易误导大学生产生错误的就业观念，阻碍就业公平现象（代锋、吴克明，2009）。薛在兴（2014）基于社会资源理论提出社会资本对就业的作用都是间接和联合的，大学生所具有的家庭社会关系会提升工作期待，增强求职信心，能够收集更多的就业信息，影响其求职偏好和就业质量。当前，大学生返乡就业成为新的热潮，一方面，随着乡村振兴战略的提出，国家不断出台相关福利政策，如 2020 年国务院发布的《重点支持高校毕业生、返乡农民工创业就业》为农村大学生返乡就业提供了机会和发展前景；另一方面，父母利用自己的人脉和社会关系帮助大学毕业的孩子寻找稳定的国企或体制内工作机会（马莉萍等，2017）。

（3）就业能力。就业能力的概念起源于 20 世纪 50 年代，毕业生的就业能力是指学生找到合适工作岗位时所需要的基本知识、专业技能和性格品质等影响因素的综合（余新丽、刘建新，2006）。国内基于就业能力视角的相关研究呈以下特点：①研究内容。就业能力集中在内在素质、处理工作能力和社交能力三方面（李颖等，2005）。此外，程玮和许锦民基于职业发展视角将就业能力划分为职业通用技能、职业核心素质、职业潜能、职业人格、团队成员素质、领导素质六个维度（程玮、许锦民，2016）。②影响路径。大学生就业能力越强，越能够主动掌握更多的就业机会，工作后更容易依靠个人能力达到自我实现的境界从而提高工作满意度。毕业生的就业能力与就业质量呈正相关（彭正霞等，2020），其中交流协作能力和自我意识影响程度最大（罗莹，2014）。陈鋆和谢义忠（2014）从人力资本和社会资本的视角研究发现，就业能力对起点薪酬有显著的正向预测作用，社会联系人地位起调节作用。总之，国内学者对大学生就业能力的研究保持高度关注，通过问卷调查毕业生的就业质量分析相关关系，但国内尚未形成通用的就业能力量表。

（4）就业观。就业观是人生观、价值观和世界观在就业相关问题上的表现，是毕业生对求职就业的基本见解和立场，是就业行为的先导。国内关于就业观的研究具有以下特点：①衡量指标。学者按照不同的标准将就业观进行划分，大致可以划分为就业价值观、就业期望、就业认知、择业实现途经等内容（李荣华，2005）。②研究内容。就业观研究内容包括思想教育、应对能力、创新培养、就业挫折。③对就业质量的影响。就业观与就业质量呈正相关关系（钟秋明、刘克利，2015）。一直以来国家教育部门和高校都在加强和改进大学生思想政治教育，旨在让高校开设思政教育课程帮助大学生形成积极向上的就业观念。学者从高校课程和学生个人就业能力方面提出对策，提升应对能力，解决就业挫折。在后疫情时代，毕业生表现出"自我效能感偏低"的特征（李秀玫等，2021），考研热、考公热等现象被贴上"内卷"的标签，部分大学生以此为借口甘愿当"躺平青年"（孙桂香、刘鹤，2022），体现出毕业生就业心理和就业观对就业质量的重要作用。总之，学者对大学生就业观的形成和影响因素保持高度关注，关于就业观如何影响就业质量以及影响机制的实证研究有待加强。

（5）经济资助。贫困生在就业过程中由于缺少社会资本，导致薪酬、单位性质、晋升率均不如非贫困毕业生，其整体就业质量低于非贫困生。国家为促进教育公平，不仅对贫困大学生开展教育扶贫工作，而且在经济方面和就业政策上都给予支持。近几年，国内少部分学者和单位开始研究贫困毕业生就业质量的问题，研究发现对贫困生进行经济资助可对就业满意度、就业机会等产生积极影响（曲垠姣等，2018）。我国政府主要以勤工助学岗位补贴、国家奖学金、助学金等形式资助高校学生。经济资助与就业能力、人力资本、就业观等相互影响，共同对就业质量起作用。通过对比研究，国家奖学金能够提高经济资助对大学生就业机会和就业单位类型的影响，国家助学贷款能够提高对大学生工作满意度和职业发展的影响（曲绍卫、汪英晖，2018）。

二、大学生就业质量评价指标体系构建

大学生是重要就业群体之一，其人数在整体教育水平提升的背景下逐年增加，教育部数据显示，2021 年高校毕业生达到 909 万人，2022 年将首次突破 1000 万人。促进大学生高质量就业是现阶段的重要发展方向，有利于经济发展和社会稳定，因此保证该群体高质量就业是社会面临的巨大难题，也是必须要解决的现实问题。促进大学生更高质量就业对社会、企业和大学生个人都有重要意义：对社会来说，大学生是劳动力市场的新鲜血液，是推动社会高质量创新发展、推动我国经济结构转型升级的新生力量；对企业来说，能够有效提高员工的企业认同感，降低员工离职率，降低用人成本；对大学生个人来说，高质量就业有利于提高就业满意度、生活幸福感。

然而，大学生的独特性也造就了大学生群体就业难的困境。大学生具有高学历、高素质等优势，但是同时普遍存在社会经验缺乏、缺少准确的就业定位、专业培养与用人单位实际需求脱节等问题。本书对大学毕业生进行访谈时发现，部分大学生不知道该去何种行业、职业、企业就业，面对高工资小平台和低工资大平台时，往往存在不知道如何取舍的难题。不确定工资的可能水平也是普遍存在的问题，在参与企业安排的面试过程中，当被问及期望工资是多少的时候，大部分人没有合理的预期，既担心提出的预期工资太低，企业实际给的工资也比较低，又担心提出的预期工资太高，企业不愿意负担高额的工资而放弃录用。可见，部分大学生对就业感到迷茫，对如何实现自身高质量就业缺乏清晰的认知。

同时，随着我国改革开放取得巨大的成就，经济社会发生了天翻地覆的变化，新一代的大学生在群体特征和个人特征上极具时代特点。20 世纪六七十年代的劳动者所处的经济环境还不够发达，他们更能够吃苦耐劳、任劳任怨。不同的是，当代大学生主要由千禧一代、Z 世代组成，处在一个比较发达的经济环境和相对宽松的社会文化环境中，大量的新生劳动者在能够"啃老"等因素的影响下，就业意愿较低。在就业过程中，部分大学生具有追求个性化发展、多元化工作方式、以创业实现就业等时代特点，追求相对舒适的生活方式，而不愿意从事所谓的低水平工作。

2020年新冠肺炎疫情突发，就业作为最大的民生，在各级政府落实"六稳""六保"政策中均居于首位，面对疫情对就业市场带来的冲击，大学生的择业观和就业行为也发生了一定变化。2020年公务员考试考生数量大量增加，寻求更稳定就业成为部分大学生的首选。稳定的就业是否是高质量的就业？大学生应如何实现更高质量就业呢？因此，客观、全面地评价大学生就业质量，对于应对疫情带来的就业挑战，有效指导大学生更高质量就业具有关键影响。为实现该目标，本书收集了大量微博上公众关于大学生就业的讨论文本，利用大数据文本挖掘的研究方法对其进行探索性分析，从公众认知的角度客观全面地构建大学生就业质量评价指标体系，并基于该指标体系对大学生就业质量进行量化评价。

（一）文本挖掘提炼大学生就业质量评价指标

现有研究在分析大学生就业质量评价指标体系时，主要采用的方法有德尔菲法、层次分析法（AHP）、主成分分析法（PCA）、模糊评判法和BP神经网络等，本书运用文本挖掘方法从公众认知视角来提炼大学生就业质量评价指标，并通过基于LSTM模型测算各指标满意度反映公众对当前我国大学生就业质量的评价状况。

1. 文本数据来源

本书关于大学生就业质量评价的研究文本数据来源是新浪微博平台，其作为社交媒体平台活跃用户多，具有门槛低、便捷性、快速传播等特点，并且平台上的博文具有短文本的特征。公众通过电脑端和手机端等多种渠道能够轻松、自由地在平台上公开发表博文，展示观点、态度、情感等。通过对微博平台上关于特定事项的大量博文进行文本大数据挖掘，能够获得特定事项的公众评价情况。大学生作为重点就业群体，其就业状况在网络上受到大学生自己、学校、用人单位、政府等各方面的密切关注。新浪微博作为一个受到广泛使用的社交媒体平台，存在大量关于大学生就业的博文，包含大学生在内的公众通过这些博文来表达自己对大学生就业状况的观点、态度、情感等。因此，选择新浪微博作为研究文本数据来源，从公众认知的视角评价我国大学生就业质量具有典型性和较好的实际意义。

基于让文本数据更加聚焦于"大学生就业"范围的原则，本书以"应届生工作"为检索关键词，在新浪微博上进行检索。为了让研究更加贴合社会实际，本书选择近 3 年的数据进行研究，以 2018 年 1 月为本书获取的博文发表的时间起点，直到 2020 年 12 月止。通过检索，删除重复的博文后，总共获得了 25918 条内容与应届生工作相关的微博文本数据。

2. 研究设计

本书的研究设计如图 4-2 所示，具体来说：第（1）部分主要对本书的文本数据及其来源做了简要的介绍。第（2）部分主要为深入挖掘微博大数据文本，构建我国大学生就业质量评价指标体系的过程。包含的三个步骤实现了从零散复杂的文本中提炼出结构清晰简洁的评价体系，这是一个不断降维的过程：从庞大的文本语料到 107 个高频词，再到 10 个就业质量评价基础指标，到最后形成 1 个包含指标权重的我国大学生就业质量评价指标体系。第（3）部分则利用基于 LSTM 神经网络模型的情感倾向分析方法对我国大学生就业质量评价指标进行满意度评分，并基于评分和指标权重，对我国大学生就业质量进行综合评价。第（4）部分基于本书从公众认知视角的综合性评价结果，提出促进更高质量就业的针对性建议。

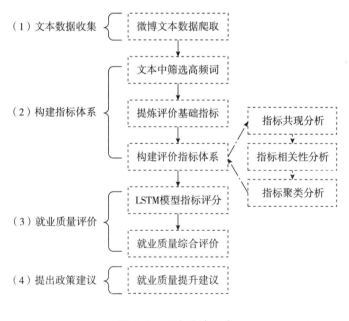

图 4-2　研究设计思路

3. 文本数据中筛选大学生就业质量评价高频词

高频词是研究文本中出现频率高的词汇，词汇频率高表明其在文本中具有重要性和代表性。通过对高频词进行分析，能够了解公众关于大学生就业质量认知中的重点内容和代表性内容，初步整体地认识公众认知视角中的就业质量评价情况。本书用以 Python 语言为基础的 jieba 库进行切分，通过对切分后的词汇进行分析，发现其具有以下三个特点：①包含的词汇众多、数量大，获得的词汇接近5 万个；②与大学生就业质量相关的主题词特征较为明显；③当词频数在 30 以下时，与就业相关的主题词数量较少。因此，综合考虑以上特点和本书倾向于构建全面的就业质量评价指标体系，本书确定高频词的词频最小值为 30，即将词频在 30 以上的词确定为高频词。

　　本书的研究文本数据来源于微博，虽然文本主题是大学生就业，但是由该研究文本数据切分的高频词具有较强的发散性，且词频在 30 以上的词汇数量也较大。为了将研究聚焦于就业质量的范畴内，本书将微博文本中切分出来的属于就业质量范畴的高频词筛选出来。为保证高频词筛选的科学性和严谨性，本书采用以下方法进行筛选：邀请六位拥有大学生就业质量相关研究经历的研究人员，各研究人员相互独立，从词频高于 30 的高频词列表中挑选出其认为属于大学生就业质量评价范畴的高频词。最终，依据 2/3 绝对多数原则，在 6 份筛选出来的高频词列表中，如某高频词达到或超过 4 个人认为该高频词属于大学生就业质量评价范畴，则将该高频词筛选为本书用以挖掘大学生就业质量评价的高频词。通过筛选（见表 4-1）本书获取了 107 个关于大学生就业质量评价的高频词，这些高频词代表了就业质量微博文本中公众认知视角下的就业质量评价关键内容。

表 4-1　大学生就业质量评价高频词及词频

高频词	词频	高频词	词频	高频词	词频	高频词	词频
薪资	2708	工资	2658	待遇	1416	发展	1281
事业单位	1192	加班	1030	培训	999	国企	943
月薪	940	双休	891	起薪	871	薪酬	868
平台	848	老板	757	薪水	745	福利	735
团队	723	社保	715	离职	651	周末	649
底薪	625	稳定	603	领导	601	休息	563
同事	542	节假日	539	提成	533	部门	528
五险一金	513	收入	479	保险	457	补贴	443
编制	425	年薪	412	成长	355	关系	335
失业	332	经理	311	月工资	309	奖金	308
晋升	302	培养	302	高薪	300	员工福利	286

续表

高频词	词频	高频词	词频	高频词	词频	高频词	词频
福利待遇	257	赚钱	240	带薪	239	裁员	223
工作环境	221	公平	215	年终奖	212	五险	207
氛围	199	绩效	198	上班时间	197	大厂	190
主管	185	上级	162	医疗	159	外企	156
体制	150	私企	134	出差	133	保障	131
央企	113	工资待遇	110	补助	96	涨薪	94
制度	93	发展前景	89	铁饭碗	84	加薪	83
一金	83	六险	82	名企	81	工作制	80
前辈	79	税前	75	午休	74	公积金	67
餐补	67	解约	66	基本工资	66	集体	65
月入	63	上市公司	57	朝九晚五	56	压榨	52
八小时	51	辞退	51	早九晚五	50	白班	50
带薪休假	49	发工资	48	稳定性	47	全勤奖	45
民企	44	国有企业	42	绩效奖金	40	管理层	38
平均工资	38	中小企业	37	安稳	35	有五险	35
年收入	35	商业保险	34	小企业	30		

4. 提炼大学生就业质量评价基础指标

通过高频词词表，本书对公众认知视角下的大学生就业质量有了初步的探索，例如，公众偏向于关注大学生的工资、薪资、待遇、发展等各方面内容。但是，部分高频词之间具有界限不明显、内涵有重叠的特征，如工资、薪资和薪酬等高频词，将这些类似的高频词合并，其代表相似的内容且其总的词频会有所变化，即其合并后的重要性与单个的高频词相比有所变化。另外，直接使用高频词对就业质量划分类别进行分析，涉及的类别多达107个，维度数量过大不具有实操性。

因此，为了探索分析高频词的深层次含义，深入、体系性地挖掘大学生就业质量情况，同时使得研究过程具有可操作性，本书一方面根据其字面意思理解其内涵，另一方面回归到微博文本原始数据中查看其内涵，合并相同、相似范畴的高频词，实现构建大学生就业质量评价基础指标的目的，使得每一个单一指标能够代表大学生就业质量的具体、独立内容。最终，将高频词划分到企业性质等10个基础指标中，如表4-2所示。

表4-2　大学生就业质量评价基础指标

序号	基础指标	文本数据高频词	指标内涵
1	企业性质	国有企业、央企、国企、事业单位、外企、民企、私企、中小企业、大厂、名企、平台、体制、上市公司	企业的平台大小，国企、央企、私企、是否为上市公司等体现企业性质的内涵
2	职业发展	发展、成长、晋升、发展前景、涨薪、加薪	未来职业成长的可能性，企业提供的晋升渠道、未来的报酬成长性等
3	工作时间	上班时间、出差、朝九晚五、加班、双休、周末、休息、节假日、八小时、早九晚五、午休、工作制、白班	包含工作时间的长短，时段安排、是否加班等
4	劳动报酬	基本工资、工资待遇、年薪、年收入、绩效奖金、全勤奖、奖金、薪资、工资、待遇、月薪、薪酬、起薪、薪水、底薪、提成、收入、高薪、月工资、平均工资、带薪、带薪休假、税前、月入、赚钱、绩效、发工资、年终奖	包括员工的基本工资、绩效工资、奖金等劳动报酬
5	工作稳定性	稳定性、铁饭碗、离职、裁员、稳定、辞退、解约、编制、失业、安稳	包含大学生工作的稳定性和大学生的离职情况等
6	培养培训	培训、培养	大学生在找工作的过程中接受的社会培训或者就业以后在企业受到的培训
7	组织氛围	工作环境、部门、同事、前辈、制度、团队、集体、压榨、氛围、关系、公平	大学生员工在企业感受到的氛围，心理舒适度等
8	职场关系	老板、领导、管理层、经理、主管、上级	大学生员工在企业中，与企业相关领导或者雇主的关系
9	社会保障	社保、五险、保险、有五险、一金、商业险、公积金、保障、医疗、五险一金、六险	提供给员工的包括五险一金等社会保障
10	员工福利	补贴、员工福利、补助、福利、餐补、福利待遇	企业给予员工的福利、补贴等

5. 构建大学生就业质量评价指标体系

先后运用词篇矩阵、相关矩阵和系统聚类三种分析方法，探索大学生就业质量评价中各基础指标之间存在的内在联系，构建结构化的大学生就业质量评价指标体系。

（1）基础指标共现关系分析。词篇矩阵能够建立一个表示高频词在每一条微博中是否存在的矩阵，该矩阵能够体现各高频词之间的共现关系。在本书中，多个高频词代表一个指标，某高频词在一条微博中存在即说明其代表的指标在该条微博中存在，因此本书建立了指标词篇矩阵，以体现各个指标之间的共现关系。对每条微博统计各个指标中的高频词在该条微博中是否存在，如果存在，则赋值为 1；如果不存在，则赋值为 0。通过对 25918 篇微博文本逐篇进行标记，最终构建出指标词篇矩阵，该指标词篇矩阵包含 10 个指标，25918 篇微博文本，其中的值为二值变量 1 和 0，指标词篇矩阵见表 4-3。

表 4-3 大学生就业质量评价基础指标词篇矩阵（前 20 篇微博）

序号	企业性质	职业发展	工作时间	劳动报酬	工作稳定性	培养培训	组织氛围	职场关系	社会保障	员工福利
1	0	0	0	0	0	0	0	0	0	0
2	0	0	0	1	0	1	0	0	0	0
3	0	0	0	0	0	0	0	0	0	0
4	0	1	1	1	0	0	0	0	0	0
5	0	1	1	1	0	0	0	0	0	0
6	0	0	0	0	0	0	0	0	0	0
7	0	0	0	0	0	0	0	0	0	0
8	0	0	0	0	0	0	0	0	0	0
9	0	0	0	1	0	0	0	0	0	0
10	0	0	0	0	0	0	0	0	0	1
11	0	0	0	0	0	0	0	0	0	0
12	0	0	0	1	0	0	0	1	0	0
13	0	0	0	0	0	0	0	0	0	1
14	0	0	0	1	0	0	0	0	0	0
15	0	0	0	0	0	0	0	0	0	0
16	0	0	0	0	0	0	0	0	1	0
17	0	0	1	1	0	0	1	0	0	1
18	0	0	0	0	0	0	0	0	0	0
19	0	0	1	1	0	0	0	0	0	0
20	0	0	0	0	0	0	0	0	0	0

（2）基础指标相关性分析。相对于指标词篇矩阵来说，指标间的相关矩阵可以计算两个指标之间的相关性系数，能够更直观地展示两个指标之间联系的强弱。本书使用 SPSS 软件，通过步骤：Analyze—Correlate—Distances—Similarities—Binary—Ochiai，将包含 10 个指标的词篇矩阵转化成各个指标之间的相关矩阵，相关矩阵包含 10 个指标的列和 10 个指标的行，其中的值为相关系数，表示各指标间的相关性，越接近于 1 则相关性越大，越接近于 0 则相关性越小，各基

础指标之间相关矩阵结果如表 4-4 所示。

表 4-4　基础指标间相关矩阵

指标	企业性质	职业发展	工作时间	劳动报酬	工作稳定性	培养培训	组织氛围	职场关系	社会保障	员工福利
企业性质	1.000	0.227	0.165	0.222	0.268	0.093	0.183	0.070	0.227	0.221
职业发展	0.227	1.000	0.239	0.300	0.227	0.217	0.305	0.183	0.245	0.318
工作时间	0.165	0.239	1.000	0.458	0.191	0.169	0.272	0.143	0.361	0.357
劳动报酬	0.222	0.300	0.458	1.000	0.221	0.210	0.275	0.226	0.322	0.358
工作稳定性	0.268	0.227	0.191	0.221	1.000	0.075	0.227	0.099	0.222	0.231
培养培训	0.093	0.217	0.169	0.210	0.075	1.000	0.174	0.158	0.176	0.232
组织氛围	0.183	0.305	0.272	0.275	0.227	0.174	1.000	0.250	0.218	0.272
职场关系	0.070	0.183	0.143	0.226	0.099	0.158	0.250	1.000	0.089	0.133
社会保障	0.227	0.245	0.361	0.322	0.222	0.176	0.218	0.089	1.000	0.452
员工福利	0.221	0.318	0.357	0.358	0.231	0.232	0.272	0.133	0.452	1.000

从表 4-4 中可知，公众关于大学生就业的认知中，大学生就业过程中在关注企业性质的时候，同时最关注的就业质量维度是工作稳定性。这一数据结果体现出大学生在就业过程中决定选择何种性质的企业时更关注的是企业能否带来稳定的工作机会。而当提及工作时间时，大学生在就业过程中则会更多地关注劳动报酬，该结果表明大学生在找工作的过程中会衡量工作时间与企业能给付给员工的劳动报酬，期望工作时间与劳动报酬能够相互匹配。通过相关矩阵，可以了解大学生就业质量评价指标之间联系的强弱，了解大学生在就业过程中关注其中的一个因素时，会如何同时地关注其他因素。

（3）评价指标体系可视化聚类分析。系统聚类又叫层次聚类，本书利用其划分指标之间的类别，然后基于该类别的划分结果，结合以往大学生就业质量评价研究成果，选择不同聚类的阈值，确定各指标的实际划分类别，同时形成一级指标。系统聚类具体原理如下：首先，将单个就业质量指标划分为独立类别；其次，计算所有就业质量指标每两个内部的远近，将最近的两个指标视作新的一个类别；最后，在获得的新的分类基础上，不断地重复该过程，最终只留下一类。在本书中，将各指标的相关矩阵输入 SPSS 中，通过操作步骤：Analyze—Classify—Hierarchical cluster analysis，其中选择 Ward's method 的方法，对大学生就业质量各指标进行系统聚类，得到系统聚类的分类树状图，如图 4-3 所示。

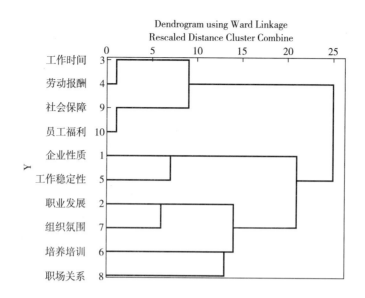

图 4-3　大学生就业质量评价指标系统聚类树状图

根据图 4-3 的聚类结果，选择阈值为 15，将就业质量评价指标划分为三类，结合以往就业质量评价指标体系的研究成果，将第一类命名为工作条件，包含工作时间、劳动报酬、社会保障和员工福利等基础指标；将第二类命名为职业风险，包含企业性质、工作稳定性等基础指标；将第三类命名为成长环境，包含职业发展、组织氛围、培养培训、职场关系等基础指标。具体分类见表 4-5。

表 4-5　大学生就业质量评价指标聚类类别

类别	类别名	主要基础指标
第一类	工作条件	工作时间、劳动报酬、社会保障、员工福利
第二类	职业风险	企业性质、工作稳定性
第三类	成长环境	职业发展、组织氛围、培养培训、职场关系

在大学生就业质量评价指标聚类分类基础上，形成表 4-6 所示的针对大学生群体的就业质量评价体系性指标，其包含工作条件等 3 个一级指标，包含工作时间等 10 个二级指标。其中，各二级指标的权重由单个指标所包含高频词的总频数在高频词总频数中所占比例确定，一级指标的权重则由其包含的二级指标权重加总而成。

表 4-6　大学生就业质量评价指标体系

一级指标	权重	二级指标	权重
工作条件	0.6066	工作时间	0.1133
		劳动报酬	0.3744
		员工福利	0.0544
		社会保障	0.0645
职业风险	0.1697	企业性质	0.1043
		工作稳定性	0.0654
成长环境	0.2236	职业发展	0.0572
		组织氛围	0.0793
		培养培训	0.0338
		职场关系	0.0533

（二）公众认知视角对大学生就业质量的评价

1. 基于 LSTM 模型测算指标满意度

情感倾向分析方法可以识别微博文本中包含的情感，能够将微博文本划分为积极或者消极两种类别。本书选取深度学习的长短期记忆网络模型（Long Short-Term Memory，LSTM）对数据进行训练。以 12 万条打过积极或者消极标签的微博文本数据为模型训练语料，进行了 5 次训练，其中 6 万条为积极文本，6 万条为消极文本。将其中 9/10 设定为训练集，1/10 设定为测试集。最终，训练好的神经网络模型准确率在训练集上具有较好的表现，具体数值逐渐提高到 0.9832，在测试集上也有非常接近的表现，为 0.9821，可见准确率较高，可以认为训练模型具有较好的拟合性。将大学生就业质量的微博文本语料输入到模型中，获得每一条微博的情感倾向为积极或者消极的划分结果。

获得各个指标的评分是本书对大学生就业质量进行量化评价的基础，而指标评分的高低则用指标的满意度来表示，指标满意度计算方式如下：

$$某二级指标满意度 = \frac{包含某二级指标的积极情感态度微博数量}{包含某二级指标的所有微博数量}$$

$$某一级指标满意度 = \sum \frac{所含二级指标权重 \times 满意度}{某一级指标权重}$$

基于大学生就业质量评价各指标的满意度分值，计算大学生群体就业质量评价的总评价分值。总评价分值计算方式如下：

$$评价总分值 = \sum 指标权重 \times 满意度$$

计算得出大学生就业质量评价的总评价分值为 0.7226，最终结果如表 4-7 所示。

表 4-7 大学生就业质量总体及各指标评价

一级指标	权重	满意度	二级指标	权重	满意度
工作条件	0.6066	0.7225	工作时间	0.1133	0.6746
			劳动报酬	0.3744	0.7341
			员工福利	0.0544	0.7328
			社会保障	0.0645	0.7307
职业风险	0.1697	0.7186	企业性质	0.1043	0.6969
			工作稳定性	0.0654	0.7533
成长环境	0.2236	0.7260	职业发展	0.0572	0.7300
			组织氛围	0.0793	0.7152
			培养培训	0.0338	0.7181
			职场关系	0.0533	0.7428
评价总分			0.7226		

2. 公众认知对我国大学生就业质量的评价

大学生是我国就业市场上的特殊群体，是我国社会经济从高速增长转向高质量发展的中坚力量，提高大学生就业质量是我国促进更充分更高质量就业的关键内容，是推动我国创新发展、高质量发展的必由之路。在梳理了大学生就业质量相关文献，了解了就业质量评价相关研究基础之上，本书收集了 2018～2020 年微博上关于应届大学生就业的相关微博文本，通过文本大数据挖掘的方法，从公众认知视角构建了 3 个一级指标、10 个二级指标的大学生就业质量评价指标体系，并运用情感倾向分析方法对大学生就业质量进行评分。基于此，本书从以下四个方面，探讨公众认知对大学生就业质量现状的评价。

（1）整体水平较高，部分指标有待提高。从整体来看，大学生整体就业质量状况水平较高，但是评价总分距离最高值 1 仍具有一定的距离，可见大学生就业质量仍存在一定的提升空间；对于指标间评分而言，各一级指标评分差距不大，满意度值较为接近，各二级指标间评分主要集中分布在 0.73 左右，评分总体较为均衡，但是仍然存在一定的差异，最低分与最高分差距较大，达到 0.0787 的分值差异。可见，各指标总体表现较为均衡，总体表现较好，但是包括工作时间等在内的部分指标表现较差，成为大学生就业质量提高的限制性因素。

（2）到岗稳定性高，职场关系较为融洽。从得分较高的指标看，工作稳定性和职场关系评分较高，位于所有指标评分前两位。虽然两个指标权重占比较小，分别为 6.54% 和 5.33%，但是其评分表现较好。一方面表现出大学生就业过程中职场关系较为融洽，另一方面则说明因为工作不稳定导致的消极情绪较少，这与李涛（2020）对我国高校应届毕业生就业现状的调查研究中发现的毕业生群体到岗稳定性较高结果相一致。可见，我国大学生就业后总体较为稳定，就业过程中具有较好的职场关系。

（3）聚焦工作条件，重视劳动报酬。从权重较高的指标看，在一级指标中，工作条件权重最高，占比超过 60%，可见在就业过程中工作条件的好坏对大学生高质量就业具有非常重要的影响，是衡量大学生就业质量的首要内容。其中，权重占比最大的二级指标是劳动报酬，权重为 37.4%，最高且远高于其他指标的权重，这与 2007 年杨河清和李佳构建的指标体系中劳动报酬权重占比 36% 较为接近，可见大学生对劳动报酬较为看重，其重要作用对就业质量的影响一直以来都是不容小觑的。乐观的是，与大部分指标相比劳动报酬评分较高。这表明大学生在就业过程中对劳动报酬比较看重，并且对获得的薪酬水平也较为满意。

（4）工作时间成为最明显短板。从得分低的指标看，工作时间为评分最差的指标，而其权重占比较高，达到了 11.3% 的权重。这表现出大学生就业过程中一方面对工作时间较为关注，另一方面却对工作时间的不满意情况较为严重。这样的现象，与我国当前就业环境中加班氛围浓厚，加班文化弥漫在以高学历、高素质为特征的大学生员工聚集的行业、企业中有关，是大部分互联网企业、律师事务所、咨询公司等上班时间长、加班时间晚的结果体现。同时，大学生对劳动报酬非常看重，存在部分大学生为了获得较高劳动报酬而愿意满足用人单位加班要求的可能性。因此，大学生虽然获得了较满意的劳动报酬，但是牺牲了大量休息时间，故而对工作时间不满意。

三、大学生就业质量影响因素实证分析

本书针对大学生就业质量影响因素开展实证分析，结合文献研究与问卷调研，了解大学生就业质量的研究进展，归纳影响大学生就业质量的因素，并构建大学生就业质量影响因素模型。

（一）大学生就业质量影响因素指标选取

1. 大学生就业质量影响因素文献综述

对大学生群体的就业质量影响因素的研究，可以分为宏观、中观与微观三个层面（国福丽，2007），而从影响主体角度可以分为社会环境因素、政府因素、

用人单位因素、高校因素、个人及家庭因素。宏观层面上，政府政策法规与经济发展状况依然是重点讨论的对象（陈曦，2011；喻名峰等，2012；经晓峰等，2013；尹若珺等，2016；高玉萍、王生雨，2017）。其中，政府政策法规是通过政府与大学生两方面共同对就业质量产生影响。一方面，政府采取宏观调控（张常新，2016），通过制定财政政策，增加社会保障、就业和教育支出（黄亚玲，2016），对大学生就业质量产生积极影响，但其扩招政策也对就业质量产生消极影响（郭虎子、黎维锐，2010）；另一方面，大学生不仅关心就业政策，同样关注户籍制度、教育制度等与个人未来生活与发展息息相关的政策法规（吴森，2014）。此外，从供给需求角度出发，学者普遍认为市场劳动供给与岗位需求状况，以及二者的匹配程度直接影响大学生就业质量（杨河，2012；邓玉喜，2014；张艳艳，2018；田瑞松，2018）。中观层面的研究主要围绕就业地域展开（岳昌君、杨中超，2012），包括地方就业政策（支华炜等，2016）、地方就业环境、地方对教育重视程度（陈式座等，2016）以及城市依赖性（于泊和郑建辉，2016）等。微观层面上，影响因素研究的主体性区分明显，并且以个人及家庭因素为主。首先，在个人及家庭因素方面，人力资本与社会资本是影响大学生就业质量的核心要素（刘红艳，2010；李珊珊，2013；王广慧，2015；李彤彤，2016；马丛丛，2017）。人力资本包括以成绩、奖励、荣誉为代表的学术性人力资本及以实习、实践、学工经历为代表的实践性人力资本（石红梅、丁煜，2017）；社会资本则包含以家庭为中心的先赋性社会资本和以社交为中心的自致性社会资本（程春，2016）。由于研究角度的差异，学者在对影响因素归类时会因侧重点不同而有所差异，例如将个人因素与家庭因素相剥离（唐婷婷、刘立波，2016；张抗私、朱晨，2017；高玉萍，2017；初国芳，2017），整体归纳为校园经历（王赫，2018），或者重点强调实践情况（厉丹鸿、袁红清，2011；王晓晶，2015；王霆，2015），也会针对具体要素进行实证研究（肖吴，2015；李善乐，2017；黄嘉欣，2017）。

就业能力对大学生就业质量也有着重要影响（黄炜、方玖胜，2010）。卿石松、曾湘泉（2009）通过对 35 项就业能力进行提炼与分析，描述其具体影响；柯羽（2010）强调非专业素质中，能力素质与创新素质有助于提高个人就业质量。

对大学生就业质量影响因素的研究也涉足心理因素。张亚利（2004）和姚艳虹、张晶（2010）分别从情商和情绪智力的角度进行分析。随后，学者进一步讨论个人心理资本对大学生就业质量的影响（乔珊等，2015；孙国敏，2016；刘轩，2017）。

而在价值观念上，就业观被学者给予高度重视（杨钋等，2013；顾友斌，2015；应银华，2015；岳德军、田远，2015；张益民，2016；张岳民，2017）。张桂宁（2007）首先说明职业意识对就业质量的影响作用。陈成文、胡桂英（2008）系统性提出就业观体现于个人对薪酬福利、职业生涯发展、职业声望及择业收益成本的选择与看法，通过引导个人行为最终影响个人就业质量。钟秋明和刘克利（2015）进一步强调条件认知、就业目标及职业道德对就业质量的影响。之后，学者又分别强调就业期望偏差（涂建明、涂晓明，2015）及择业自我认知（童辉杰等，2017；赵腾，2018）的影响作用。

其次，在高校方面，大学生就业质量影响因素主要分为三类：一是高校声誉及影响力（周少斌，2008）；二是教学水平，包括教学质量（经晓峰，2013）、专业设置与课程安排（李业昆、赵喜哲，2015）、培养方式（张常新，2016）、教育体系（曹玉霞，2017）、实践教学（张郁萍，2017）等；三是就业指导服务（陈式座等，2016；尹若珺等，2016；刘轩，2016）。

最后，在企业方面，大学生就业质量主要反映在工资水平、工作环境、工作强度、员工参与度等方面（黄兢，2017；张抗私、朱晨，2017；刘瑜，2018）。此外，组织管理氛围（史秀玉，2015）和就业歧视（李慧慧，2014；卫铁林、史淑桃，2016）的影响作用也不容忽视。

2. 大学生就业质量影响因素选取原则

基于上述文献综述内容，在改进现有研究不足之处的基础上，提出本书对大学生就业质量影响因素的选取方法与原则。

首先，针对影响因素界定模糊的问题，本书认定在初次就业过程中，学生与用人单位在客观条件上达成的合议内容被视为大学生就业质量的可观察变量，而不作为其影响因素在本书讨论，因此薪酬福利、工作条件、工作时长、工作强度、工作安全等指标不属于影响因素；而就业政策、就业能力等通过各主体自身作用，改变自身或其他主体的情况，从而使就业质量发生改变的因素属于影响因素。

其次，针对分类不合理、忽视层次的情况，本书以学生为中心，按照影响作用和辐射范围的不同，将大学生就业质量影响因素划为环境背景因素、外部主体因素和学生个体因素三个维度，并逐一构建影响因素模型。环境背景因素是指不由某一主体单独决定的、对大学生就业过程中的全部主体起到影响作用的因素。外部主体因素是指在大学生就业过程中，相对于学生而言以外的、并且能够通过自身主动行为影响学生的主体所产生的因素。学生个体因素是指学生在初次就业时，自身先天拥有或后天获取所具备的、对其初次就业产生影响的因素。

最后，本书在选取影响因素时，会考虑到不同研究存在的差异性，从而对现有文献中的影响因素进行增减调整。第一，统一命名表示具有相同或相似内涵，但变量名称不同的影响因素。第二，对类别层级较高、内涵较为丰富的直接因素进行适当拆分，将其细化为内涵更具体而精确的因素，并提取同样存在于其他学者研究中的拆分因素。第三，对间接因素进行适当地分类汇总，一方面避免因素出现繁多冗杂、内涵交叉的问题，另一方面减少在后续问卷设计中出现分值差异小和题目量过大的情况。第四，由于样本收集数量不同、调查对象不一致、研究内容集中于某一类或某几类因素等原因，在不同研究中会出现研究结论不一致的情况，因此对在不同文献中研究结论存在差异的因素进行评判，通过多组文献对比分析保留合理因素。第五，增加在实践中发现的因素，并积极寻找其文献来源。

基于以上原则，本书从环境背景、外部主体和学生个体三个维度，共计选取38个影响大学生就业质量的因素，并将各因素从 $F_1 \sim F_{38}$ 进行编号。大学生就业质量影响因素选取结果如表4-8所示。其中，文献来源只列出该因素的部分主要来源而不作详尽展示。

表4-8　大学生就业质量影响因素选取结果

编码	因素名称	视角	释义	文献来源
F_1	国际经济发展情况	环境背景	指全球经济的总体环境态势和发展运行趋势，包括处于稳定状态或遭受经济危机等	刘素华等，2007；Berglund，2014；Gallie et al.，2014
F_2	国内经济增长	环境背景	指国内经济的总体增长态势和发展运行趋势	刘婧等，2016；曹玉霞，2017
F_3	国内经济结构	环境背景	包括第一、二、三产业的比重情况，劳动密集型、技术密集型和资本密集型经济的发展情况等	赖德胜、石丹淅，2013；刘婧等，2016
F_4	毕业生供给与岗位需求数量	环境背景	指大学生总量及增长情况、就业岗位总量及增长情况以及二者在数量上的匹配程度	杨河清、李佳，2007；杨河，2012，邓玉喜，2014；张艳艳，2018
F_5	劳动力结构性匹配程度	环境背景	指大学生与就业岗位在专业、能力、工作内容、工作要求等方面的匹配程度	Freeman，1993；高玉萍、王生雨，2017
F_6	就业地区经济发展状况及潜力	环境背景	指就业地区的总体经济态势和发展运行趋势，包括城镇化水平、区域创新能力、经济结构等	李佩莹，2016；杨艳琳、翟超颖，2016；王阳，2018
F_7	就业地区教育质量	环境背景	反映就业地区的教育资源、教育投入及对教育的重视程度等	陈式座等，2016

续表

编码	因素名称	视角	释义	文献来源
F_8	就业地区升学难度	环境背景	反映由于教育不均衡、教育制度、招考差异等多方面原因,在子女高考时存在的不同地区高考难度、学校及专业选择范围不同的情况,间接影响大学生的就业质量	吴淼,2014
F_9	就业地区落户制度要求	环境背景	包括就业地区落户难度,以及落户的福利待遇等	曾湘泉,2004;赖德胜、石丹淅,2013
F_{10}	政府在社保、就业、教育方面的支出	外部主体	强调政府通过社保、就业、教育支出,对就业环境、企业及个人的影响效果	郭虎子、黎维锐,2010;黄亚玲,2016
F_{11}	政府对企业的税费征收	外部主体	考虑政府面向企业的税负负担对企业在员工支出方面的影响	黄亚玲,2016
F_{12}	政府就业政策	外部主体	包括转变就业观念、提升就业能力的供给型政策,提供就业激励的需求型政策和提供服务平台和就业指导的中介型政策	喻名峰,2012;尹若玙等,2016;支华炜,2016
F_{13}	扩招现象	外部主体	指政府扩招政策、高校扩大本科生和研究生招生规模的现象	郭虎子、黎维锐,2010;张常新,2016
F_{14}	毕业院校知名度	外部主体	涉及对学校综合排名、学科排名、知名度范围的考量,以及是否属于985院校、211院校或者"双一流"大学	周少斌,2008
F_{15}	毕业院校教学质量	外部主体	包括教学体系、师资力量、软硬件设施配备等	经晓峰,2013;田瑞松,2018
F_{16}	毕业院校培养计划	外部主体	包括专业设置、课程安排、实践教学等	李业昆、赵喜哲,2015;张郁萍,2017
F_{17}	毕业院校就业指导服务	外部主体	包括开设就业指导课程、开展就业讲座、提供职业生涯发展规划咨询服务等	曾湘泉,2004;刘轩,2016
F_{18}	毕业院校就业渠道推广	外部主体	包括组织校园招聘会、提供就业信息、通过校企合作扩大毕业生就业机会等	王广慧,2015;黄嘉欣等,2017
F_{19}	性别	学生个体	包括就业过程中设置准入门槛的性别歧视现象,以及因性别不同所造成的在就业机会、初始薪酬等方面的差距	国福丽,2007;李慧慧,2014
F_{20}	户籍所在地	学生个体	涉及非本地户籍的大学生在就业过程中遭受的不公平待遇,以及由于生源地不同所形成的就业满意度差异	刘红艳,2010;王霆,2015;卫铁林、史淑桃,2016
F_{21}	政治面貌	学生个体	主要指政治面貌为党员的情况下,对提升大学生就业质量起到的积极作用	张抗私、朱晨,2017;李善乐,2017
F_{22}	学历	学生个体	主要指本科、本科以下、硕士等学历差异对大学生就业质量的影响	肖吴,2015;马丛丛,2017

续表

编码	因素名称	视角	释义	文献来源
F_{23}	学习成绩	学生个体	指个人专业及综合成绩在年级或班级中的排名情况	岳德军、田远，2016；黄嘉欣等，2017
F_{24}	学术类奖励及荣誉	学生个体	包括获得奖学金和学术竞赛奖项、参加学术研讨和学术会议、参与科研项目和创新课题、发表学术论文、出版学术著作等	程春，2016；初国芳，2017
F_{25}	社团与实践活动	学生个体	包括任职学生干部、参与兴趣社团、获得技能类证书、参加实践类项目和创新创业竞赛、从事公益或志愿服务工作等	孙国敏，2016；王赫，2018
F_{26}	实习及基层工作经历	学生个体	包括参与同专业或职业生涯发展相关的实习、兼职及基层工作等	卿石松、曾湘泉，2009；王晓晶，2015
F_{27}	家庭社会关系与经济状况	学生个体	反映大学生父母的社会地位、人际关系、收入情况等	厉丹鸿、袁红清，2011；唐婷婷、刘立波，2016
F_{28}	父母文化程度与家庭教育	学生个体	反映大学生父母的学历学识水平、能力素质，以及对学生的教育培养情况	岳昌君、杨中超，2012；刘轩，2017
F_{29}	父母职业	学生个体	指大学生父母的专业及工作类型	高玉萍，2017；石红梅、丁煜，2017
F_{30}	人际交往状况	学生个体	指导师、朋友、校友及其他社会人士等在自身就业过程中的帮助与推荐	陈曦，2011；于苗苗等，2018
F_{31}	专业知识技能	学生个体	指大学生在专业领域所具备的能力	刘建明，2018
F_{32}	环境适应能力	学生个体	指大学生在初次就业入职后的环境适应与个人调整能力	柯羽，2010
F_{33}	求职应试能力	学生个体	求职过程中，在简历制作、笔试及面试方面取得突出表现的能力	黄炜、方玖胜，2010
F_{34}	情商及人际沟通	学生个体	指在认知与控制自身情绪、理解尊重他人、协调人际关系等方面的能力	张亚利，2004；姚艳虹、张晶，2010
F_{35}	职业发展规划与目标	学生个体	指对长期职业生涯发展和短期求职目标的决策，包括工作选择、职业期待、就业目的、单位性质取向、就业地取向等	张桂宁，2007；陈成文、胡桂英，2008
F_{36}	对就业环境的认知	学生个体	指对外部就业环境的判断，包括对总体就业形势、理想工作求职难度等方面的认知	岳德军、田远，2015
F_{37}	对本人情况的认知	学生个体	指对个人就业条件的自我判断，包括兴趣爱好、人际关系、专业成绩、个人能力等方面的认知	童辉杰等，2017；赵腾，2018
F_{38}	思想道德与职业素养	学生个体	指个人就业过程中体现的道德品质，包括诚信意识、正当竞争、忠诚度等	钟秋明、刘克利，2015

（二）大学生就业质量影响因素问卷调研

围绕大学生就业质量影响因素展开问卷设计，通过问卷调查法，反馈用人单位和学生对影响因素重要性的认知情况。

1. 问卷设计发放

调查问卷以文献研究提取的大学生就业质量影响因素为核心内容，在借鉴现有就业质量影响因素问卷的基础上，针对结构顺序、答题选项、用词语法等进行多次修改与调整，最终形成"大学生就业质量影响因素调查问卷"。问卷采用封闭式提问的方式了解研究对象信息，并针对不同填写主体，分别编制用人单位填写版本问卷（见附录1）及高校学生填写版本问卷（见附录2）。

用人单位填写版本问卷由两部分构成：第一部分是基本信息，用于了解用人单位及填写人员的基本情况，包括单位性质、规模、所在地和填写人员的职位、工作等。第二部分为用人单位对大学生就业质量影响因素的认知情况调查，通过五级量表法，由1~5设定分值，从弱到强依次表示该影响因素的重要程度。考虑到调查对象问卷填写的思路，问卷将学生个体因素置于最前，并对各因素的顺序进行调整，适当将某一维度的因素穿插于其他维度的因素之间，以保证问卷的逻辑性和填写的流畅度。此外，在题目中将部分因素的名称略作调整，如用因素的释义代替因素名称，或对因素名称进行同义替换等，以便调查对象更好地理解其含义。

高校学生填写版本问卷由五部分内容构成，充分考虑到已工作的毕业生、已签约的应届毕业生、尚未签约的应届毕业生和在读生四种类型的高校学生群体。第一部分是基本信息，用于了解调查对象的基本情况，包括性别、年龄、政治面貌、毕业院校、学历学位、主修专业、学习成绩、生源地，以及其学术、实践、实习经历情况等。第二部分内容针对毕业生初次就业的就业质量，主要由已工作的毕业生和已签约的毕业生填写，用于了解其第一份工作的总体状况。就业质量评价指标的选取基于对其理论与文献的梳理，包括年薪、工作时长、通勤时间、工作强度、工作挑战性、社会保障、企业性质、户口编制、就业地区等客观状况，以及个人主观上对工作的满意度。第三部分内容指向未就业学生对第一份工作的就业质量期望，主要由尚未签约的应届毕业生和在读生填写，具体问题涉及对以上除工作满意度外的全部就业质量指标的期望。第四部分和第五部分内容分别承接第二部分和第三部分，为对大学生就业质量影响因素的认知情况调查，调查内容和调查方法同用人单位填写版本的第二部分。

本问卷采取匿名调查的形式，面向用人单位管理者、大学生及在读生，通过互联网进行发放。共计回收问卷436份，包括用人单位167份，高校学生269份，其中筛选得到有效问卷共计395份，包括用人单位152份，高校学生243

份。在此基础上，对各类问卷展开信度检验以测定数据的可靠程度。经检测，用人单位填写版本问卷的 Cronbach 的 α 值为 0.852；高校学生填写版本问卷中，毕业生填写部分的 Cronbach 的 α 值为 0.830，在读生填写部分的 Cronbach 的 α 值为 0.769；全体调查对象关于大学生就业质量影响因素的认知情况调查的 Cronbach 的 α 值为 0.917。由于全部 Cronbach 的 α 值都满足大于 0.7 的标准，因此本书数据具有较高的信度。

2. 样本描述统计

基于对调查问卷样本整体的初步描述，按填写对象情况进行分类的统计结果如表 4-9 所示。在用人单位的 152 份问卷中，26 份来源于高层管理者，86 份源自中层管理者，其余 40 份由基层管理者填写；在高校学生的 243 份问卷中，已工作的毕业生和已签约的应届毕业生共计 139 人，尚未签约的应届毕业生和在读生共计 104 人。

表 4-9　调查问卷样本整体描述统计结果

调查对象	问卷数（份）	比重（%）
用人单位	**152**	**38.5**
高层管理者	26	6.6
中层管理者	86	21.8
基层管理者	40	10.1
高校学生	**243**	**61.5**
已工作的毕业生和已签约的应届毕业生	139	35.2
尚未签约的应届毕业生和在读生	104	26.3
总计	**395**	**100.0**

用人单位和高校学生的描述性统计结果分别见表 4-10 和表 4-11。在用人单位方面，问卷填写人员主要来自私有企业、国有企业和外资企业，其中私有企业占据绝大多数，而来自机关及事业单位的则相对较少；在单位规模上，100~500人的用人单位接近半数，其他规模的用人单位数量则较为平均；在单位所在地方面，几乎全部调查对象的用人单位都位于一线城市、新一线城市及二三线城市，且分布较为均匀，只有不足 5% 的用人单位坐落于其他城市或乡镇地区。而代表用人单位的调查对象中，1/3 从事人力资源工作，八成以上参与过高校学生的招聘工作。因此，调查对象从用人单位角度对大学生就业质量影响因素的认知水平是具有代表性的。

表 4-10　用人单位调查问卷样本描述统计性结果

特征	类别	比重（%）	特征	类别	比重（%）
单位性质	机关及事业单位	5.9	单位所在地	北上广深	38.8
	国有企业	17.1		新一线城市	24.3
	私有企业	64.5		二三线城市	32.9
	外资企业	11.8		其他	3.9
	其他	0.7	填写人员工作类型	人力资源工作	34.2
单位规模	100 人以下	19.1		非人力资源工作	65.8
	100~500 人	46.1	填写人员是否参与过高校学生招聘	是	84.9
	500~1000 人	17.8		否	15.1
	100 人以上	17.1			

表 4-11　高校学生调查问卷样本描述性统计结果

特征	类别	比重（%）	特征	类别	比重（%）
性别	男	40.3	生源户籍	北上广深	20.2
	女	59.7		新一线城市	9.1
年龄	22 岁以下	9.1		二三线城市	34.2
	23~26 岁	60.9		其他城市	20.6
	27~30 岁	24.7		乡镇	16.0
	31 岁以上	5.3	学术获奖经历	有	79.6
政治面貌	党员	51.0		获得奖学金	73.7
	非党员	49.0		发表学术论文	31.3
毕业院校	"985" 高校及海外高校	23.4		参加学术会议	22.2
	"211" 高校（非985高校）	57.2		参加学术类竞赛	18.9
	一本高校（非211高校）	13.2		出版学术著作	2.1
	其他高校	6.2		无	20.4
学历学位	本科	29.2	技能实践经历	有	93.0
	硕士	64.6		兴趣社团	67.5
	博士	4.1		学生干部	61.3
	其他	2.1		基层志愿服务	53.1
专业类型	经管类	48.1		技能证书	49.8
	人文类	33.3		实践类竞赛	29.6
	理工类	18.5		无	7.0

续表

特征	类别	比重（%）	特征	类别	比重（%）
成绩排名	前5%	23.0	专业实习	无	11.9
	5%~10%	21.8		1~2次	61.3
	10%~20%	17.7		3次以上	26.8
	20%~50%	22.6	非专业实习	无	35.4
	50%~80%	9.1		1~2次	53.9
	后20%	5.8		3次以上	10.7

高校学生方面，男女生比为 4∶6，基本符合高校男女比例特征。年龄集中于 23~30 岁，其中 23~26 岁的分布更为密集，由于该年龄段的群体多为应届生或工作年限相对较短的毕业生，因此年龄分布也较为合理。政治面貌上，党员占据总体的半数，非党员部分包括共青团员、民主党派和群众。调查对象普遍就读或毕业于一本高校，且研究生数量多于本科生数量；而在专业类型上，经管类也较多于人文类和理工类，这主要受到网络问卷发放的传播范围限制，但整体上可以接受上述差异。成绩排名和生源户籍地上，数量分布都相对均衡。在学术、实践与实习上，接近八成的调查对象有学术获奖经历，接近九成有专业实习经历，超过 90% 有技能培养与实践经历。其中，学术获奖经历主要涉及奖学金和发表学术论文，其他形式的经历相对较少；而实践类活动的参与则没有集中于某一形式，数值差异较小。此外，大部分同学在投入专业实习之余，还会选择参加非专业类实习，进一步了解各类工作内容。总体而言，有效问卷中对高校学生的调查，能够较好地反映学生角度下对大学生就业质量影响因素的认知状况。

综上所述，通过描述性统计分析，可以初步判定数据能够较好地反映各主体对大学生就业质量影响因素重要性的认知程度，为构建大学生就业质量影响因素模型提供良好的数据支持。

（三）构建大学生就业质量影响因素模型

在对样本进行信度检验和描述性统计分析的基础上，将利用用人单位和高校学生对影响因素的全部认知数据进行因子分析，分别建立环境背景、外部主体和学生个体三个维度的因素模型，最终构建大学生就业质量影响因素模型。

1. 环境背景要素模型结构

本书总结了 $F_1 \sim F_9$ 共计 9 个环境背景要素的子因素。利用 SPSS 软件，对以上因素进行因子分析，分析结果如表 4-12 所示。对环境背景要素模型 9 项因子进行信度检验，其 Cronbach 的 α 值为 0.868，证明数据具有较高的信度。因子的

KMO 度量值为 0.849，Bartlett 球形度检验通过显著性水平测试，证明因子分析的效度可行，选取因素适合展开因子分析。因子分析在抽取方法上采用主成分分析法，通过最大平衡值法，对因子载荷矩阵实施旋转。在满足初始特征值大于 1 的前提下，最终得到两个因子，二者累计解释了 62.726% 的方差。

表 4-12　环境背景要素因子分析结果

	因子成分	
	1	2
F₃ 国内经济结构	**0.857**	0.191
F₂ 国内经济增长	**0.832**	0.196
F₁ 国际经济发展情况	**0.781**	0.150
F₄ 毕业生供给与岗位需求数量	**0.647**	0.377
F₅ 劳动力结构性匹配程度	**0.644**	0.389
F₇ 就业地区教育质量	0.235	**0.787**
F₆ 就业地区经济发展状况及潜力	0.240	**0.749**
F₈ 就业地区升学难度	0.268	**0.737**
F₉ 就业地区落户制度要求	0.132	**0.677**
Cronbach 的 α 值	**0.858**	**0.777**
	0.868	
初始特征值	4.432	1.213
方差解释率（%）	49.245	13.480
累计方差解释率（%）	49.245	62.726
KMO 度量值	**0.849**	
Bartlett 球形度检验	1620.711	
显著性	**0.000**	

国内经济结构（F_3）、国内经济增长（F_2）、国际经济发展情况（F_1）、毕业生供给与岗位需求数量（F_4）和劳动力结构性匹配程度（F_5）在因子 1 上有较高的载荷系数，因此将以上因素归类，并命名因子 1 为社会经济环境背景，编号 V_{11}；就业地区教育质量（F_7）、就业地区经济发展状况及潜力（F_6）、就业地区升学难度（F_8）和就业地区落户制度要求（F_9）在因子 2 上有较高的载荷系数，因此将以上因素归类为就业地区环境背景，编号 V_{12}。

最后，分别对构成社会经济环境背景（V_{11}）和就业地区环境背景（V_{12}）的内部各因子成分进行信度检验,经分析得到 Cronbach 的 α 值分别为 0.858 和 0.777,证明两个新因子的信度较高,可以构成环境背景要素模型。

2. 外部主体要素模型结构

本书总结了 $F_{10} \sim F_{18}$ 共计 9 个外部主体要素的子因素。利用 SPSS 软件,对以上因素进行因子分析,分析结果如表 4-13 所示。对外部主体要素模型 9 项因子进行信度检验,其 Cronbach 的 α 值为 0.830,证明数据信度较高。因子的 KMO 度量值为 0.844,Bartlett 球形度检验通过显著性水平测试,证明因子分析的效度可行,以上因素适合展开因子分析。因子分析在抽取方法上采用主成分分析法,通过最大平衡值法,对因子载荷矩阵实施旋转。在满足初始特征值大于 1 的前提下,最终得到两个因子,二者累计解释了 57.897% 的方差。

表 4-13　外部主体要素因子分析结果

	因子成分	
	1	2
F_{11} 政府对企业的税费征收	**0.845**	0.041
F_{10} 政府在社保、就业、教育方面的支出	**0.824**	0.217
F_{12} 政府就业政策	**0.795**	0.224
F_{13} 扩招现象	**0.612**	0.332
F_{18} 毕业院校就业渠道推广	0.201	**0.731**
F_{15} 毕业院校教学质量	0.194	**0.717**
F_{17} 毕业院校就业指导服务	0.278	**0.705**
F_{16} 毕业院校培养计划	0.294	**0.661**
F_{14} 毕业院校知名度	-0.009	**0.613**
Cronbach 的 α 值	**0.814**	**0.759**
	0.830	
初始特征值	3.873	1.338
方差解释率(%)	43.033	14.863
累计方差解释率(%)	43.033	57.897
KMO 度量值	**0.844**	
Bartlett 球形度检验	1170.847	
显著性	**0.000**	

政府对企业的税费征收(F_{11}),政府在社保、就业、教育方面的支出

（F_{10}），政府就业政策（F_{12}）和扩招现象（F_{13}）在因子1上有较高的载荷系数，因此将以上因素归类，并命名因子1为政府主体，编号 V_{21}；毕业院校就业渠道推广（F_{18}）、毕业院校教学质量（F_{15}）、毕业院校就业指导服务（F_{17}）、毕业院校培养计划（F_{16}）和毕业院校知名度（F_{14}）在因子2上有较高的载荷系数，因此将以上因素归类为高校主体，编号 V_{22}。

最后，分别对构成政府主体（V_{21}）和高校主体（V_{22}）的内部各因子成分进行信度检验，经分析得到 Cronbach 的 α 值分别为 0.814 和 0.759，证明两个新因子的信度较高，可以构成外部主体要素模型。

3. 学生个体要素模型结构

本书总结了 F_{19}~F_{38} 共计 20 个学生个体要素的子因素。利用 SPSS 软件，对以上因素展开因子分析，分析结果如表4-14所示。在对学生个体要素模型 20 项因子的信度检验上，其 Cronbach 的 α 值为 0.817，证明数据信度较高。因子的 KMO 度量值为 0.816，Bartlett 球形度检验通过显著性水平测试，证明因子分析的效度可行，以上因素适合展开因子分析。因子分析在抽取方法上采用主成分分析法，通过最大平衡值法，对因子载荷矩阵实施旋转。在满足初始特征值大于 1 的前提下，最终得到 5 个因子，累计方差解释率为 59.574%。

表4-14　学生个体要素因子分析结果

	因子成分				
	1	2	3	4	5
F_{36} 对就业环境的认知	**0.828**	−0.019	0.143	0.099	0.117
F_{35} 职业发展规划与目标	**0.789**	0.065	0.135	0.146	0.080
F_{38} 思想道德与职业素养	**0.705**	−0.054	0.291	0.078	−0.167
F_{37} 对本人情况的认知	**0.664**	0.031	−0.054	0.318	0.044
F_{29} 父母职业	−0.079	**0.885**	−0.008	0.072	0.176
F_{28} 父母文化程度与家庭教育	0.040	**0.859**	0.073	0.011	0.151
F_{27} 家庭社会关系与经济状况	0.037	**0.755**	0.057	−0.022	0.124
F_{24} 学术类奖励及荣誉	−0.017	0.139	**0.792**	0.148	0.142
F_{25} 社团与实践活动	0.276	0.101	**0.700**	0.117	−0.219
F_{23} 学习成绩	0.093	0.064	**0.620**	0.145	0.143
F_{26} 实习及基层工作经历	0.227	−0.070	**0.583**	0.157	0.005
F_{34} 情商及人际沟通	0.335	0.022	0.100	**0.670**	−0.131
F_{31} 专业知识技能	0.090	0.066	0.387	**0.604**	−0.074

续表

	因子成分				
	1	2	3	4	5
F_{33} 求职应试能力	0.173	−0.060	0.139	**0.603**	0.311
F_{22} 学历	0.059	0.008	−0.003	**0.595**	0.437
F_{30} 人际交往状况	0.065	0.479	0.156	**0.507**	0.037
F_{32} 环境适应能力	0.432	0.060	0.199	**0.492**	−0.251
F_{21} 政治面貌	0.030	0.093	−0.095	0.111	**0.717**
F_{19} 性别	−0.016	0.293	0.147	−0.041	**0.702**
F_{20} 户籍所在地	0.010	0.327	0.461	−0.124	**0.510**
Cronbach 的 α 值	**0.791**	**0.836**	**0.708**	**0.715**	**0.622**
	0.817				
初始特征值	4.784	3.025	1.559	1.349	1.198
方差解释率（%）	23.919	15.123	7.794	6.745	5.992
累计方差解释率（%）	23.919	39.042	46.836	53.581	59.574
KMO 度量值	**0.816**				
Bartlett 球形度检验	2618.386				
显著性	**0.000**				

对就业环境的认知（F_{36}）、职业发展规划与目标（F_{35}）、思想道德与职业素养（F_{38}）和对本人情况的认知（F_{37}）在因子 1 上有较高的载荷系数，因此将以上因素归类，并命名因子 1 为就业观念，编号 V_{31}；父母职业（F_{29}）、父母文化程度与家庭教育（F_{28}）和家庭社会关系与经济状况（F_{27}）在因子 2 上有较高的载荷系数，因此将以上因素归类为家庭情况，编号 V_{32}；学术类奖励及荣誉（F_{24}）、社团与实践活动（F_{25}）、学习成绩（F_{23}）和实习及基层工作经历（F_{26}）在因子 3 上的载荷系数较高，因此将以上因素归类至因子 3，并命名为学术实践，编号 V_{33}；情商及人际沟通（F_{34}）、专业知识技能（F_{31}）、求职应试能力（F_{33}）、学历（F_{22}）、人际交往状况（F_{30}）和环境适应能力（F_{32}）在因子 4 上的载荷系数较高，因此将因子 4 命名为综合能力，编号为 V_{34}；政治面貌（F_{21}）、性别（F_{19}）和户籍所在地（F_{20}）在因子 5 上具有较高的载荷系数，因此命名因子 5 为身份信息，编号为 V_{35}。

最后，分别对构成就业观念（V_{31}）、家庭情况（V_{32}）、学术实践（V_{33}）、综合能力（V_{34}）和身份信息（V_{35}）的内部各因子成分进行信度检验，经分析得到

Cronbach 的 α 值分别为 0.791、0.836、0.708、0.715 和 0.622，证明 5 个新因子的信度满足大于 0.6 的标准要求，可以构成学生个体要素模型。

4. 大学生就业质量影响因素模型

通过上述对环境背景、外部主体和学生个体三维度各个因素的因子分析，构建形成大学生就业质量影响因素的模型结构，如图 4-4 所示。

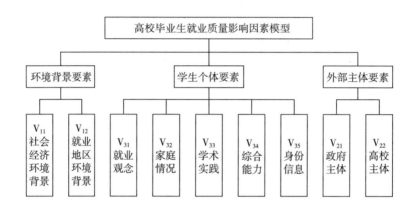

图 4-4　大学生就业质量影响因素模型

四、大学生慢就业选择意愿的原因分析[①]

（一）大学生"慢就业"群体现象的现实状况

大学生就业问题关系着社会经济和高等教育的高质量发展，近年来出现的大学生"慢就业"现象受到了社会的广泛关注。大学生"慢就业"，是指毕业后的大学生既没有立即选择进入职业生涯，也没有立即选择进一步的学业生涯，而是做出其他非就业非升学的选择，如支教、游学、备考或者待在家里等（马力、邓阳，2019；张莎，2021；修新路，2022）。我国大学生的"慢就业"不是高中教育和大学教育之间的休息，而是在最高学历教育和首次就业之间的徘徊，主要体现在首次就业时间的推迟和整个就业过程的推迟（宋健等，2021）。随着高校毕业生数量逐年增多，就业形势日益严峻，大学生所承受的就业压力也越来越大，为缓解就业压力，部分大学生选择了"慢就业"甚至"不就业"（唐蕾、孙配贞，2021）。据智联招聘发布的《2022 大学生就业分析报告》显示，15.9% 的大

---

① 本节部分内容原载于 Personality and Social Psychology, A Section of the Journal Frontiers in Psychology, 2022 (13)。

学生毕业后选择"慢就业"，相比以往，选择"慢就业"的大学生总量与比率都在升高。由此可见，大学生"慢就业"逐渐由个体现象发展成为越来越普遍的群体现象，持续的结构性矛盾和新冠肺炎疫情等不确定因素更是加剧了这种现象，使大学生实现更充分更高质量就业面临较大挑战（曾湘泉，2020）。此外，长时间的"慢就业"会让一些高校毕业生习惯不就业的状态，降低大学生的就业积极性，从而增加转变为消极的"懒就业"或者长期拖延就业的可能性（王琦，2020）。为了应对大学生就业的严峻形势，国家把"稳就业"放在更加突出的位置，出台了各种扶持政策，高校和社会也积极为毕业生就业创造条件。然而，"慢就业"现象的蔓延阻碍了整体就业的进程，也加剧了劳动力市场的供需矛盾，造成人才浪费，影响人才的价值观，对高校、家庭和个人都有一定的不利影响（王英权，2021；徐丽，2021）。无论是从个人角度还是从国家角度，如何降低大学生"慢就业"的意愿来缓解"慢就业"的群体现象，成为一个值得关注的研究问题。

当代大学生的生活状况和就业价值观发生了较大变化，这是"慢就业"的主要原因（曾湘泉，2021）。就业价值观是指面临就业时对工作特质或属性所表现出的看法以及行为倾向（潘文庆，2014；许涛，2019）。在中国现实情境下，不确定的就业环境和集体主义价值观促使职业求稳、向体制内卷的就业价值观广泛形成（刘成斌、张晏郡，2021），在很大程度上影响了大学生就业选择和就业行为的时间与空间（蒋利平，2020），这些就业选择的变化显示出大学生规避风险倾向的趋势上升（李春玲，2020），建立正确的工作选择观念和就业价值观是缓解"慢就业"现象的有效途径。那么，大学生的就业价值观对"慢就业"选择意愿有怎样的影响？通过什么样的机制来影响？从就业价值观角度，大学生如何调整价值取向，适应新的就业环境？高校、家庭、社会等应该从哪些方面为大学生提供帮助以控制"慢就业"现象的继续扩散？针对这些问题，目前尚没有系统明确的研究。基于此，本书运用自我验证理论（Self-verification Theory）探讨了就业价值观对"慢就业"选择意愿的影响，借鉴现有文献和情感信息理论（The Feelings-as-information Theory），以就业焦虑为中介变量，探讨就业价值观与"慢就业"选择意愿之间的中介机制，并对社会支持的调节作用进行了分析。

本节的研究有三个理论意义：首先，本节从大学生行为心理学的角度探讨了就业价值观与"慢就业"选择意愿之间的影响机制，补充了从个体心理角度对"慢就业"的具体研究。其次，本节将就业价值观分为就业长期收益取向、就业短期收益取向和就业成本规避取向，拓展了就业价值观的维度，使就业价值观的维度研究更加具体。最后，社会支持的调节作用表明，社会支持理论的应用可能因不同情境而异，在就业情境下，高水平的社会支持并不会缓解就业焦虑，这对社会支持理论的适用范围进行了一定的探索。本节研究的现实意义在于启示我们可以通过调整大学生的就业价值观和就业焦虑，以降低其选择"慢就业"的意愿，从而实现更充分就业。此外，本节也提出了鼓励家庭、高校和社会为大学生提供适当的支持，以缓解就业缓慢的现象。

（二）大学生"慢就业"选择意愿的理论模型

大学生就业价值观与就业意愿、毕业去向等有着重要联系，是就业相关研究中的热点。大学生的就业价值观随时代变迁发生了变化，显示出鲜明的时代特征（王丹丹，2021）。20世纪七八十年代的大学生对工作稳定性、薪酬福利等传统因素更加关注（郭建锋、刘启辉，2005）；90年代的大学生在就业时比较重视个人兴趣之类的因素，对收入和福利等传统因素关注较少，他们通常更喜欢附近的城市，重视价值稳定，不愿冒险（Chang，2013）。"95后"求职准备越来越充分，求职意向更加突出自我，求职目标趋向多元化。但有些"95后"的就业价值观也存在一些问题：自我意识太过强烈，就业心态存在矛盾，奉献和服务意识淡化（肖亚鑫、张立生，2019）。受疫情等不确定因素影响，大学生为了规避风险倾向于做出更为保守的就业决策或者选择"慢就业"，其就业价值观具有明显向体制内卷的特征，表现为工作稳定性的重要程度提升，单位选择中对体制内工作的倾向性增大（刘成斌、张晏郡，2021）。就业价值观作为一种重要的内在因素，对大学生就业质量（钟秋明、刘克利，2015）、就业焦虑（王天营等，2014）、初次就业结果（殷琼、樊亚利，2015）、工作满意度和职业发展（Yarbrough，2016）、职业决策自我效能（Doo，2019；Kamaruddin，2021）等有显著影响。当下许多大学生的就业价值观表现出自主化、现实化的特征，就业期望值较高，导致就业满意度下降，因此引导建立科学的就业价值观要加强职业理想教育和就业指导教育（谭军华、冯丽霞，2017）。大学生就业价值观教育的目标达成需要高校、家庭、政府等多个教育主体的共同努力，需要不同方式协同作用，促进就业价值观教育与整体教育系统的融合（曲玉柱，2015）。以往研究充分说明了就业价值观对大学生就业问题的重要性，凸显了就业价值观在就业研究领域的学术价值（庞飞，2016）。在如今大学生就业总量压力大、供需结构不匹配、外部环境冲击等就业问题层出的情况下，对就业价值观的深入研究也具有重要的实践意义。

现有研究将"慢就业"分为积极"慢就业"和消极"慢就业"。积极"慢就业"强调主动性，这意味着毕业生对自己有明确的认识，有目标，并在毕业后利用一段时间学习、提高技能，为未来的就业做好准备；消极"慢就业"是指毕业生由于职业规划不明确、技能不足以及没有就业意愿而暂时失业（修新路、徐馨，2022；徐丽，2021）。国内学者们对大学生"慢就业"的研究主要集中在成因与对策两方面。大学生正处在职业探索时期，对就业既有憧憬又有彷徨，"慢就业"现象随之产生，其主要原因是市场人才供需失衡、大学生对职业的理想认知改变以及就业工作服务有效供给不足（蒋利平、刘宇文，2020）。综合来看，"慢就业"现象的成因是多维度的，不仅涉及个人和家庭层面，还涉及高校和社会层面。受疫情影响，就业需求缩减，扩大就业需求总量以实现供需平衡是缓解"慢就业"现象的有效措施（刘宇文，2019）。传统和现代就业价值观的冲突是"慢就业"个体方面的重要原因之一（高海燕，2021），因此改善"慢就业"现象需要有效转变大学毕业生的就业观念，使大学生主动适应新的就业业态（马力、邓阳，2019）。此外，对积极和消极"慢就业"这两类大学生应该实行不同引导，结合现实情况提供有效指导和服务，并联合个人、家庭、高校、社会的多方力量提升大学生就业质量（郑东、潘聪聪，2019）。

综合来看，针对"慢就业"的现有研究主要是从总体角度分析"慢就业"的现状、成因，并提出相应对策，但缺乏从个体角度分析大学生选择"慢就业"的主观原因以及这些主观原因如何影响"慢就业"选择意愿。大学生就业相关研究领域中不乏探讨就业价值观对就业的影响研究，但随着时代的发展，目前大学生的就业价值观呈现多元化特点，并表现出新的时代特征，而"慢就业"成为大学生毕业后除就业、升学外的另一种选择，大学生自身的就业价值观成为"慢就业"的重要影响因素之一（张玉胜，2020）。霍夫斯泰德（2011）将文化价值观的一个维度划分为长期和短期取向。长期取向的文化关注未来，短期取向的文化更倾向于考虑过去和现在。Pan（2014）将就业价值分为就业收益和成本。基于潘文庆（2014）的研究，本书引入了长期和短期取向，将就业价值观分为就业长期收益、就业短期收益和就业成本规避取向。自我验证理论（Self-verification Theory）认为，为了保持自我一致性，个人更喜欢与自我概念一致的信息（Booth et al.，2020）。为了实现长期收益，倾向于就业长期收益取向的大学生可能会在短期内提高自己或花更多的时间规划自己的职业，选择"慢就业"的可能性较大。倾向于短期就业收益的大学生更可能选择直接就业，以快速实现短期收益。如果大学生愿意为就业花费时间和金钱，并支付其他成本，他们会有更高的就业意愿，那么选择"慢就业"的意愿会更低。故本书结合研究文献和实际情况提出以下假设：

H1：就业价值观显著影响"慢就业"选择意愿。

H1a：就业长期收益取向显著正向影响"慢就业"选择意愿；

H1b：就业短期收益取向显著负向影响"慢就业"选择意愿；

H1c：就业成本规避取向显著正向影响"慢就业"选择意愿。

就业焦虑是指大学生面临择业、就业情景时，由于无法达到就业目标或就业期望而产生的一种不愉快的、痛苦的情绪状态，如紧张、急躁不安等（陈维、黄梅等，2020），它也是一种状态性的焦虑（Vignoli，2015）。在竞争激烈的就业环境中，大学生就业焦虑程度的强弱与就业价值观密切相关（宁敏，2012）。由于大学生的社会实践经历较少，毕业时部分学生抱着理想主义心态，现实与理想的差距会导致心理冲突加剧，产生就业焦虑，而那些短期目标明确、注重现实的大学生则会有更加积极的应对方式，从而就业焦虑水平较低（梁晓燕、梁栋青，2012）。面临就业越焦虑的大学生，在高水平就业焦虑下越无法充分准备就业，为了减轻焦虑，会减少职业探索的频率，则更可能会选择"慢就业"（Vignoli，2005）；反之，准备越充分、目标越明确、对就业越有自信的大学生越不焦虑，选择"慢就业"的可能性也就越小。故本书结合研究文献和实际情况提出如下假设：

H2：就业焦虑在就业价值观对"慢就业"选择意愿的影响中起中介作用。

H2a：就业焦虑在就业长期收益取向对"慢就业"选择意愿的影响中起中介作用；

H2b：就业焦虑在就业短期收益取向对"慢就业"选择意愿的影响中起中介作用；

H2c：就业焦虑在就业成本规避取向对"慢就业"选择意愿的影响中起中介作用。

社会支持指的是父母、老师、亲戚、朋友、同学等提供的支持，包括物质支持和精神支持（陈建、赵轶然等，2018）。社会支持的主效应模型认为，无论个人目前的社会支持水平如何，只要社会支持增加，个人的心理健康就会得到改善（Cohen & Wills，1985）。社会支持的缓冲模型认为，社会支持对个人有保护作用，通常是消极情绪的缓冲器，特别是在外部压力条件下，社会支持可以缓冲压力事件对个体身心健康的负面影响（Klineberg et al.，2006）。焦虑的社会支持理论认为，当个人遇到困难和挫折时，有效的社会支持系统可以改善个人心理健康，减少焦虑、抑郁和其他不良情绪的体验（Porter & Chambless，2017）。现实生活中的社会支持与减少抑郁、焦虑和社会孤立有显著关系（Meshi，2021）；家庭支持和同伴支持能够有效降低焦虑（Jones，2018）。就业社会支持与就业焦虑呈现负相关关系（陈维、黄梅，2020），当大学生面临就业问题时，缺乏就业支持是产生焦虑的主要原因之一（张玉柱、陈中永，2006），主动向父母、老师、朋友等寻求帮助和支持是减轻就业压力的有效途径，也能够缓解就业压力所带来的负面情绪（吴文峰、卢永彪，2013）。大学生所获得的社会支持越多，在处理就业问题时就越会沉着冷静面对以寻求解决之法，也就越能阻止就业焦虑的产生。从理论和文献的角度来看，不同社会支持水平下，就业价值观与就业焦虑的关系可能不同，就业焦虑的中介作用也可能发生变化。故本书结合研究文献和实际情况提出如下假设：

H3：社会支持调节就业价值观对就业焦虑的影响。

H3a：社会支持调节就业长期收益取向对就业焦虑的影响；

H3b：社会支持调节就业短期收益取向对就业焦虑的影响；

H3c：社会支持调节就业成本规避取向对就业焦虑的影响。

H4：社会支持调节就业焦虑的中介作用。

H4a：社会支持调节就业焦虑对就业长期收益取向和"慢就业"选择意愿的中介作用；

H4b：社会支持调节就业焦虑对就业短期收益取向和"慢就业"选择意愿的中介作用；

H4c：社会支持调节就业焦虑对就业成本规避取向和"慢就业"选择意愿的中介作用。

综上所述，本节构建了一个有调节的中介模型，该模型呈现了就业价值观、就业焦虑、社会支持、"慢就业"选择意愿之间的关系，理论模型如图4-5所示。

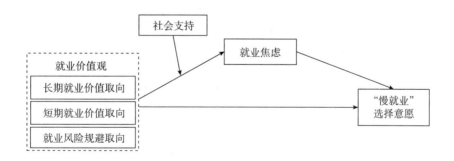

图4-5 大学生"慢就业"选择意愿的理论模型

（三）大学生"慢就业"选择意愿的实证研究

1. 调研数据

笔者对北京市海淀区和昌平区的大学生进行了问卷调查。参与者可以选择纸质问卷或在线问卷。共发放问卷 747 份，有效问卷 638 份，有效回收率 85.41%。其中，按性别分，男生 298 人，女生 340 人；按年级分，大一 103 人，大二 255 人，大三 185 人，大四 95 人；按学校类型分，985 高校 61 人，211 高校（非 985）179 人，普通一本 137 人，二本 169 人，其他 92 人；按专业类别分，理工类 138 人，经管类 277 人，人文类 144 人，其他 79 人。

2. 研究量表

（1）就业价值观量表。就业价值观共分为三个就业价值取向，即就业长期收益取向、就业短期收益取向、就业成本规避取向。参考潘文庆（2014）就业价值观的测量内容，就业长期收益取向的测量包括工作—生活平衡、工作稳定性、发展空间、专业对口、兴趣爱好；就业短期收益取向包括起薪福利、工作环境、工作地点、单位性质、解决户口；就业成本规避取向利用愿意付出的就业成本的反向意愿来测量，包括就业时间和金钱两方面的规避。所有题项均采取 7 分量表，均值反映各取向的倾向程度。本节中该量表的 Cronbach's α 系数为 0.821。

（2）"慢就业"选择意愿量表。根据"慢就业"的定义，设计 8 个题项，包括"慢就业"选择总体意愿以及拥有自由时间、游学、参加培训、支教、准备创业、备考、为"慢就业"花费时间、精力和金钱等方面的意愿，采取 7 分量表，其均值反映"慢就业"选择意愿的强度，值越大"慢就业"选择意愿越大。本节中该量表的 Cronbach's α 系数为 0.899。

（3）就业焦虑量表。采用张玉柱、姚德雯（2011）的就业焦虑量表，共计 24 个题项，每个题项描述了一种就业焦虑的状态，被调查大学生根据实际情况选择符合描述的程度，采用 5 分量表，其均值反映大学生就业焦虑的程度，值越大表明焦虑程度越高。本节该量表的 Cronbach's α 系数为 0.974。

（4）社会支持量表。参考李志勇、吴明证（2010）在肖水源社会支持量表的基础上修改的量表，共计 10 个题项，根据肖水源计分规则统计总分，其总分反映社会支持的水平，总分越大社会支持水平越高。本节该量表的 Cronbach's α 系数为 0.678。

3. 分析工具

首先，在量表信度检验后，采用 Mplus 对量表进行验证性因子分析（CFA）。其次，使用 SPPS26.0 软件检验共同方法偏差，并描述性统计和相关分析。最后，利用 Hayes 开发的 PROCESS 宏程序验证假设。

4. 实证研究结果

（1）验证性因子分析。采用 Mplus 对量表进行验证性因子分析（CFA），如表 4-15 所示，相比其他组合因子模型，修正后的六因子模型拟合效果最佳，$\chi^2/$

df = 2. 248 < 3，CFI = 0. 913 > 0. 9，TLI = 0. 908 > 0. 9，RMSEA = 0. 044 < 0. 05，SRMR = 0. 053<0. 08，各指标也表明具有较好的区分效度，六个因子的代表性良好。

表 4-15　验证性因子分析

模型	χ^2	df	χ^2/df	CFI	TLI	RMSEA	SRMR
六因子	3414. 864	1519	2. 248	0. 913	0. 908	0. 044	0. 053
五因子	4491. 765	1529	2. 938	0. 864	0. 858	0. 055	0. 093
四因子	4813. 329	1533	3. 140	0. 849	0. 843	0. 058	0. 102
三因子	5333. 926	1536	3. 473	0. 825	0. 818	0. 062	0. 082
两因子	8083. 990	1538	5. 256	0. 699	0. 687	0. 082	0. 101
单因子	9988. 728	1539	6. 490	0. 611	0. 597	0. 093	0. 111

注：六因子模型：就业长期收益取向、就业短期收益取向、就业成本规避取向、就业焦虑、社会支持、"慢就业"选择意愿；五因子模型：（就业长期收益取向+就业短期收益取向）、就业成本规避取向、就业焦虑、社会支持、"慢就业"选择意愿；四因子模型：（就业长期收益取向+就业短期收益取向+就业成本规避取向）、就业焦虑、社会支持、"慢就业"选择意愿；三因子模型：（就业长期收益取向+就业短期收益取向+就业成本规避取向）、（就业焦虑+社会支持）、"慢就业"选择意愿；两因子模型：（就业长期收益取向+就业短期收益取向+就业成本规避取向）、（就业焦虑+社会支持+"慢就业"选择意愿）；单因子模型：所有变量合成一个因子。

（2）共同方法偏差检验。为检验共同方法偏差程度，利用 Harman 单因素检验，根据未旋转因子分析结果，第一个因子变异解释量为 29. 899%，该值小于 40%，可知不存在某一因子能够解释大部分变异，共同方法偏差并不严重。

（3）描述性统计及相关分析。描述性统计及相关分析结果如表 4-16 所示，可以看到就业长期收益取向、就业成本规避取向都与就业焦虑、"慢就业"选择意愿呈显著正相关关系；就业短期收益取向与就业焦虑呈不显著负相关关系，与"慢就业"选择意愿呈显著负相关关系；就业焦虑与"慢就业"选择意愿呈显著正相关关系，基本符合所提出的假设。

（4）有调节的中介模型检验。首先，采用 PROCESS 宏程序中提供的 Model4，控制性别、年级、学校类型和专业类别对就业焦虑的中介效应进行检验。结果如表 4-17 所示，就业长期收益取向显著预测"慢就业"选择意愿（β=0. 30，p<0. 01）和就业焦虑（β=0. 10，p<0. 05），就业焦虑显著预测"慢就业"选择意愿（β=0. 29，p<0. 01），依据 Bootstrap 法进一步发现，就业焦虑在就业长期收益取向与"慢就业"选择意愿之间起部分中介作用，ab=0. 03，SE 为 0. 01，90%的置信区间为 [0. 01，0. 05]，中介效应占总效应的 10. 00%。就业短期收益

表 4-16 各变量的描述性统计及相关分析

变量	M±SD	1	2	3	4	5	6	7	8	9	10
1. 性别	1.53±0.50	1									
2. 年级	2.43±0.93	0.031	1								
3. 学校	2.92±1.23	0.076*	0.047	1							
4. 专业	2.26±0.93	-0.011	-0.112***	-0.091**	1						
5. 就业长期收益取向	5.24±0.93	-0.030	-0.041	0.069*	-0.046	1					
6. 就业短期收益取向	5.07±1.11	0.035	0.025	0.147***	0.141***	0.507***	1				
7. 就业成本规避取向	2.69±1.03	-0.074*	-0.007	0.256***	0.146***	0.001	0.220***	1			
8. 就业焦虑	3.07±0.90	-0.054	-0.034	-0.068*	0.133***	0.093**	-0.053	0.211***	1		
9. 社会支持	35.2±5.74	-0.004	-0.006	0.067*	-0.063	0.015	0.031	0.143***	0.506***	1	
10. "慢就业"选择意愿	4.54±1.40	0.126***	-0.088**	0.266***	0.192***	0.277***	0.275***	0.472***	0.358***	0.120***	1

注：* 表示 $p<0.1$，** 表示 $p<0.05$，*** 表示 $p<0.01$。

表4-17 中介效应检验结果

	"慢就业"选择意愿		就业焦虑		"慢就业"选择意愿	
	β	t	β	t	β	t
性别	-0.09	-2.62***	-0.04	-1.13	-0.08	-2.38**
年级	-0.04	-1.14	-0.01	-0.29	-0.04	-1.11
学校	-0.26	-7.28***	-0.06	-1.51	-0.24	-7.15***
专业	0.18	4.89***	0.13	3.30***	0.14	4.00***
就业长期收益取向	0.30	8.34***	0.10	2.6**	0.27	7.88***
就业焦虑					0.29	8.52***
R^2	0.20		0.03		0.28	
F	31.80***		4.40***		41.59***	
性别	-0.10	2.70***	-0.05	-1.19	-0.08	-2.43**
年级	-0.05	-1.49	-0.02	-0.41	-0.05	-1.43
学校	-0.21	-5.69***	-0.05	-1.23	-0.20	-5.60***
专业	0.13	3.61***	0.12	3.07***	0.10	2.71***
就业短期收益取向	-0.22	-5.92***	-0.03	-0.65	-0.21	-6.05***
就业焦虑					0.31	9.04***
R^2	0.16		0.02		0.26	
F	24.02***		3.13***		36.19***	
性别	-0.07	-1.97**	-0.04	-0.94	-0.06	-1.76*
年级	-0.05	-1.64	-0.02	-0.41	-0.05	-1.59
学校	-0.18	-5.47***	-0.04	-0.91	-0.17	-5.45***
专业	0.13	3.97***	0.12	2.98***	0.10	3.17***
就业成本规避取向	0.46	13.64***	0.13	3.25***	0.42	13.17***
就业焦虑					0.27	8.33***
R^2	0.31		0.04		0.38	
F	58.04***		5.20***		65.15***	

注：*表示$p<0.1$，**表示$p<0.05$，***表示$p<0.01$。

取向显著预测"慢就业"选择意愿（$β=-0.22$，$p<0.01$），但预测就业焦虑并不显著（$β=-0.03$，$p>0.1$），就业焦虑在就业短期收益取向与"慢就业"选择意愿之间的中介作用不显著（90%的置信区间为［-0.03，0.01］）。就业成本规避取向显著预测"慢就业"选择意愿（$β=0.46$，$p<0.01$）和就业焦虑（$β=0.13$，$p<0.01$），就业焦虑显著预测"慢就业"选择意愿（$β=0.27$，$p<0.01$），

依据 Bootstrap 法进一步发现，就业焦虑在就业成本规避取向与"慢就业"选择意愿之间起部分中介作用，ab＝0.04，SE 为 0.01，90％ 的置信区间为 ［0.02，0.06］，中介效应占总效应的 8.70％。假设 H1a、H1b、H1c、H2a、H2c 得到验证。

其次，采用 PROCESS 宏程序中提供的 Model7，控制性别、年级、学校类型和专业类别检验社会支持的调节效应。结果如表 4-18 所示，就业长期收益取向与社会支持的交互项显著正向预测就业焦虑（β＝0.06，p<0.1），就业短期收益取向与社会支持的交互项显著正向预测就业焦虑（β＝0.12，p<0.01），就业成本规避取向与社会支持的交互项负向预测就业焦虑（β＝-0.04，p>0.1），但并不显著。假设 H3a、H3b 得到验证。

表 4-18　调节效应检验结果

	就业焦虑	
	β	t
性别	0.06	-1.43
年级	-0.05	-0.49
学校	-0.03	-0.87
专业	0.10	3.04 ***
就业长期收益取向	0.11	3.17 ***
社会支持	-0.50	-14.78 ***
就业长期收益取向×社会支持	0.06	1.77 *
R^2	0.28	
F	35.83 ***	
性别	-0.05	-1.46
年级	-0.03	-0.84
学校	-0.02	-0.62
专业	0.10	2.89 ***
就业短期收益取向	-0.01	-0.43
社会支持	-0.51	-14.90 ***
就业短期收益取向×社会支持	0.12	3.29 ***
R^2	0.28	
F	35.51 ***	
性别	-0.04	-1.25

续表

	就业焦虑	
	β	t
年级	-0.02	-0.73
学校	0.01	-0.36
专业	0.09	2.52**
就业成本规避取向	0.10	2.99***
社会支持	-0.49	-14.56***
就业成本规避×社会支持	-0.04	-1.32
R^2	0.28	
F	35.37***	

注：**表示 $p<0.05$，***表示 $p<0.01$。

为了更好地解释本节中有调节的中介模型，将社会支持分为高分组（M+1SD）与低分组（M-1SD），对调节效应显著的两组关系进行简单斜率分析（见图4-6和图4-7）。图4-6显示，对于社会支持水平较高的大学生，就业长期收益取向与就业焦虑之间存在显著正相关；对于社会支持水平较低的大学生，他们之间的正相关关系不显著。图4-7显示，对于社会支持水平较低的大学生，就业短期收益取向对就业焦虑具有负向预测作用，但对于社会支持水平较高的大学生，就业短期收益取向对就业焦虑具有正向预测作用，且这两种预测都是显著的。

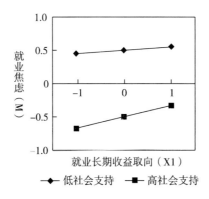

图4-6　社会支持调节（X1→M）

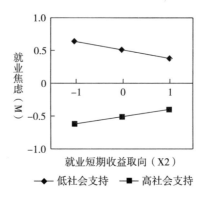

图 4-7 社会支持调节（X2 → M）

最后，进一步分析社会支持的调节作用发现（见表 4-19），社会支持对中介效应也有调节作用。在高社会支持水平下，就业焦虑在就业长期收益取向与"慢就业"选择意愿之间的中介效应显著，在低社会支持水平不显著。就业焦虑在就业短期收益取向与"慢就业"选择意愿之间的中介效应在高社会支持水平下不显著，在低社会支持水平下显著，且高、低社会支持下的中介效应差异明显。就业焦虑在就业成本规避取向与"慢就业"选择意愿的中介效应在高、低社会支持水平下均显著，但高社会支持水平下的中介效应更强。假设 H4a、H4b、H4c得到验证。

表 4-19 有调节的中介效应

	社会支持	间接效应	SE	BootLLCI	BootULCI
X1->M->Y	低	0.021	0.017	−0.005	0.052
	高	0.074**	0.028	0.029	0.121
X2->M->Y	低	−0.052**	0.017	−0.090	−0.021
	高	0.040	0.025	−0.009	0.088
X3->M->Y	低	0.031**	0.016	0.003	0.065
	高	0.058**	0.023	0.018	0.106

注：** 表示 p<0.05。

（四）就业价值观与大学生"慢就业"选择意愿

1. 就业长期收益取向与"慢就业"选择意愿

就业长期收益取向对"慢就业"选择意愿有显著的正向影响，就业焦虑起中介作用，而社会支持正调节就业长期收益取向对就业焦虑的正向影响。在追求个性和理想的摇篮里，部分注重就业长期收益的大学生可能希望在毕业后有一段时间规划职业生涯或提高就业竞争力，不着急立即就业，其"慢就业"选择意愿可能就会更高（蒋利平、刘宇文，2020）。还有部分注重就业长期收益的大学生可能由于不自信或面临毕业、就业而产生的迷茫，在日益严峻的就业形势下，容易引发更高的就业焦虑，增加了选择"慢就业"逃避就业来降低就业焦虑的可能性（李春玲，2020；夏春秋，2021）。之前的研究发现，社会支持有助于减少就业焦虑（吴文峰、卢永彪，2013；陈维等，2020）；然而，本书的结果与这些结论相矛盾。在高社会支持水平下，就业长期收益取向和就业焦虑之间表现出更强的正相关关系，这可能是因为在考虑就业长期收益时，拥有高水平社会支持的大学生实际上也承担了一定的隐形压力，从而容易产生相对较高的就业焦虑。此外，只有在社会支持水平较高的情况下，由于来自同龄人、家庭、学校和社会的压力较大，就业长期收益取向的大学生才会选择缓慢就业来缓解焦虑。这表明社会支持在就业情境下不能缓解就业焦虑，与之前的结论不同（Meshi，2021）。

2. 就业短期收益取向与"慢就业"选择意愿

由于注重短期收益的大学生在找工作的过程中就业焦虑的程度不仅受个人自身的影响，还受外部环境的影响，导致就业短期收益取向不足以显著影响就业焦虑（揭水平，2007）；也可能是因为部分注重就业短期收益的大学生只是想寻找一份工作，由于预期期望值较低，对就业质量的预期并不高，更注重实现就业这个结果，就业短期收益取向的增加也不会引起就业焦虑的显著降低（梁晓燕、梁栋青，2012）。之前的一些研究表明，社会支持有助于降低就业焦虑（陈维等，2020；吴文峰、卢永彪，2013），然而本节中对就业短期收益取向的大学生的研究结果却并不支持这一结论。在高水平的社会支持下，倾向于就业短期收益取向的大学生仍然存在较高的就业焦虑，这再次表明社会支持可能无法缓解就业焦虑。只有在社会支持水平较低的情况下，就业短期收益取向对就业焦虑具有显著的负向预测作用，短期就业收益取向对"慢就业"选择意愿的中介作用显著。当社会支持水平较低时，解决短期就业收入问题的大学生更有可能通过充分就业准备来避免就业焦虑（梁晓燕、梁栋青，2012）。由于低社会支持水平下显著的中介效应，大学生在获得较少社会支持时还可以通过采取自我调整降低就业焦虑来降低他们的"慢就业"选择意愿。

3. 就业成本规避取向与"慢就业"选择意愿

从直接效应来解释，非就业成本规避取向的大学生愿意为就业付出更多的金钱和时间以寻找满意的工作，意味着他们的就业意愿强于"慢就业"意愿，因此"慢就业"选择意愿较低（潘文庆，2014）。从中介效应来解释，非就业成本规避取向的大学生不仅愿意而且可能更有能力付出较高的金钱和时间为实现满意的就业做准备，因此，这部分大学生可能对自身所拥有的资源更为自信，从而就业焦虑相对较低（揭水平，2007）；而由于就业焦虑程度较低，这部分大学生更可能会积极地找工作以实现就业，其"慢就业"选择意愿便会相对较低（李春玲，2020）。就业成本规避取向对"慢就业"选择意愿的中介效应在高、低社会支持水平下均呈现显著效应，但在高社会支持水平下中介效应更强，因此倾向于就业成本规避的大学生有较高的就业焦虑，从而"慢就业"选择意愿高。这似乎与社会支持的缓冲效应和主要效应的结论仍然不一致（Cohen & Wills，1985；Klineberg et al.，2006），但我们认为这是由于大学生不同的就业价值观特征以及激烈竞争的就业环境造成的。

本节以就业价值观为切入点，研究大学生"慢就业"选择意愿，有助于丰富大学生就业价值观与"慢就业"的相关文献。大学生是就业研究的重点群体，大学生就业缓慢现象的蔓延，不利于实现更充分、更高质量的就业。然而，目前对"慢就业"的研究几乎都是从这一现象入手，探讨"慢就业"现象的各种原因和对策，从行为主体角度进行的具体研究并不完善。本节是对上述研究的补充，这些结论也可以为新冠肺炎疫情后大学生就业心理的研究提供理论支持。基于 Hofstede（2011）的长期和短期文化价值观以及潘文庆（2014）的就业收益和成本观，本书将就业价值观分为长期就业收益、短期就业收益和就业成本规避取向三个维度，拓展了就业价值观的维度，丰富了就业价值观的维度研究。本节中社会支持的调节作用不同于以往社会支持理论的一般结论，这说明社会支持理论在不同特征群体以及不同情境中的应用是不同的，这对社会支持的应用范围进行了一定的探索。本书的结果可以为大学生降低"慢就业"选择意愿从而实现更充分就业提供切实建议，同时也对家庭、高校、社会等力量缓解大学生"慢就业"现象提出了对策建议。

首先，应该引导建立良好就业价值观，就业长期和短期收益"两手抓"。在引导建立就业价值观时，不能一味强调发展空间、工作—生活平衡等精神方面的长期收益，应该帮助大学生清楚认知就业长期收益，引导大学生深思如何实现就业长期收益，制定一系列切实的实现计划。同时，还应引导大学生正确认识薪酬福利、工作环境等物质方面的就业短期收益，帮助大学生确立更加明确的就业短期目标，以激励大学生积极就业，实现充分就业。

其次，应该疏导大学生就业心理，分类引导大学生积极就业。对于注重就业长期收益的大学生，应该进行更多的沟通交流，帮助学生更快地做好职业规划，提高生涯适应力以降低就业焦虑，缩短"慢就业"的时间（舒晓丽等，2021）。对于注重就业短期收益的大学生，需要充分了解学生的就业需求和求职难点，定期跟进学生们的就业进展，并设立专门的求职咨询点，为大学生提供及时有效的就业指导和服务，帮助其解决就业困惑与就业难题。既不注重就业长期收益也不注重就业短期收益的大学生，说明对就业缺乏思考，对这类大学生应该鼓励其多参与就业相关的活动，了解自己的就业需求和就业市场情况，实现充分就业。而对这三类学生都需要提供充分的就业信息资源，高校应该利用互联网和自身优势尽可能为学生提供多层次、多类别的线上、线下就业资源，满足学生的多元化择业需求。

再次，高校应联合家庭、企业、政府和社会等多方力量整合就业资源，帮助大学生了解就业形势、关注就业动态、提升就业能力。高校可以多组织就业相关的交流活动，鼓励大学生们交流就业心得和就业技巧，增加大学生的就业自信。高校可以加强与企业之间的合作，增进大学生与企业在就业方面的互动，拓宽大学生就业渠道，提前培养大学生必要的实践技能，促进大学生充分就业。搭建家庭和高校之间的交流平台，为大学生的不同需求提供适当适时的帮助，解决其就业方面的精神和物质问题。

最后，高校、家庭和新闻媒体等各类主体也应共同营造良好的就业氛围，在给予大学生压力的同时也给予适当的鼓励和支持，减轻大学生的就业焦虑，不能放任因焦虑导致的"慢就业"想法滋生；调动大学生的就业积极性，帮助大学生脱离"慢就业"或是缩短"慢就业"的时间。

五、疫情突发对大学生就业舆情的影响

（一）疫情突发对大学生就业市场的影响

就业是民生之本，党的十九届四中全会提出"健全有利于更充分更高质量就业的促进机制，完善重点群体就业支持体系"，以高校毕业生为代表的青年群体一直以来都是各级政府部门关注的重点就业服务群体。应届毕业生不同于其他就业群体，其进入就业市场主要集中于春招、秋招两大时间段，而且受就业市场招聘需求波动影响较大，在就业市场上抗风险能力较弱，尤其是2020年受新冠肺炎疫情冲击，应届高校毕业生的就业压力在短期内表现得尤为明显，国家宏观政策目标也从"稳就业"调整为"保就业"。每一个应届毕业生的就业不只是劳动力市场中个体的就业问题，背后更涉及无数个家庭，事关经济发展和社会稳定。

早在2003年"非典"疫情暴发后，疫情对就业市场的冲击就引起了众多学者的关注。蔡昉和王美艳（2003）通过学术研究和社会调查重点强调了"非典"

对就业的冲击远大于对经济的影响，全面分析了"非典"疫情对就业市场的影响。但本次新冠肺炎疫情与"非典"相比有较大不同，在劳动力市场中突出表现为：第一，暴发时间特殊。本次疫情暴发时间处于春节时期，劳动力流动的规模与速度受到极大限制。第二，涉及规模极大。本次新冠肺炎疫情暴发后，原本受春节假日影响的企业复工更难，大学生因寒假影响活动范围受到很大限制，全国性复学延迟。第三，影响长期存在且不可估量。经济全球化的时代，各国之间的发展高度融合，全球范围内疫情形势较为严峻，甚至专家学者们普遍认为全世界不得不面对病毒将长期存在，常态防疫将改变人类以往的经济生活方式。这对于应届高校毕业生的就业形势和求职方式都造成了前所未有的冲击。

一方面，就业市场供给端不断增长的应届毕业生人数，教育部数据显示，2020 年全国普通高校毕业生 874 万人，比上一年增加 40 万人，加之超过 50 万的海外留学生，2020 年应届毕业生会超过 900 万人。考虑到经济下行压力和疫情的叠加影响，这类重点群体集中进入劳动力市场，其就业形势更加复杂严峻。

另一方面，就业市场需求端针对应届毕业生的招聘需求明显缩减。据 2020 年校园招聘相关报告，由于受到疫情影响，2020 年三四月的企业招聘黄金时期受到了部分冲击，43.9% 的企业 HR 表示疫情暴发后招聘规模不会变化，其余 38.8% 的企业会根据企业形势减小招聘规模，仅有 3.8% 的企业表示会扩大招聘规模。2020 年 4 月 22 日，中国人民大学中国就业研究所和智联招聘联合发布的《第一季度中国就业市场景气报告》进一步显示，受到新冠肺炎疫情突发事件冲击，中国就业市场景气指数陡然下降，第一季度招聘需求人数减少 22.61%，第二季度就业市场充满不确定性，加之疫情会影响部分企业导致生产经营困难，劳动力流动较少，就业市场本身也遭到较大冲击，就业需求在短期内面临减少的风险。

无论是全球的经济环境变化，还是就业市场受到的冲击，抑或是供给端和需求端的双重压力，都对应届毕业生这类重点群体的就业造成了较大影响。考虑到对于毕业生而言，"应届"毕业进入劳动力市场仍然是中国社会的普遍价值取向，部分省市的高校从 2020 年 1 月 23 日开始发布延迟开学通知至 2020 年 4 月底，仍未实现全部毕业年级学生的返校复学毕业等诸多事项，以新浪微博为代表的社交网络平台对于此类事件的讨论热度居高不下，能够在较大程度上反映社会舆情状况。

作为人口大国，我国处于经济体制转型和经济结构转型的双转型特殊时期，千方百计扩大就业，使劳动者通过就业分享社会发展成果是经济发展的重要目标之一，而以高校毕业生为代表的青年群体就业是我国就业问题中的重要组成部分。疫情发生后，面对复工延迟、复学推迟、经济增长减缓和不稳定的国外疫情变化，多位专家学者从理论和现实角度对此进行了分析。李维安等（2020）从面对重大突发公共卫生安全事件的治理机制建设与危机管理出发，着眼于疫情对我国各行业造成的重大冲击，强调要重视应急政策的顶层设计和有效性。廖茂林和张明源（2020）认为，从"非典"和新冠肺炎疫情对比的角度出发，根据中国行业数据估算，"稳就业"必须是政府目前工作的现实目标。王震（2020）从就业市场出发，强调由于就业格局的变化，新冠肺炎疫情相比于"非典"对就业的冲击更为严重，"稳就业"措施的落实最重要的是精准关注重点就业群体。李晓和陈煜（2020）强调，面对疫情在全球蔓延的情况，中国短期内更要关注"保就业"问题，这是关乎社会稳定、政治稳定乃至国家安全的重大问题。岳昌君（2020）聚焦到大学生这类重点就业服务群体，从供给、需求、年度比较、"非典"疫情四个角度分析，认为高校毕业生是除农民工以外最重要、最需要关注的就业群体。赵波等（2020）从大学生自我关怀角度，通过问卷和访谈调查的方式，认为由于疫情冲击，大学生的孤独、焦虑、恐惧等情绪较正常时期更易出现且波动较大，尤其是大四、研三学生面对就业升学压力而导致了更明显的波动，需要加强重大疫情背景下大学生的自我关怀与社会调节。新冠肺炎疫情对中国劳动力市场带来多重新挑战，其中用工总需求大幅下滑、结构性用工缺口增大对大学生就业带来较大冲击，大学生是就业的重点群体，也是受疫情冲击的重点群体，桑助来（2020）指出对这类群体要特别实施就业促进政策。

随着社交平台的蓬勃发展，从疫情最初的新浪微博进行每小时的疫情进展统计，到《人民日报》等官方机构通过新浪微博进行信息公示、辟谣、宣传等，都体现出以新浪微博为代表的互动交流平台在此次疫情发展过程中的重要媒介作用。因此，本书从舆情分析角度出发，在新浪微博客户端以"应届毕业生"为关键词进行信息爬取，应用舆情分析相关研究方法，通过自然语言处理获取文本内容，开展舆情时空演化分析，为疫情冲击下的应届毕业生就业问题研究提供事实依据。

在舆情分析中，情感分析是自然语言处理领域中利用情感识别和意见挖掘的关键技术，有利于舆情监测、消费者偏好分析、旅游娱乐股票投资分析等，其核心研究问题是情感分类，主要包括两类研究任务：一是对主客观文本进行区分，降低对情感文本的噪声影响；二是对主观性文本进行情感分类。情感分析的重点在于算法优化和精确度提升。首先，在算法优化方面，Hamouda 和 Akaichi（2013）等提出建立一个包含表情符号的情感词汇库进行情感识别以提高准确度；肖江等（2015）提出构建具有不同针对性的情感词典；Jose 和 Chooralil（2015）

在基础情感词典的基础上，通过构建分类器消除文本之间的语义歧义。陈国兰（2016）则在定义语义规则和加入网络新词的基础上扩充了情感词典，郑诚等（2016）基于类序列规则对微博博文内容中的词语相关性和情感倾向性进行度量达到扩充情感词典的目的。姚艳秋（2019）提出了通过细化文本语义分析规则计算文本情感的 Laplace 平滑情感判定（LS-SO）算法，通过对情感词典与表情符号的自动扩充得到了一定规模的高质量情感词典。其次，在精度提高方面，国内学者针对敏感关键词匹配方式准确度较低的情况，提出了在真实数据收集中可以通过监督学习的方式对微博情感进行正情感极性和负情感极性两类具体情感极性度量方法。

因此本节研究的贡献与意义在于，应用 Python 爬虫技术和文本挖掘技术对新浪微博博文和热门评论进行分析，可视化演绎在疫情早期突发冲击下伴随着时间推移，社会对应届毕业生就业问题的舆情变化，进而分析社会舆情对此问题的情感时间趋势和地理空间差异，一方面能够在理论上从舆情分析的角度进一步完善和补充对大学生就业问题的研究；另一方面能从现实角度关注疫情早期突发冲击下应届毕业生就业问题，通过文本大数据挖掘开展探索性研究，揭示社会舆情时空演化的现实规律，有利于科学推测下一步舆情的发展趋势、地区特征、劳动力市场可能面临的问题，从而为以后出现重大突发公共社会事件提供参考，有助于政府部门针对大学生就业问题制定差异化应对措施，以实现"保就业"的宏观政策目标。

（二）文本挖掘分析应届毕业生就业舆情

1. 研究思路

本节首先利用 Python 语言开发的 Scrapy 开源框架，以"应届毕业生"为关键词搜索并获取热门微博博文及其热门评论，形成本节研究的原始数据，然后通过去重、清洗、分词和去除停用词的预处理获得可用于建模的文本数据，之后通过 Wordcloud 和 Matplotlib 输出新冠肺炎疫情冲击下社会对应届毕业生重点关注内容的高频词统计图和词云分布图，借助 SnowNLP 情感分析方法从时间维度出发刻画疫情冲击下社会对应届毕业生的情感趋势图，利用基于 Python 的地理统计技术从空间维度描绘新冠肺炎疫情冲击下社会对应届毕业生关注热度的对比，最后根据文本挖掘的结果和疫情发展状况探索背后的原因和规律，为疫情冲击下的应届毕业生就业促进政策提出针对性建议，研究思路如图 4-8 所示。

2. 数据来源与时间范围设定

本节的数据来源为新浪微博 2020 年 1 月 25 日至 2020 年 4 月 24 日共 90 天的热门微博和热门微博评论，以"应届毕业生"为关键词对新浪微博时段分割，每日为一段，共计 90 段，每一小段按照热度的高低抓取微博 1000 条，微博热门评论 500 条，共 90000 条微博博文和 45000 条热门评论，组成本节数据研究的文本。每条微博抓取的内容包括微博博文内容、时间、用户 ID、点赞数量、转发数量、评论数量等。

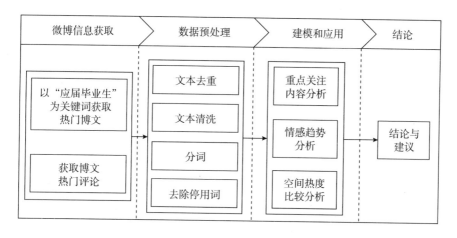

图 4-8　基于文本挖掘的应届毕业生就业舆情研究思路

新浪微博是全球最大的中文社交网络平台，截至 2019 年底，微博月活跃用户达到 5.16 亿人，而且微博的数据开放程度较高，思想观点表达相对丰富，更是媒体监控和跟踪突发消息的重要来源之一，有利于应用自然语言处理的方法针对新冠肺炎疫情冲击下应届毕业生就业相关内容进行分析研究。

本节的关键词定义为"应届毕业生"，可以准确抓取涉及应届毕业的专科生、本科生、硕士生和博士生的相关内容。应届毕业生在 2020 年疫情冲击下除顺利毕业外，最受社会关注的问题便是就业问题，同时这也是众多互联网平台和政府部门通用的专业名词，抓取的数据更能体现疫情冲击下社会舆情对应届毕业生就业的关注内容和情感趋势。

本节的时间抓取范围选择为 2020 年 1 月 25 日至 2020 年 4 月 24 日，是鉴于新冠肺炎疫情在社会中真正引起重视的时间是 2020 年 1 月 25 日（正月初一）左右，各高校通过其官方微博发布延迟开学通知（见表 4-20），而 3 月底陆续开始发布复学通知并安排于 4 月中下旬毕业年级逐步返校（见表 4-21）。因此，本节选择这期间的 90 天作为时间范围，有利于全面反映疫情初期突发冲击下社会对应届毕业生就业的舆情状况。

表4-20 各高校延迟开学通知与发布渠道

学校	时间	内容	渠道
武汉工商学院	2020年1月23日	原定于2月8~9日学生返校时间推迟，具体时间另行通知	官方新浪微博
上海大学	2020年1月24日	本科生、研究生假期均延期至2月16日结束，但是具体开学时间待定	官方新浪微博
华中农业大学	2020年1月24日	推迟春季开学时间	官方新浪微博
湖北文理学院	2020年1月25日	推迟春季开学	官方新浪微博
三峡大学	2020年1月25日	推迟春季开学	官方新浪微博
长江大学	2020年1月25日	推迟春季开学	官方新浪微博

表4-21 全国部分高校复学情况统计

省份	复学情况
青海	全省本科院校和高职院校原则上从4月1日至4月15日陆续开学
新疆	新疆维吾尔自治区区属高等院校2020年春季学期4月8日开始分批错峰陆续开学
山西	山西省高校本硕博毕业年级和高职高专毕业年级分别从4月10日、4月15日起错峰分批开学，一周内基本实现主体开学
宁夏	普通本科院校毕业年级学生原则上4月20日前有序返校复课，普通本科院校其他年级学生返校时间，按照"一校一案"确定
甘肃	各毕业年级可安排4月13日返校，整体开学按4月20日准备
江苏	高校以4月13日为开学起始时间做好开学准备工作
浙江	高等学校按4月下旬开学做好准备，具体时间另行通知
贵州	本科高校（含研究生）、高职、中职学校毕业年级，4月21日后分批开学；本科高校（含研究生）和高职院校非毕业年级、小学、幼儿园，5月中旬后视情况再确定开学时间

3. 数据预处理

本节选择的Scrapy是基于Python语言开发的快速高级的Web爬虫开源框架，用于从目标网站页面中提取大量的结构化数据。基于Scrapy框架，本节从微博客户端获取博文及评论原始数据，具体原理如图4-9所示：将Spiders（爬虫）生成的Requests（请求）经由Scheduler（调度器）发送给Downloader（下载器）；Downloader（下载器）从Internet（因特网）中的Weibo客户端（新浪微博）下载所需要的原始网页数据，并将其作为Response（回复）传递至Spiders（爬虫）；Spiders（爬虫）将Response（回复）进行解析并提取数据放进Item（项目容器），形成Item Pipeline（项目序列）；最后将数据存储在MongoDB（文件存储数据库）以备后续调用。

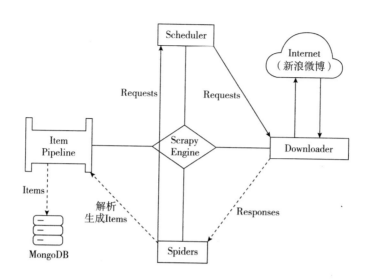

图 4-9　基于 Python 的 Scrapy 开源框架

在数据预处理阶段，由于爬取的原始数据会存在重复、不完整、异常等不利于科学分析的因素，需要对数据进行去重和清洗。本节利用 Python 中第三方库 Pandas 的 duplicated 和 drop_duplicates 命令去除重复值，通过 fillna 方法和 replace 方法进行数据清洗，达到去除无关数据、重复数据、平滑噪声数据、筛选掉与建模目的无关的数据、处理缺失值与异常值的目的。然后通过 Jieba 分词进行进一步文本预处理。由于中文不同于英文可以通过空格分开每个有意义的词，因此在处理中文文本研究信息时需要通过工具将完整的文本分割成更细致的词语，类似于英文分词中常用且比较成熟的 NLTK 工具，有赖于多位学者对情感词典的不断丰富，本节使用 Jieba 分词对获取到的原始中文数据进行分词，并通过 Jieba 情感词典提供的类 jieba. load_userdict（）函数加载了《网络用语词库》《搜狗词库》等词库对 Jieba 分词进行分词训练，在丰富词库的基础上提高分词的精确性。另外，Jieba 分词的优点除了支持自定义词典的添加以外，还在于实现了高效词图扫描功能，能够对获取的句子中所有可能成词情况进行切分、动态模拟与组合，从而有助于提高文本分析的准确性。在对原始数据进行去重、清洗、分词后，由于中文文本中存在一部分出现频率高但实际意义不大的语气助词、副词、介词、连词等，通常自身并无明确意义，只有将其放入一个完整的句子中才有一定作用，如常见的"的""在""和""接着"等，这类词被称为停用词（Stop Words），利用 stopwords = stpowordslist（）函数命令进行去除，有助于提高分析的有效性。

（三）新冠肺炎疫情初期大学生就业舆情时空演化

1. 新冠肺炎疫情初期突发冲击下应届毕业生就业舆情重点关注内容分析

在对原始数据进行预处理之后，为获得新冠肺炎疫情初期突发冲击下社会舆情对应届毕业生就业的重点关注内容，本节利用 Wordcloud 和 Matplotlib 对清洗过的所有时间段的微博文本进行高频词统计，能够直观显示疫情发生以后在就业领域社会最为关心的话题，并探索社会关注热点背后的原因，为本书有针对性地提出促进应届毕业生就业政策奠定基础。运用 Wordcloud 和 Matplotlib 进行重点关注内容分析时，首先在前文 Jieba 分词的基础上，通过 Python 下载安装第三方库 Wordcloud 和 Matplotlib，导入预处理后的文本研究件，然后执行 word_list 命令、new_text 命令对文本研究件进行遍历、连接，计算词频，设置词语样式，最后生成高频词排序如图 4-10 所示和词云分布如图 4-11 所示。

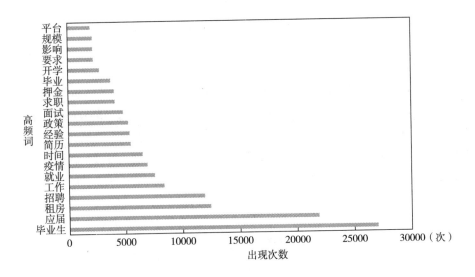

图 4-10 新冠肺炎疫情初期突发冲击下社会对应届毕业生关注的高频词

从图 4-10、图 4-11 中可以明显看出，社会舆情对应届毕业生关注的内容重点集中于就业供需、就业能力、社会保障和疫情发展趋势四个方面。①就业供需：社会关注的热度集中在毕业、招聘、要求、规模、求职平台、简历投递、面试等关键词，充分体现了疫情使企业的招聘形式发生了新的变化，给招聘规模和人数带来了新的挑战，能否得到就业岗位和工作机会已经是社会关注的重点内容。②就业能力：社会关注的热度集中在专业、人才、经验等问题上，说明就业能力是社会的主要关注点，而就业能力的提高既需要应届毕业生在求职之前加强实习、积累经验，也需要有针对性地提高自身求职的简历写作水平、就业信息筛选能力、线上面试表现能力。应届毕业生作为重点就业群体之一，政府和学校应从切实提升学生就业能力角度出发，通过多种渠道和宣传引导方式帮助学生规划职业生涯，设计符合学生求职的相关课程，增加更多实习推荐机会，提高应届毕业生求职成功率。③社会保障：与以往劳动者更关注劳动关系、劳动合同、社会保险等方面不同，社会对应届毕业生的关注热点集中于毕业生进入劳动力市场后的租房、押金、政策问题上，体现出应届毕业生进入劳动力市场后，抗风险能力较弱，生活经验较少，仍需政府制定并落实更精准有效的政策来保障应届毕业生基本权益。④疫情发展趋势：应届毕业生和农民工是受疫情影响最严重的群体，但随着全面复工的推进，农民工群体可以在人社部和交通部的组织协调下以点对点的方式实现较大规模跨省流动，与企业对接，而应届毕业生落实就业的方式和最终能否顺利签约入职仍受限于疫情发展的最终态势。加之国外疫情持续波动，全球以服务业为代表的多个行业受到较大冲击，应届毕业生能否达成就业目标仍是社会关注的重点内容。

图 4-11 新冠肺炎疫情初期突发冲击下社会对应届毕业生关注的词云分布

2. 新冠肺炎疫情初期突发冲击下应届毕业生就业舆情的情感趋势分析

本节运用 Python 的第三方库 SnowNLP，从时间维度对疫情初期突发冲击下应届毕业生就业的社会舆情进行情感趋势分析，其过程首先是利用 Jieba 分词将处理过的文本数据分为积极和消极情绪两类，用 text＝pd. read 命令读取 pos. txt 和

neg. txt，再应用贝叶斯定理计算正面负面先验概率 p（pos）和 p（neg），对要进行判断的文本计算每个词的后验概率 p（词 | pos）和 p（词 | neg），最后以 0.5 为界，通过 pos_data＝a［coms≥0.5］和 neg_data＝a［coms＜0.5］计算出概率较大的正负类别，获得介于 0 和 1 之间的情绪返回值，当返回值大于 0.5 时可以认为情绪较积极，返回值越接近 1 情绪越正面；当返回值小于 0.5 时可以认为情绪较消极，返回值越接近 0 情绪越负面。此方法在舆情研究中有利于刻画情感变化趋势，为曹学艳等（2014）、王丽英（2016）和陈兴蜀等（2020）所应用。本节通过对共计 90 天的微博文本情感分析进行代码处理，得到情感变化趋势，如图 4-12 所示。

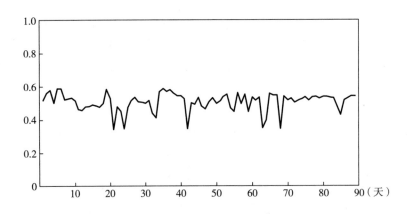

图 4-12　新冠肺炎疫情初期突发社会舆情不同时间对应届毕业生就业的情感变化趋势

图 4-12 显示，2020 年 1 月 25 日至 2020 年 4 月 24 日期间社会舆情对应届毕业生的情感整体波动较大，消极与积极情绪相对平均。从曲线走势看，这段时间社会舆情对应届毕业生就业的情感趋势大致可以分为三阶段：第 1~20 天短暂的 U 形情绪回暖期、第 21~70 天的 W 形情绪波动期和第 70~90 天的情绪平稳恢复期。本节结合春节假期、14 天隔离时间段、高校延迟开学通知和复学通知发布时间、教育部和人社部云招聘启动时间等实际疫情状况，对呈现的三个阶段的情感趋势做了分析与推断。

情感趋势第一阶段为 2020 年 1 月 25 日（正月初一）至 2020 年 2 月 23 日共计 20 天的 U 形回暖期，图 4-12 曲线显示社会对于应届毕业生的情感态度经历了由相对积极到持续走低的消极情绪然后回升到相对积极的 U 形状态。结合实际疫情状况发现，疫情引起全社会关注、各高校陆续发布延迟开学通知时正处于中国传统新年假期中，无论是社会还是处于最后一个寒假中的应届毕业生，对疫情的发展趋势和严峻性都没有形成科学认识，因而会在短期内形成相对积极的情绪，但随着各单位一再推迟复工时间，逐渐严峻的疫情发展态势和企业招聘的短期停滞使全社会进入情绪低谷，出现第一阶段情绪最低值。2020 年 2 月 18 日中国疫情防控迎来拐点，复工复产和社会运行进入正轨，线下招聘全部转至线上，线上办公成为常见方式，网络运行日益流畅，全社会对经济发展的预期逐渐转向积极，因此这段时间内呈现出明显的自我调节 U 形态势。这表明尽管短期内疫情对就业造成了巨大冲击，但就业问题本质是经济问题，在实施了迅速有效的抗疫措施和科学全面的就业引导措施后，随着经济社会发展有序恢复，疫情冲击下社会对应届毕业生的情绪可以通过自我调节偏向积极稳定。

情感趋势第二阶段为 2020 年 2 月 24 日至 2020 年 4 月 4 日共计 50 天的 W 形波动期，图 4-12 曲线显示，社会对应届毕业生的情绪以 10 天左右为间隔在消极—积极间大幅振荡，且后期振幅增大，变动区间缩小，先后出现共计 6 次情绪低值，呈现出多个间隔不等的 W 形情绪波动期。结合实际疫情状况发现，尽管疫情防控迎来拐点，但随着国外疫情的大面积暴发，全球疫情发展形势日益严峻，在复工有序推进但复学日期未定的情况下，一方面受益于政府和高校通过多渠道全面促进应届毕业生尽早就业，实施了诸如云招聘、"三支一扶"、研究生扩招、特岗教师、征兵入伍、西部计划等多种就业促进措施，从需求端、供给端、求职平台搭建等多维度推动了应届毕业生就业；另一方面由于全球进入疫情暴发期，世界经济和中国经济均受到不同程度冲击，部分企业在遭受冲击后需要时间恢复，市场招聘需求和社会信心有所波动，因此在这段时间内社会对应届毕业生的情绪频繁在焦虑、担忧的消极态度和乐观、充满希望的积极态度间波动。这种剧烈、多次的情绪变化更体现出应届毕业生作为受到疫情冲击影响最大的就业群体，其就业问题的实现事关社会稳定，需要政府各部门、高校、企业制定精准就业促进政策与积极舆论引导政策，给予这类群体重点关注与帮扶，通过提高应届生就业能力、搭建校企协同招聘平台和拓宽应届毕业生就业渠道，实现应届毕业生顺利就业。

情感趋势第三阶段为 2020 年 4 月 5 日至 2020 年 4 月 24 日共计 20 天的平稳恢复期，如图 4-12 曲线显示，这段时间内除在后期出现一次情绪较低值外，其他时间社会对应届毕业生的情绪呈现相对平稳的积极状态。考虑到随着国内疫情防控逐渐进入平稳状态、全球长期抗疫局面形成，各省市发布优先毕业年级返校的通知，社会对于应届毕业生的情绪呈现了整体平稳且偏向于相对积极的趋势。而 4 月 17 日国家统计局公布的疫情冲击下第一季度国内生产总值为 20.65 亿元，按可比价格计算同比下降 6.8%。此次负增长是改革开放以来中国最低季度增长，也是唯一负增长。一方面，反映出疫情对经济发展的重大冲击，会引起社会对经济发展的担忧；另一方面，负增长恰恰体现出在近两个月全国几乎"停摆"、全力抗疫的背景下中国经济仍然具有巨大潜力。因此，从整体来看，尽管多位经济学家分析指出此次疫情冲击可能使全球面临比 2008 年更严重的危机，但随着本土疫情传播基本阻断，经济社会全面复苏，民众在疫情发展的后期保持了较为积极的情绪。而在就业领域，则更明显地看出经济发展是影响就业的重要因素，在经济发展趋缓、外部环境剧烈变化的时代，仍需在重点推进经济建设的基础上，给予应届毕业生更多信心与帮扶，推动应届毕业生就业。尽管就业困难在短期内会持续存在，但长期来看，通过合理科学预判疫情发展趋势、全社会通力合作，应届毕业生就业问题的解决仍较为乐观。

3. 新冠肺炎疫情初期突发冲击下应届毕业生就业舆情评论热度空间差异分析

在获取文本数据后，为能更直观对比不同省市关于应届毕业生就业讨论的热度，本书根据能获取的评论人所在地信息，运用地理统计分析的方法，以某个地区用户所发热门评论总量作为该地区对疫情冲击应届毕业生舆情的评论热度进行空间维度分析，首先利用 Python 与 Echarts 结合的第三方数据可视化工具 Pyecharts，在预处理的文本数据基础上，通过 data = xlrd. open_workbook（）函数命令读取各省市评论数据，然后利用 chinaMap. add（）函数命令绘制出包括全国各省份在内的空间维度评论热度图。

全国各地对应届毕业生就业评论热度存在明显差异。除疫情最早暴发地湖北评论热度较高外，对应届毕业生就业评论热度较高的地区为云贵川、江浙沪和北上广，而评论热度最低的地区则为东三省、大西北（新疆、西藏、青海、内蒙古、甘肃等）。空间维度的评论热度一方面反映了教育资源和人才吸引力的差异，具体来看，目前我国的教育资源分配仍然存在较明显的地区差异，城市发展和对人才的吸引力也有明显区别。根据教育部 2019 年底的数据，全国共有 2956 所高校，35.6%的高校分布在一线城市与新一线城市中，江苏、广东、山东、河南、湖北五省高校最多，这些省份的学生数量、经济发展水平也都相对优于其他省份，因此北上广、江浙沪地区评论热度明显高于其他地区。另一方面，以云贵川为代表的大西南地区一直是劳动力流出的重点地区，也是自然条件相对艰苦的地区，从促进毕业生就业和吸引毕业生落户的政策制定上看，云贵川地区的人社部门、企业单位表现出明显高于其他地区的热情，对应届毕业生的就业也极为关注，充分意识到人才是推动经济社会发展的重要动力，因此云贵川地区也成为疫情冲击下对应届毕业生评论热度较高的地区之一。由此反映出，尽管北上广、江浙沪地区由于政治经济地位重要，是应届毕业生就业的主要选择，但在内外部环境剧烈变化并充满不确定因素的情况下，应届毕业生的就业选择也应该将自身职业发展与国家建设需要相结合，立足长远发展，拓宽就业视野。

尽管从 2020 年春节开始，我国受到经济下行压力和疫情冲击，面临疫情防控常态化带来的新挑战，但受益于党和国家对就业工作尤其是应届毕业生就业工作的重视、各高校以往就业工作的基础和本土疫情传播基本阻断、经济社会全面复苏的良好态势，尽管短期内就业困难仍存在，但长期就业走势会呈持续向好状态，机遇与挑战并存。无论是传统的"奥肯定理"认为一定的经济增长能够带动相应规模的就业扩大，还是本书利用文本大数据挖掘所反映的事实，都证明要在继续推进疫情防控的同时，继续大力推动经济建设，这是解决应届毕业生就业问题的根本所在。此外，本节基于研究结果，从劳动力市场的供给、需求、供需匹配三个角度提出以下建议：

从劳动力供给角度出发，多方联动切实提高应届大学生就业能力。对应届毕业生这类重点就业群体而言，高校要有针对性地协助其进行简历修改，帮助学生提高线上面试表达能力，使其适应新型招聘方式并提高求职成功率。对于非应届毕业的大学生，更需要以高校为依托建立一套完整的以提高就业能力为主要目标的课程体系，高校要在课程设计中重视培养学生树立正确择业观，宣传普及国内外就业形势，全方位为学生提供简历准备、笔试面试技巧，使大学生在进入毕业年级前形成较清晰的职业生涯规划和较强的就业能力，进而增强在就业市场中的抗风险能力。政府要制定精准可行的促进提高大学生就业能力的政策，从法律法规的角度引导全社会重视大学生就业能力，保护并促进大学生就业。企事业单位要在许可的条件下给予大学生更多实习的机会，既有利于企业吸引人才也可以帮助大学生积累经验。大学生自身也要在全社会的帮助下，精进学业、提高硬实力，主动参与到劳动力市场的竞争中增强软实力，树立正确择业观，增强抗压、抗风险能力。

从劳动力需求角度出发，在发展经济的基础上实现多形式就业。要在大力发展经济的基础上提供更多就业岗位、开拓更多就业渠道，实现多元化就业。政府可以从政策制定和具体落实两个角度落实"就业优先"目标。在政策制定方面，在已经出台的延长就业报到和求职创业补贴办理时间、扩大研究生招生规模、保留应届生身份等多项政策的基础上，可以进一步在企事业单位招聘需求、基层就业平台、互联网灵活就业等领域多措并举，充分挖掘就业潜力，在招商引资过程中及时引入就业评估机制，优先落实能够带动更多就业的项目。在具体落实方面，要加强对小微企业、民营企业等聘用应届毕业生的鼓励力度，落实税收、政策等方面的优惠；组织实施好"三支一扶"、大学生志愿服务西部计划等基层项目，鼓励大学生参军入伍；采用多种灵活宣传措施并制定针对性政策鼓励毕业生到基层就业创业；加快灵活就业平台建设，实现大学生的多元就业选择；设立更多专项资金扶持大学生创业，除了给予一次性创业补贴以外，还要帮助大学生提高创业成功率，在创业场地、创业融资等方面给予更多的支持，通过创业有效带动大学生就业。此外，政府可以出台更多支持性政策，允许企业根据实际情况调整灵活用工政策，通过多种形式就业缓解应届毕业生就业压力。

从劳动力供需匹配角度出发，高效对接供需资源。为促进应届毕业生实现更充分就业，需要高校、政府、企事业单位多方合作搭建和优化毕业生就业交流平台，在教育部、人社部等相关政府部门的指导下，进一步建立校企合作机制，实现应届毕业生与企业的线上招聘能够有效对接；在重点区域、重大工程、重大项目、重要领域中加强人才供需的协调；深入挖掘互联网、大数据、人工智能等先进技术与实体经济深度融合的机会，开发新技术、新产业带来的就业潜能；加强就业岗位信息跨省、跨校合作共享机制，建立完善高效的就业网络体系，增强劳动力市场流动性以促进应届毕业生就业。

第五章　促进农民工更充分就业研究

一、促进农民工更充分就业的现实问题

（一）农民工群体面临的主要就业风险

我国自2003年出台《中共中央关于完善社会主义市场经济体制若干问题的决定》取消对农民工进城就业的限制性规定开始，进城务工的农民工成为我国城镇化和工业化的主要推动力。受到自身文化程度与技术等人力资本的限制，农民工群体长期从事的行业以建筑业、制造业和服务业为主，大部分农民工面临各种就业风险。赖德胜和廖娟（2008）指出，农民工在就业过程中面临多种就业歧视现象，如拖欠工资、劳动合同不合法、社会保险未购买、务工安全得不到有效保障等。此后，多位学者也对这一问题进行了不同维度的研究（蔡泽昊和俞贺楠，2014；顾乐民，2015；周平和孟艳鹏，2016；徐锡广和申鹏，2017；刘小敏等，2019；曾湘泉和郭晴，2022）。

谌新民（2010）指出，农民工就业风险表现为农民工转移到城镇从事非农活动的过程以及就业过程中所面临的不确定性。顾永红和彭超然（2012）从人力资本的角度出发，认为农民工群体的就业风险主要表现为这类群体进城务工期间对失去现有工作的担心程度。2019年《人民日报》的数据统计显示，新生代农民工没有换过工作的占比为26.27%，换过一到两次工作的人员比例达到44.30%，甚至有5.54%的人换过7次以上的工作，而没有更换过工作的只占到了31.33%，近30%的人更换过3个以上城市。邓大松和张怡（2020）从新型城镇化进程角度分析了农民工群体面临的就业风险的特点。尹希文（2021）针对农民工大规模流动的特点，着重分析了这类群体就业稳定性差所带来的就业风险，新冠肺炎疫情对出口加工业的负面影响加剧了这种风险。综上所述，农民工群体面临的就业风险较为复杂，包括由于就业机会可选择范围的限制所面临的失业风险，由于就业安全限定面临的持续职业伤害风险以及农民工心理健康风险。

（二）新冠肺炎疫情对农民工群体就业产生的影响

伴随我国城镇化进程的加速推进，农民工已经成为城镇就业人口主力军，国

家统计局《2019年农民工监测调查报》显示，2019年底外出就业的农村转移劳动力达到1.74亿人，占城镇就业总人口的39.38%，这一劳动力大军对于中国社会经济的发展做出了巨大贡献，但其社会流动性很高的劳动力要素特征也决定着农民工在就业市场上的抗风险能力较弱，就业稳定性和就业质量普遍不高。新冠肺炎疫情在国内的集中暴发和严格防控正好起始于2020年春节假期，此时外出就业的农民工大量返乡过节，面对突发而来的疫情各地政府采取了严格的人员流动管控措施，导致返乡农民工在疫情期间的流动性受阻，难以返城复工，虽然这部分人并不能算作失业，但却成为城镇就业存量中受疫情影响最大的群体。而在春节期间留守城镇的外来农民工和已经市民化的进城农民工，由于其就业领域主要集中在服务业、制造业、建筑业这些被疫情冲击较大的行业，使这部分农民工群体在疫情期间的就业很不充分，尤其是在工资、工时、社保等就业质量方面受到严重影响。

1. 疫情对农民工就业影响存在明显的行业特征

从中国劳动学会会长杨志明（2020）所组织的疫情防控期间百企农民工复工调研状况来看，在农民工就业较为集中的十个类别行业企业中，疫情对制造业、建筑业、家庭服务业、批发零售餐饮酒店业、文化旅游业以及中小企业和"一带一路"项目的农民工复工影响较大，而外卖、快递等新业态服务企业的复工状况较好，在疫情期间吸纳了大量的新生代农民工。尤其是疫情改变了城市生活方式，网上购物需求猛增，以阿里巴巴旗下的盒马鲜生为代表的线上零售企业出现了大量门店员工、配送骑手的岗位空缺，在疫情暴发初期开创性地采用"共享员工"的灵活用工形式，吸纳大量餐饮、文娱行业无法复工的员工临时上班，一方面缓解了这些行业企业在疫情期间支付员工基本工资的压力，另一方面也为疫情防控常态化形势下不断开拓新型就业形式提供了宝贵经验和发展思路，目前这种"共享员工"模式已经从线上零售业推广至现代物流业、制造业等多个领域，从一线城市扩展至二三线城市。数据显示，仅阿里巴巴平台在疫情刚开始半年时间就提供了超过200万个灵活就业机会，共享经济下的新业态显现出激活就业新动能的强大潜力。此外，FESCO、北京易才等人力资源服务企业由于线上服务需求较大，复工情况较好；而返乡创业的农民工复工较早，在疫情期间由于不需要流动性就业其损失较小。

2. 疫情对农民工跨区域流动性就业总量影响较大

近年来，随着中国经济发展进入新常态，尤其是2018以来中美贸易摩擦对中国制造业造成冲击，再加上劳动力成本不断提高导致企业转型减少招工人数、大中型城市生活成本和就业风险逐渐加大以及政府鼓励农民工返乡创业就业政策陆续出台等多重因素的影响下，外出就业农民工占城镇就业比重从 2010 年 44.21%的最高点逐年下降至 2019 年的 39.38%。新冠肺炎疫情在国内集中暴发期间，各地政府采取了严格的人员流动控制措施，这对于有效防控疫情发挥着重要作用，但也完全限制了农村劳动力的转移就业，吸纳农民工跨区域流动性就业的总体规模明显降低。同时，疫情对于农民工跨区域流动就业也会造成心理上的滞后性影响，很多农民工认为疫情在人口密集的城市风险更大，对疫情的心理恐惧也导致不少农民工选择暂时性自愿退出劳动力市场，延缓半年甚至更长时间后再进城务工就业。

3. 疫情使农民工在就业质量方面的问题更加显化

农民工就业原本就存在就业稳定性差、工资待遇不高、工作条件艰苦、社保覆盖不到位等就业质量较低的问题，这些问题在疫情冲击下表现更为明显。一是吸纳农民工就业较多的行业和大量中小企业在疫情期间面临严峻的生存危机，就业岗位减少、工作时间不足、求职难度加大等因素都会造成农民工工资降低，被迫沦为低收入群体甚至是失业群体。二是农民工就业环境往往较为艰苦，很多项目复工后因争抢工期而加大了劳动强度，在一定程度上影响到农民工群体的身心健康。三是外出农民工由于就业不稳定或自身法律意识淡薄，往往缺少正规的劳动合同权益保护，再加上大量农民工所从事的灵活就业并没有被纳入社保体系中，导致外出就业农民工在城镇职工社会保险中参保率较低，尤其是失业保险，据中国社会科学院经济研究所研究员王震测算，能够参加失业保险的农民工只占 36.22%，在新冠肺炎疫情冲击下大部分农民工一旦失业将无法得到合法保障，生活困难时难以得到救助。

二、促进农民工更充分就业的基本思路

（一）坚持底线思维保农民工重点群体就业

"保农民工就业"需要坚持底线思维。就业是最大的民生，一旦公共卫生危机事件造成大规模失业，将严重影响经济发展的再生能力，甚至带来社会危机。农民工就业群体规模庞大，又处于就业市场弱势地位，受疫情冲击就业压力较大，存在一定规模性失业风险。国家统计局发布的 2020 年第一季度数据显示，全国外来农业户籍人口调查失业率明显高于全国平均水平。农民工就业的核心任务是坚持底线思维，实施底线管理，在稳住就业存量的基础上实现"保就业"的任务目标。

新冠肺炎疫情对农民工的影响主要体现在使其就业流动性受阻，和大学毕业生作为当年的新增就业群体不一样，农民工在疫情期间无法返城复工只是暂时退

出劳动力市场，并不能被纳入失业人群中，因为统计意义上的失业是有严格规定的，没有工作但有能力、有意愿工作并且在一定周期内积极搜寻过工作的人才能被划入失业者。很显然，疫情期间滞留在家的农民工并没有被反映在 2020 年第一季度城镇调查失业率数据中。因此，必须采取有效措施稳住就业存量，否则在 2020 年第二季度"承压期"结束后，大量农民工很有可能下沉为失业人群，要警惕我国失业率因此出现上升风险。

1. 保市场主体稳住农民工就业存量

疫情冲击下，保住企业市场主体，才能保就业、稳经济，尤其是中国中小企业承载了 80% 的城镇就业，是保农民工就业的主渠道。但是中小企业抗风险能力较差，在疫情中受冲击较大，难以靠自身力量渡过难关稳住就业岗位，需要政府在财政、税收、金融等方面加大援企稳岗的支持力度。对中小企业放宽融资条件、提供优惠贴息贷款，对小微企业可免征 1~2 年税收，特困企业可以将社保缓缴日期延至年底，各类经营性房租减免 3 个月或缓缴半年并分摊至第二年各月；在保证疫情防控的前提下，向居民发放消费券、旅游券带动服务业复苏，向家电、汽车等制造业的消费者发放消费补贴；针对吸纳农民工就业较多的困难企业，可以借鉴国外经验，由政府划定救助企业名单，在一定时期内按照基本生活标准发放农民工工资；通过放宽失业保险返还标准，再加上必要的就业补助、稳岗补助，尽最大可能将农民工就业岗位存量稳住在企业中。

2. 针对农民工完善社保和救助体系

我国当前城乡割裂的"碎片化"社会保障体系，尤其是以针对正规雇佣关系为主体构建的城镇社保体系和以地域化色彩浓厚为特点的救助体系，使大量外来流动就业人口和灵活就业人群在失业、低收入情况下处于生活困境。可以借鉴国外基本收入模式，建立以个人为基础的更加灵活和普遍的社会保险体系；针对农民工弱势群体出台专门的社会保险缴纳标准和管理制度，针对农民工低收入群体加大失业救助范围和力度；加强失业登记，运用大数据系统精准锚定农民工失业和低收入人群，通过政府直接发放现金补贴的方式，既确保了民生兜底，又能刺激消费扩大内需；积极发挥各类社会慈善机构在社会救助中的重要作用，弥补现行救助体系的不足。

（二）强化战略思维缓解农民工就业长期压力

疫情防控常态化形势下就业压力长期存在，"保农民工就业"需要强化战略思维。疫情在很多方面改变了原有的生产生活方式，对于政府的社会治理能力提出了更高要求，需要从全局角度强化战略思维，在"保""兜"的基础上，稳住经济基本面，用更加积极有效的方式实现农民工群体更充分更高质量的就业。

1. 宏观政策长短相济重启经济保就业

经济基础是稳定就业的"底盘",疫情防控取得一定成效后,重启经济是保就业、保民生的前提;反过来,稳定的就业又能扩大内需增强经济再生活力。宏观政策要以更大的力度实施逆周期调节,对冲疫情带来的不利影响,货币政策通过降准、降息等方式,保持充裕且合理的流动性,降低中小企业融资成本;实施提高赤字率的财政政策,比如发行抗疫特别国债、增加地方政府专项债券等;在供给侧进一步深化要素市场化配置体制机制改革,通过改革有效解决经济中的长期结构性矛盾和疫情带来的短期问题;政府相关部门联动综合施策,针对餐饮酒店、文娱旅游、批发零售等吸纳农民工就业较多但受疫情冲击也较大的服务性行业实施专项救助的中长期振兴计划。

2. 推动农民工多种就业形式规范发展

快递、外卖等新业态全面复工复产,既保证了城镇居民的民生需要,又能大量吸纳外来农民工就业。政府出台政策大力发展平台经济下的灵活就业、弹性就业等新就业形态,建立信息平台帮助"共享员工"供需双方企业有效对接;对于吸纳农民工灵活就业和提供"共享员工"岗位的企业,可以优先获得政府的稳岗补助和各类优惠政策;疫情期间返乡创业农民工受到的冲击较小,地方政府应当为不愿意外出的农民工就近创业就业提供政策支持和便利服务;针对疫情防控期间出现的各类劳动关系问题要妥善解决,确保农民工工资发放和社会保险及时到位,避免因劳动争议出现集体事件。

3. 形成保就业长效机制纳入政府规划

疫情防控期间多地政府在复工复产中采取了行之有效的短期措施,可以总结经验将其形成长效机制,甚至将其纳入政府工作报告和"十四五"中长期规划中。一是财政提供专项培训资金,开展大规模农民工新技能培训,提升新生代农民工就业能力,适应后疫情时代新经济发展的需要。二是定点关注脱贫地区农民工外出就业需求,在巩固全面脱贫成果的基础上,各级政府通过政策支持精准帮扶,做好农民工就业工作以防止返贫现象的发生;加快推动农民工市民化进程,帮助农民工融入城市,提供稳定的就业、收入和社保,使其安居乐业,享受公平的子女教育和良好的生活环境,通过减少城乡大规模的就业流动,从根本上纾解农民工群体更充分就业的问题。

三、促进农民工更充分就业的有效路径①

2021 年是"十四五"规划的开局之年,也是"以人为中心"的新型城镇化

---

① 本节相关内容原载于《人口与经济》2021 年第 4 期。

助推国家现代化发展的破局之年。习近平总书记在 2020 年 12 月 28 日召开的中央农村工作会议上强调，要坚持把解决好"三农"问题作为全党工作的重中之重。据国家统计局 2020 年 4 月发布的《2019 年农民工监测调查报告》显示，2019 年中国共有农民工 2.9 亿。当前我国农民工群体已经从工业化、城镇化快速发展进程中的新型劳动大军，成长为产业工人的主体。中央经济工作会议将全面落实好同时身兼"六稳"和"六保"之首的就业工作作为"十四五"开局之年的工作要点，更加强调充分保障困难群众的基本民生，为实现农民工更加充分更高质量的就业提供保障。从人力资源社会保障部印发《新生代农民工职业技能提升计划》要求实现新生代农民工职业技能培训普遍、普及、普惠，到国务院《保障农民工工资支付条例》的执行、全国根治欠薪线索反映平台分别以制度化和全程监督的形式依法治欠，再到各地相继通过提高公共就业服务水平、加强安全生产和职业健康保护、畅通维权渠道等多种形式对当地农民工就业给予相应扶持，已陆续出台的多项硬措施均在为帮助农民工有序就业，提升农业转移人口"市民化程度"提供保障。那么，各方政策引导究竟效果如何？我国农民工就业政策实施良好的地区是以何种机制发挥了促进就业的社会效应，破解这些问题在我国当下强调保就业的经济环境下具有非常重要的意义。

（一）农民工就业政策吸纳就业的组态分析

1. 文献回顾与研究思路

已有文献中围绕我国农民工就业政策的探讨多为质性研究，主要探讨农民工就业政策的渐进演变。针对农民工就业政策的演变，学者们各执一词，徐永新（2005）提出"三段论"，文军和黄枫岚（2019）也从农民工就业社会保障角度对"三段论"予以佐证，田松青（2010）、刘小年（2006）共同秉持"四段论"，宋洪远等（2002）则细分为"五段论"。纪韶和李小亮（2019）从农民工就业政策环境的变迁、政策调整以及实施中的问题方面对政策实施前后的情况进行质性分析。陈森斌和杨姁（2013）通过梳理 1979 年 1 月至 2012 年 12 月我国农民工就业政策的变迁，从规范农民工管理政策、解决农民工工资拖欠问题、农民工伤亡事故赔偿问题、用工制度、改善农民工就业措施等方面总结出我国农民工就业政策思路具有由堵到疏、由管理到服务，逐步制度化、法律化以及由解决问题到逐步纳入构建和谐社会的大背景下的特点。汪超（2019）以公平性形式化论证了少数人对话中将农民工政策物化为促进城市发展的政策工具，认为需要以重复性协商式对话避免公平价值的隐缺。刘唐宇和罗丹（2014）以就业歧视为视角研究了 21 世纪以来农民工就业政策，探究农民工就业歧视现状的原因及政策优化建议。

在对于就业政策与农民工就业的研究中，部分研究虽已证实就业政策的实施会对农民工就业产生多方面的影响，然而关于就业政策如何影响农民工就业及具体路径机制尚不得而知。如何通过探究我国农民工就业政策影响路径使得就业政策发挥更高质量的效用，从而改善农民工就业现状，具有重要的现实和理论意义。而为数不多的现有研究仅停留在政策表象层面，难以考察多重政策组合与农民工就业这一社会现象的复杂因果关系。为了充实现有研究，本书以组态视角设计展开因果关系层面的研究，进一步探讨就业政策影响农民工就业的潜在路径机制。

在通用视角、权变视角和组态视角这三种管理学研究视角中，组态视角最为复杂，它基于整体系统论，将研究现象定为一个庞大的集合，将作用于研究现象的前因定为该集合的不同子集（Fiss，2011），分析前因变量要素的组态和结果变量的关系，强调因果关系背后的复杂性（杜运周、贾良定，2017）。该视角指出，对于复杂因果关系的多重影响因素之间是存在依赖关系的，这些前因变量之间存在差异化的排列组合关系且能够作用到同一结果目的的形成。基于此，本章将在我国 31 个省级行政区对于农民工就业政策制定与实施的实践背景下，利用"组态视角"实证探究农民工就业政策对农民工就业的影响路径和优化机制。具体而言，本章将尝试回答如下研究问题：影响农民工就业的就业政策的条件组态是什么？政策文件中哪个或哪些政策类目在其中发挥着卓有成效的作用？对于农民工就业良好这一结果状态而言，各不同类别的就业政策之间是否存在或存在怎样的匹配与替代关系？本章提取整合文献中的高频词汇以及体现农民工就业良好特质的变量，在参考国家级别农民工就业政策纲领性文件类目界定的基础上，通过以不同目标导向为分类标准对农民工就业政策进行归纳，并尝试构建农民工就业政策影响吸纳就业的分析框架，对我国农民工就业政策的影响路径进行研究，以期丰富和完善国家对于农民工就业政策体系内部的关系结构与协同机制的研究。

2. 研究方法与数据采集

（1）研究方法。本章在组态视角的基础上分析农民工就业政策影响的多元机制，采用模糊集定性比较分析方法开展实证检验。定性比较分析（Qualitative Comparative Analysis，QCA）由美国社会学家 Ragin（1987）在 20 世纪 80 年代提出，超越了定性与定量的界限，将"定性之于案例导向"和"定量之于变量导向"的优势结合，通过将案例视为条件的组态（Configuration/Combined Condition）、将自变量换为条件组态、将净效应思想改为组态思想、将相互关系替为集合关系，解决了很多组态视角理论和分析方法不匹配的问题（杜运周、贾良定，2017）。案例即研究的对象，可以是国家、行业、组织，也可以是团队、个体等。

QCA 分析正是基于集合论思想分析案例的条件集合与结果集合的集合关系（Ragin & Strand，2008）。由于 QCA 同时展示了"案例导向"与"变量导向"方法的优势，即其采用案例导向的整体性方法的同时必须要把研究案例拆分为条件变量和结果变量，因而本质上也是具有可解性的。而从技术层面而言，QCA 的操作具有二重特性，因此无论是"定性法"还是"定量法"，它都能够与之相结合，探索复杂社会现象及其因果关系的"黑匣子"。

QCA 同时适用于小、中、大样本的案例深度研究，且能够完成不同样本容量的跨案例研究。就本书的研究需求而言，QCA 向内能够完成条件变量作用机制的识别，向外能够实现实证检验的推广度，提升理论的实践切题性。运用"布尔代数运算和集合理论体系"关注跨案例的"并发因果关系"，使得研究者拨开迷雾探索到不同条件情境作用于相同结果的相异机制，深入探究不同前因条件的匹配路径与结果之间的协同逻辑，延伸定性比较的分析深度。虽然存在"因果不对称性"（Causal Asymmenty）的逻辑前提，但在对导致结果变量高水平的前因变量进行组态分析的同时，QCA 兼可分析引致结果变量低水平出现的前因变量，即对研究结果稳健性的反向检验具有兼容性，进而能够比较导致结果变量高水平出现与消失的不同性质的条件组态，增强因果关系的解释力度。

国外学界对 QCA 的重视自 2000 年开始呈现上升趋势，近年来国内学界也逐步在政治学、社会学、管理学等诸多学科领域中应用 QCA 进行研究（王歌等，2020；王水莲等，2020；谭海波等，2019；郝瑾等，2017；黄荣贵、桂勇，2009）。在清晰集定性比较分析（csQCA）、模糊集定性比较分析（fsQCA）以及多值集定性比较分析（mvQCA）3 个基本类别中，由于样本数据无法直接被清晰地按照"是否属于"集合的标准进行逻辑划分，而 fsQCA 能够较好地处理部分隶属的问题，故本章采用 fsQCA 方法进行实证分析。

（2）样本数据采集。本章选取全国 31 个省级行政区（不含港澳台地区）作为研究案例的主体，研究选取的政策内容为其行政区划内 2013 年 1 月 1 日至 2017 年 12 月 31 日（为结果变量数据获取时间 2018 年 1 月 1 日至 2018 年 12 月 31 日的前五年）期间出台且当期有效的所有农民工就业政策文本。通过各省级政府门户网站、职能部门官方网站以及北大法宝数据库进行检索。本章将农民工就业政策文本的分析单元定义为具体的政策条款，从政策实施期望实现的效果层面对农民工就业政策进行类目梳理。确定政策类目后对每一分析单元的政策内容进行编码，逐一定义每一分析单元中的政策文本内容。基于客观全面的原则对能够展示不同政策目的的同一政策条款进行单元拆分，对展示同一政策目的的不同政策条款进行合并。根据不同政策目标将农民工就业政策分为加强农民工职业培训工作、提升农民工公共就业服务水平、保障农民工工资报酬权益、畅通农民工维权渠道、加强农民工安全生产和职业健康保护、规范使用农民工的劳动用工管理、扩大农民工参加城镇职工社会保险覆盖面7个政策类目。从政策数量上看，保障农民工工资报酬权益政策条目数量最多，涉及提升农民工公共就业服务水平和加强农民工职业培训工作的政策条目数量较多，扩大农民工参加城镇职工社会保险覆盖面的政策颁布数量最少，如图5-1所示。

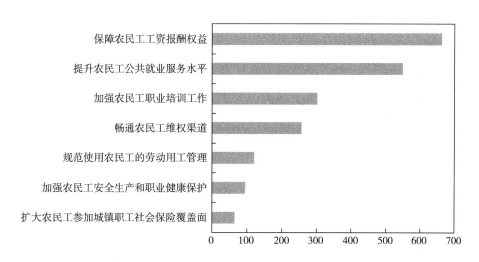

图5-1 不同政策目标的农民工就业政策数目条形统计

3. 研究变量设计与选择

（1）条件变量的设计与选择。根据对我国各省农民工就业政策的统计与梳理，本章设定加强农民工职业培训工作（PX）、提升农民工公共就业服务水平（JY）、保障农民工工资报酬权益（GZ）、畅通农民工维权渠道（QY）、加强农民工安全生产和职业健康保护（AQ）、规范使用农民工的劳动用工管理（LG）、扩大农民工参加城镇职工社会保险覆盖面（CB）7个政策类目作为7项条件变量，对收集的各政策条目按照这7项条件变量进行归属编码，编码截取的示例见表5-1。

表5-1 条件变量编码截取示例

序号	条件变量	各政策条目编码截取示例	该示例的文件来源
1	PX	"加强对农民工职业培训的统筹管理，制定农民工培训综合计划。"	《北京市人民政府关于进一步做好为农民工服务工作的实施意见》
		"加大农民工职业培训资金投入，制定并落实相关补贴政策"	

续表

序号	条件变量	各政策条目编码截取示例	该示例的文件来源
2	JY	"大力发展服务业特别是家庭服务业和中小微企业，开发适合农民工的就业岗位。"	《重庆市人民政府办公厅关于进一步做好新形势下农民工工作的通知》
		"实行城乡统一的就业失业登记制度，将城镇常住农民工全面纳入城镇就业失业登记范畴。"	
3	GZ	"明确企业工资支付和清偿主体责任。要依法将工资支付给农民工本人，严禁将工资发放给不具备用工主体资格的组织和个人。"	《上海市政府办公厅印发关于本市全面治理拖欠农民工工资问题实施意见的通知》
		"建立健全欠薪失信行为联动惩戒机制。建立欠薪企业'不良名单'制度，健全欠薪等重大劳动保障违法行为社会公布机制。"	
4	QY	"加强对农民工的法律援助和法律服务工作。在各级法律援助机构和地方工会职工服务中心建立农民工法律援助接待窗口。"	《吉林省人民政府关于进一步做好为农民工服务工作的实施意见》
		"深入农民工集中地区，加大普法力度，不断提高农民工及其用人单位的法治意识和法律素质，引导农民工合法理性维权。"	
5	AQ	"严格执行特殊工种持证上岗制度、安全生产培训与企业安全生产许可证审核相结合制度。"	《安徽省人民政府关于进一步做好为农民工服务工作的实施意见》
		"督促企业按《劳动防护用品监督管理规定》配备劳动防护用品，对接触职业病危害的农民工开展职业健康检查和救治服务，建立健康档案。"	
6	LG	"对小微企业经营者开展劳动合同法培训。强化劳动合同法执法监察，切实提高农民工劳动合同签订率和履约质量。"	《陕西省人民政府关于做好为农民工服务工作的实施意见》
		"做好劳动用工备案及就业失业登记、社会保险登记，实现对企业使用农民工的动态管理服务。"	
7	CB	"实施'全民参保登记计划'，推进农民工依法全面持续参保。"	《陕西省人民政府关于做好为农民工服务工作的实施意见》
		"整合各项社会保险经办管理资源，逐步推行'五保合一'征缴经办模式，优化经办业务流程，增强对农民工的社会保险服务能力。"	

（2）结果变量的设计与选择。本章的结果变量各地区农民工就业状况（NMGJY）即聚焦于就业数量的地区吸纳就业状况，用各地区农民工就业人数与该地区城镇就业总人数的比值表示，数据来源于国家统计局和31个省份统计局

官方网站或省政府发布的《2018年国民经济和社会发展统计公报》。

在fsQCA中，校准（Calibrating）表示给案例赋予集合隶属的过程，校准后的集合隶属度在0~1之间（单菲菲、高敏娟，2020；司晓悦、马一铭，2020）。研究过程中需要根据案例的实际情况和变量的取值分布确定"完全隶属""交叉点"和"完全不隶属"三个定性断点即"锚点"，从而将文本式的案例校准为取值区间在0~1的集合。参考既有研究的定性标准（Charles，2014；谭海波等，2019），本章将结果变量和各条件变量的95%分位数和5%分位数作为"完全隶属"和"完全不隶属"锚点，将样本数据模糊隶属分数为0.5的点作为"交叉点"锚点。结果变量和各条件变量的测度标准和校准见表5-2。

表5-2   结果变量和各条件变量的测度标准与校准

变量分类	变量名称	指标描述	完全隶属	交叉点	完全不隶属
结果变量	NMGJY	该地区城镇就业总人数的比值	1.5	0.75	0
条件变量	PX	加强农民工职业培训工作的政策条目数	23	12	1
	JY	提升农民工公共就业服务水平的政策条目数	43	22.5	2
	GZ	保障农民工工资报酬权益的政策条目数	56	29	2
	QY	畅通农民工维权渠道的政策条目数	15	7.5	0
	AQ	加强农民工安全生产和职业健康保护的政策条目数	27	13.5	0
	LG	规范使用农民工的劳动用工管理的政策条目数	9	4.5	0
	CB	扩大农民工参加城镇职工社会保险覆盖面的政策条目数	9	4.5	0

4. 结果分析

基于Ragin等人开发的定性比较分析软件fs/QCA3.0对条件和结果变量原始数据进行赋值、测度、校准后，生成如表5-3所示的真值计算结果，由此可知组态视角下条件变量和结果变量可以产生的所有组合关系。显然，每种组态都可以对应一个或多个案例（或是没有案例对应，即"逻辑余项"的组态）。

表5-3   真值计算结果

PX	JY	GZ	QY	AQ	LG	CB	number（频数）	NMGJY
1	0	1	0	0	0	0	1	1

PX	JY	GZ	QY	AQ	LG	CB	number（频数）	NMGJY
1	1	0	0	1	0	0	1	1
1	0	1	1	1	0	0	1	1
1	0	0	0	0	0	0	1	1
1	0	0	1	0	0	0	1	1
1	0	0	1	0	1	0	1	1
1	0	0	0	1	0	0	1	1
0	1	0	0	0	0	0	1	1
0	0	0	0	1	0	0	1	1
0	1	0	1	0	1	0	2	1
0	0	1	1	0	1	0	3	1
0	0	1	0	1	0	0	1	1
0	1	0	0	1	0	0	1	1
0	0	0	0	0	0	0	2	1
0	1	0	0	1	0	0	1	1
0	0	0	0	0	1	1	1	1
0	0	0	0	0	1	0	2	1
0	0	1	0	0	0	0	1	1
1	0	0	0	0	1	1	1	0
1	1	0	0	0	0	0	1	0
0	0	1	0	0	1	0	3	0

（1）单变量必要性分析。首先需要检验的研究前提是某一特定的前因条件（或其组合）可以作为构成结果状态的若干可行路径之一是否出现。这一部分从一致性（Consistency）和覆盖率（Coverage）两方面对单个条件变量即加强农民工职业培训工作的政策（PX）、提升农民工公共就业服务水平的政策（JY）、保障农民工工资报酬权益的政策（GZ）、畅通农民工维权渠道的政策（QY）、加强农民工安全生产和职业健康保护的政策（AQ）、规范使用农民工的劳动用工管理的政策（LG）、扩大农民工参加城镇职工社会保险覆盖面的政策（CB）与结果变量农民工就业状况（NMGJY）之间是否构成充分或必要条件进行检测。

一致性用来度量集合关系被接近的程度，即共享给定前因条件组合的案例在展示特定结果方面的一致程度。覆盖度用来评估每条路径得出结果的案例比例，即前因条件或前因条件组合对于结果集合实例的"解释程度"。当一致性指标大于 0.9 时，则认为其为结果变量的必要条件。基于 fs/QCA3.0 软件对单个变量进行检测，为保证稳健性，本章还对单个变量缺少时（即带有 ~ 标识的变量标签）对结果的影响进行了检测。分析结果如表 5-4 所示，对农民工就业状况良好（NMGJY）结果存在时的单个变量进行必要性分析，结果显示七项单一条件变量的一致性指标均低于构成必要条件的临界值 0.9，各单一变量一致性指标和覆盖率指标表明其对于结果的产生具有一定的解释程度，但无法有效解释农民工就业状况良好的发生条件。这一结果表明了政策视角下农民工就业状况治理的复杂性，即各项政策达到联动配比才有可能达到农民工就业状况的改善。同理，对农民工就业状况欠佳（~NMGJY）结果存在时的单个变量进行必要性分析，各条件变量的一致性指标依旧低于临界值 0.9，无法构成导致农民工就业状况欠佳的必要条件。对比发现，低社会保障（~CB）、低工资保障（~GZ）、低安全保护（~AQ）对于农民工就业状况欠佳的存在（~NMGJY）都具有较高的一致性。但是各政策的缺失与农民工就业状况欠佳这一结果变量之间尚无法构成必要条件。两方分析及对比发现，农民工的就业状况是否较好由诸多因素共同复杂作用而成，后续分析应对各条件变量的组合构型进行考量，有必要综合分析供给、需求和环境三个层面下多重复杂条件的并发联动效应。

表 5-4　单个变量的必要性分析结果

条件变量	含义	结果变量			
		NMGJY		~NMGJY	
		Consistency（一致性）	Coverage（覆盖率）	Consistency（一致性）	Coverage（覆盖率）
PX	高职业培训	0.343860	0.717949	0.419512	0.315018
~PX	低职业培训	0.671930	0.762948	0.62439	0.25498
JY	高就业服务	0.384649	0.779555	0.464634	0.338667
~JY	低就业服务	0.673684	0.777721	0.697561	0.28962
GZ	高工资保障	0.397807	0.863810	0.331707	0.259048
~GZ	低工资保障	0.658772	0.732683	0.82561	0.330244
QY	高维权畅通	0.489035	0.830231	0.42439	0.259121
~QY	低维权畅通	0.563597	0.731360	0.721951	0.336938
AQ	高安全保护	0.236842	0.800000	0.140244	0.17037
~AQ	低安全保护	0.754386	0.709278	0.835366	0.282474
LG	高劳工管理	0.484211	0.859144	0.502439	0.320623

条件变量	含义	结果变量			
		NMGJY		~NMGJY	
		Consistency （一致性）	Coverage （覆盖率）	Consistency （一致性）	Coverage （覆盖率）
~LG	低劳工管理	0.617105	0.775207	0.779268	0.352066
CB	高社保覆盖	0.191228	0.797075	0.159756	0.239488
~CB	低社保覆盖	0.817544	0.730121	0.864634	0.277713

（2）条件组合分析。上文确定了某一特定的前因条件无法单独解释农民工就业结果变量而是需要前因条件的组合这一研究前提后，进一步对7个条件变量进行条件组合分析，将得到若干条件构型（政策组合路径），同样会运用软件对每种构型进行一致性和覆盖率的分析。对于 fsQCA 的这一关键性操作，应用的材料即上文中提及的具有21种组态的真值表（见表5-3）：具有［1］结果的18种组态和具有［0］结果的3种组态。运用 Quinen-McCluskey 算法进行模糊集分析，在不同逻辑上可能的前因条件组合下评估案例分布，评估每一个前因组合的证据的一致性与覆盖率。对于前因组合的前期案例分部检查，选择默认的个案数量为1，一致性阈值为0.8，对真值表中不符合频率阈值的行进行删除，并根据所选的一致性阈值将结果编码为0或1，即可根据频率将某些组合（行）分类为相关组合，而其他组合则不相关。

选择标准分析（Standard Analyses），即可得到三种解，分别为复杂解（Complex Solution）、中间解（Intermediate Solution）和简约解（Parsimoniou Solution）。复杂解是完全根源于变量原本设置情况而产生的结果，简约解纳入了所有"容易"与"困难"的"逻辑余项"，中间解包含"逻辑余项"并且同时考量理论知识与实际情况进行取舍（查尔斯·拉金，2018）。本书结合简单解和中间解进行路径分析，Quinen-McCluskey 算法结果显示，结果的整体一致性（Solution Coverage）为0.869681，整体覆盖率（Solution Consistency）达到0.717105，说明解集对于31个案例集合而言具有较强的解释力。

Fiss（2011）提出核心条件应是简约解和中间解所共同包含的变量，对于仅出现在中间解中的变量应定义为辅助条件。根据三种解的情况，绘制表5-5即农民工就业状况良好主要促成因素的组态分析表。大圆●表示核心条件存在，小圆●表示辅助条件存在，条件存在即条件变量的取值为较高状态；空格表示该条件既可以出现也可以缺失，不影响结果的准确性。农民工就业状况良好的四条驱动路径见表5-5，其中，四条驱动路径对应的具体组态及其一致性、覆盖率指标情况如每一纵列所示。

表5-5　农民工就业状况良好主要促成因素的组态分析

条件	环境支持主导型		需求—供给推拉型		需求—环境互补型	供需—环境联动型
	1	2	3	4	5	6
PX			●			●
JY				●		
GZ					●	●
QY			●	●	●	●
AQ	●					●
LG		●			●	
CB						
Consistency（一致性）	0.897959	0.87796	0.949657	0.895369	0.955752	0.955224
Raw Coverage（原始覆盖率）	0.192983	0.211404	0.182018	0.228947	0.189474	0.112281
Unique Coverage（唯一覆盖率）	0.0842105	0.0464912	0.0324561	0.0228069	0.061842	0.0188596
Solution Coverage（整体覆盖率）	0.717105					
Solution Consistency（整体一致性）	0.869681					

参考Rothell和Zegvel（1985）以政策工具的影响层面为维度对政策工具的划分方法，将7项条件变量政策类目分别划归到供给型政策工具、需求型政策工具和环境型政策工具中，如图5-2所示。

供给型政策工具从劳动力市场供给角度出发，在信息、资金、人才、技术等方面提供支持，为农民工提供职业咨询、职业培训、创业服务等供给，增强农民工就业意愿和能力，直接推动农民工就业的实现。包括加强农民工职业培训工作的政策（PX）和提升农民工公共就业服务水平的政策（JY）。

需求型政策工具从劳动力市场需求角度出发，在稳定与开拓农民工就业市场方面提供支持，在落实企业工资支付和清偿主体责任、完善企业工资支付监控机制、落实清偿欠薪责任、加强农民工法律服务和法律援助等方面采取措施，直接推动农民工就业的实现。包括保障农民工工资报酬权益的政策（GZ）和畅通农民工维权渠道的政策（QY）。

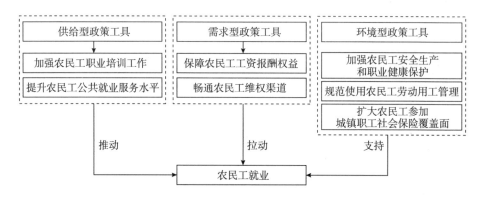

图5-2　政策工具类型与农民工就业的作用关系

环境型政策工具从劳动市场环境角度出发，在就业环境、法规管制、参保政策等方面提供支持，促进劳动合同依法签订、农民工实名制管理有效实行、质量安全生产责任制落地落实、安全生产教育强化培训、城乡社会保险制度衔接有效落实等，间接支持农民工就业的实现。包括加强农民工安全生产和职业健康保护（AQ）、规范劳动用工管理（LG）和扩大农民工参加城镇职工社会保险覆盖面（CB）。

（二）促进农民工就业有效路径的现实阐释

整合剖析以上6种条件组态，可以得到4种路径模型，如图5-3所示。

1. 环境支持主导型路径

该路径模型仅由属于环境型政策工具（AQ、LG、CB）的条件变量作为核心条件或辅助条件，对应组态有组态1、2。

组态1（~GZ * ~QY * AQ * ~LG * ~CB）路径表示为"低工资保障 * 低维权畅通 * 高安全保护 * 低劳工管理 * 低社保覆盖"，符合其路径的代表性省级行政区为内蒙古（18/31）、上海（24/31）、江西（9/31）、宁夏（11/31）；组态2（~PX * ~JY * ~GZ * ~QY * ~AQ * LG）路径表示为"低职业培训 * 低就业服务 * 低工资保障 * 低维权畅通 * 低安全保护 * 高劳工管理"，符合其路径的代表性省级行政区为陕西（24/31）、浙江（27/31）、云南（8/31）。

2. 需求—供给推拉型路径

该路径模型由属于需求型政策工具（GZ、QY）和供给型政策工具（PX、

JY）的条件变量作为核心条件或辅助条件，对应组态有组态 3、4。

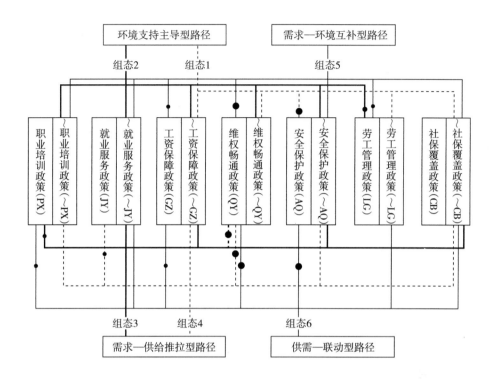

图 5-3 就业政策对农民工就业的影响路径

组态 3（PX＊~JY＊~GZ＊QY＊~AQ＊~CB）路径表示为"高职业培训＊低就业服务＊低工资保障＊高维权畅通＊低安全保护＊低社保覆盖"，符合其路径的代表性省级行政区为西藏（21/31）、广东（13/31）；组态 4（~PX＊JY＊~GZ＊QY＊~AQ＊~CB）路径表示为"低职业培训＊高就业服务＊低工资保障＊高权益畅通＊低安全保护＊低社保覆盖"，符合其路径表示的代表性省级行政区为吉林（17/31）、安徽（5/31）、广西（4/31）。明显可见，此种类型路径对应的省份农民工就业排名情况相对而言居于高位，工资保障和维权畅通条件与其他条件的组态更可能产生促进农民工就业的效果。

3. 需求—环境互补型路径

该路径模型由属于需求型政策工具（GZ、QY）和环境型政策工具（AQ、LG、CB）的条件变量作为核心条件或辅助条件，对应组态有组态 5。

组态 5（~PX＊~JY＊GZ＊QY＊~AQ＊LG＊~CB）路径表示为"低职业培训＊低就业服务＊高供工资保障＊高维权畅通＊低安全保护＊高劳工管理＊低维

权畅通",符合其路径表示的代表性省级行政区为湖南（1/31）、黑龙江（11/31）、重庆（26/31）。

4. 供需—环境联动型路径

该路径模型需属于供给型政策工具（PX、JY）、需求型政策工具（GZ、QY）和环境型政策工具（AQ、LG、CB）的条件变量同时作为核心条件或辅助条件，对应组态有组态6。

组态6（PX ＊ ~JY ＊ GZ ＊ QY ＊ AQ ＊ ~LG ＊ ~CB）路径表示为"高职业培训 ＊ 低就业服务 ＊ 高工资保障 ＊ 高维权畅通 ＊ 高安全保护 ＊ 低劳工管理 ＊ 低社保覆盖"，符合其路径表示的代表性省级行政区为天津（22/31）。

（三）促进农民工更充分就业的对策建议

我国农民工规模庞大、流动迅速、贡献突出、潜力无穷，维护农民工权益是长期以来需要解决的突出问题，解决农民工问题是建设中国特色社会主义的全局性战略任务，稳定贫困地区农民工就业更是近年来扶贫任务的重中之重。然而，已有研究对于影响农民工就业的核心条件及其复杂互动机制尚未形成共识，尚需进一步运用定性与定量相结合的研究方法，对农民工就业政策体系内部的关系结构与协同机制开展深入探讨。基于此，本章以我国 31 个省级行政区的农民工就业情况为案例，收集各省农民工就业政策文本，基于组态视角、政策工具视角对就业政策进行归类，并使用 fsQCA 方法探讨了农民工就业政策对于农民工就业的影响路径，从条件组态的角度探究了就业政策与农民工就业的因果关系，揭示了就业政策多条件组合对农民工就业的驱动路径机制。

研究结果表明，第一，职业培训、就业服务、劳动管理、工资保障、社保覆盖、安全保护、维权畅通 7 项政策条件均无法单独构成农民工就业状况良好的充分或必要条件。而 7 项条件变量的组态构成了农民工就业状况良好的驱动路径。第二，就业政策对农民工就业状况良好这一结果状态有四种驱动路径，分别是环境支持主导型路径、需求—供给推拉型路径、需求—环境互补型路径和供需—环境联动型路径。其中，以"加强农民工安全生产和职业健康保护"作为核心条件及以"规范使用农民工的劳动用工管理"作为辅助条件的组态共同构成环境支持主导型路径。以"畅通农民工维权渠道"作为核心条件，以"加强农民工职业培训工作"或"提升农民工公共就业服务水平"作为辅助条件的组态共同构成需求—供给推拉型路径。以"畅通农民工维权渠道"作为核心条件，以"保障农民工工资报酬权益"和"规范使用农民工劳动用工管理"作为辅助条件的组态构成需求—环境互补型路径。以"畅通农民工维权渠道"和"加强农民工安全生产和职业健康保护"作为核心条件，以"保障农民工工资报酬权益"

和"加强农民工职业培训工作"作为辅助条件的组态构成供需—环境联动型路径。第三，对于就业情况排名居高的地区而言，"畅通农民工维权渠道"和"加强农民工安全生产和职业健康保护"是不可或缺的两项，其中，"畅通农民工维权渠道"这一政策的出现能够覆盖近83%省份的情况，"加强农民工安全生产和职业健康保护"这一政策的出现能够揭示约80%省份的就业路径驱动机制。

在理论层面，本章首先以政策工具为框架，结合我国农民工就业实际特点，提出了我国农民工就业政策对农民工就业影响路径整合性分析框架。与以往对农民工就业政策研究采取的单一分类法不同，该分析框架囊括了供给型、需求型、环境型三种政策工具的有机结合，并结合农民工就业特殊情境，对三种政策工具进行扩展细化，衍生出7项条件变量构成组态间定性比较分析的前提。而这有利于研究者更科学全面地把握我国农民工就业政策的驱动机理，从而强化实证研究的内外共同效力。其次，以组态分析为视角，实证探究上述政策工具框架下职业培训、就业服务、工资保障等政策条件变量在优化农民工就业工作上的协同效应以及匹配模式，丰富了政策工具框架在揭示变量间复杂因果关系的应用。多数学者的研究聚焦于传统数据分析方法（如多元回归等），多集中于自变量对结果的"净效应"，在属于定量分析的严谨和规范的范畴内做出建树（Ragin Charles C，2014），少有学者对于农民工就业政策多重条件之间的联动匹配对农民工就业的影响进行探究。基于此，本章的研究成果将会进一步深化同领域研究者对于就业政策促进农民工就业驱动机制这一复杂现象背后机理的理解。最后，以 fsQCA 为主要方法，厘清了就业政策对促进农民工就业的驱动路径和条件组合关系。研究发现，以维权畅通、安全保护政策为核心条件的多元组态能够最大程度促进农民工就业的实现，深化了农民工就业政策在促进就业实践层面的解释层次。

在实践层面，本章认为，以农业转移人口更充分和更高质量的就业遏制城镇化增速趋缓的态势应成为"十四五"期间孕育城市群、城市带新生发展的题中之义。在新增农民工增速趋缓、流动性降低同期延缓城镇化增速的形势下，通过联动户籍改革、社保完善以及公共服务均等化从而大力推进存量农民工稳岗就业落户城镇至关重要。与此同时，本章对于辅助推进 2020 年 11 月国务院发布的《关于开展根治欠薪冬季专项行动》的意见落实具有一定程度的积极意义。此外，对于回应 2020 年 8 月人社部、国家发改委等十五部门联合发布的《关于做好当前农民工就业创业工作的意见》中"优先保障"农民工"拓宽渠道外出就业、就地就近促进就业"的要求，以及如何对农民工就业政策进行收效显著的优化这一议题均具有一定程度的实践落地价值。本章对政府优化政策建议如下：

第一，完善政策工具体系，基于整体视角解决就业难题。7 项条件变量的组态构成了农民工就业状况良好的驱动路径，这意味着任何一项单独政策工具下的政策均无法独立实现农民工就业的促进，政府需要基于现有资源禀赋，以"整体视角"统观全局，"因地制宜"配适不同条件，在政策工具全面完善的基础上科学优化各地农民工就业驱动路径。

第二，健全就业推拉机制，努力实现更充分的就业。加强就业供给和稳定就业需求的政策直接联动农民工就业实际。需求型政策中的"维护权益"政策和环境型政策中的"安全保护"政策使用频繁，体现出我国政府一直以来对于需求满足、环境构建方面的重视，同时也从侧面反映出这部分政策的连续性欠佳、实施效果有待提升的情况，仍需优化提升。需求型政策中"参保覆盖"的政策部分地区存在留白，还需通过与供给政策的良性配合实现农民工的更充分就业。

第三，构建良好就业环境，促进就业质量改善提升。改善农民工劳动用工管理，在弹性就业、灵活用工、共享用工等后工业时代新形势下实现劳资共赢。加强农民工安全教育培训工作，建立健全培训教育协调机制，同时加强监督检查执法力度和动态性。制定行之有效的长远制度安排，在财政、金融、就业扶持等政策保障上协同发力，确保农民工可支配收入足额按时落实，将农民工租赁住房等物资计划纳入各地统筹分配中长期计划。兜实基本民生底线，着力消除城乡二元结构，以农民工就业环境层面的新型城镇化为"以人为核心"的新型城镇化焕发全新活力，为"十四五"时期新型城镇化迈向高质量发展阶段注入全新动能。

第六章　促进灵活就业者就业质量提升研究

随着数字经济的快速发展和网络信息技术的广泛应用，我国新就业形态劳动者的数量和比例都在不断上升，新就业形态正日渐成为扩大就业的重要渠道。正因如此，2015 年 10 月党的十八届五中全会通过的《中共中央关于制定国民经济和社会发展第十三个五年规划的建议》明确提出，"加强对灵活就业、新就业形态的支持，促进劳动者自主就业"，2016 年的《政府工作报告》中也提出"新就业形态"的概念，要求加强对灵活就业、新就业形态的支持，可见新就业形态在我国经济生产活动中的地位和作用日益重要，并已引起政府有关部门的高度重视。显然，加强新就业形态劳动者的就业质量研究，努力促进和提升新就业形态从业人员的就业质量，对党的十九届四中全会提出的"健全有利于更充分更高质量就业的促进机制"的目标，以及"建立促进创业带动就业、多渠道灵活就业机制"的任务都有着十分重要的理论价值和现实意义。

一、促进新就业形态发展的现实问题

（一）新就业形态的概念、特征和分类

关于新就业形态的概念界定和理论分析，研究者从不同的角度对此进行研究，形成了较为丰富的研究成果，总结起来主要有以下方面：

1. 新就业形态概念界定

在政策制定和实践领域层面，新就业形态的概念最早见之于 2015 年 10 月召开的中共第十八届中央委员会第五次全体会议公报，提出了"加强对灵活就业、新就业形态的支持"，其后研究者对"新就业形态"的概念和理论含义展开研究与解释，如从生产力和生产关系两个角度对新就业形态进行解释，并从生产关系角度出发，侧重于就业最终表现形式提出新就业形态就是"伴随着互联网技术进步与大众消费升级出现的去雇主化、平台化的就业模式"（张成刚，2016；中国就业促进会，2017）；有的研究者从发展的观点出发提出新就业形态是一种过渡性的未形成独立形态的一种就业形式（朱松岭，2018）。总体而言，学界目前倾向于认为新就业形态是一种伴随技术进步尤其是信息科技和网络应用技术进步而出现，在就业时间、就业方式、就业内容方面均与传统正规就业和传统非正规就业有所区别、同时还在不断发展的一种新型就业形式。

2. 新就业形态特征描述

在对新就业形态的概念进行界定的基础上，研究者们也对新就业形态的特征进行了描述和分析，总结起来可归为以下两个方面：

一是新就业形态岗位自身特征，具体表现为新就业形态岗位更多出现在电子商务、共享经济、社群经济等新兴业态或领域中，且大都得到互联网、大数据等新技术手段支持（张成刚，2016）；劳动方式更加灵活，劳动者与生产资料的结合方式更加多样，生产环节和工作内容不再唯一固定，劳动时间更加自由（王松，2018）；视具体工作内容不同，可能对劳动者的能力素质提出了更高的要求（韩巍，2017），而对劳动者的组织依赖性则有了明显的下降（张成刚，2016）。

二是劳动者和雇主之间关系的特征，与传统的正规就业或者非正规就业相比，新就业形态中的劳资关系表现出更强的弹性和灵活性，主要表现在临时性和多重性两个方面，他们与所服务的平台更多表现为工作任务外包的合作关系而非雇佣关系，往往没有明确或者正式的雇佣合同，工作任务也灵活多样，与平台之间呈现去雇主化或自我雇佣的特性。与此同时，劳动者也可以与多个平台同时存在服务关系或合作关系，同时从事多个相近工作，而不必局限于同一雇主（张成刚，2016；王松，2018）。

3. 新就业形态典型分类

新就业形态依托于网络信息科技的进步而出现，是一个多元和复杂的概念范畴，且仍然在不断地发展变化之中。为了对这一概念进行更清晰的界定，从一定角度使用一定的标准对新就业形态的具体表现形式进行分类显然具有重要的理论和实践意义。总结起来，研究者们对新就业形态的典型分类可以根据是否属于创业创新活动、有无网络平台支持两个维度划分为四类：依托于网络平台的创业者（淘宝、民宿店主等）、依托于网络平台的劳务提供者（平台化快递员、送餐员、网约车司机等）、不依托于网络平台的创业者（创客、项目孵化期创业人员等）、可以不依托于网络平台的专业技术提供者（自由撰稿人等）（张成刚，2016，2018；张成刚和祝慧琳，2017；王松，2018）。

（二）新就业形态发展现状及存在问题

《数字经济新就业形态发展研究报告（2020）》显示，目前，数字经济催生的新就业形态已经成为我国吸纳就业的重要渠道。但是，与西方国家不同，我国目前的新业态从业者主要集中在中低端服务业，因而面临着较大的社会风险（鲁全，2021）。国家统计局发布的《新产业新形态新商业模式统计分类（2018）》

主要确定了三位数分类"互联网平台",更高一级分类为"互联网与现代信息技术服务"。目前中国引用较为广泛的数据是自 2016 年起每年发布的《共享经济发展报告》(张成刚,2020)。另一项具有影响力的研究是新经济带动的就业规模,将新经济定义为新技术经济与新业态经济的结合,再使用投入产出法计算新经济带动的就业规模(张车伟、赵文、王博雅,2017)。除此之外,还有主要的平台运营公司通过各自的研究报告提供了部分关于新就业形态规模的信息,如《阿里巴巴零售电商平台就业吸纳与带动能力研究》(中国人民大学劳动人事学院,2018)、《中国新就业形态就业质量研究报告》(首都经济贸易大学劳动经济学院,2018)、《数字经济新就业形态发展研究报告》(中国社会科学院,2020)等。由于新就业形态与传统就业形态的定义存在诸多差异,目前的统计技术有限,关于新就业形态的增长率主要根据上述研究粗略推断。

针对新就业形态,国际劳工组织提出了"非标准就业"概念,是指不同于标准就业的、更加灵活的就业形式,主要包括临时工、兼职、临时机构、分包、依赖自营职业以及伪装的雇佣关系等(ILO,2017)。近年来,我国的新就业形式在生产活动组织、价值交换方式、劳动场所和劳动参与等方面涌现出显著的"非标准"特征(关博,2019),在对传统用工和社保管理制度带来巨大冲击的同时,也给新就业形态劳动者带来巨大风险。尤其是在消费互联网领域资本无序扩张的过程中,要警惕互联网平台型就业"野蛮成长"带来的就业质量风险(王琦,2021)。首先,从中长期来看,受行业规范性等因素影响,新就业形态岗位缺少稳定的工作价值成长路径,低门槛挤压人力资本溢价,劳动者无法通过劳动权益保护机制落实工资权益保障(蔡昉,2013)。其次,新就业形态的劳动方式缺少明晰的法律界定,劳动者遇到不法侵害申请维权时会遇到"于法无据"的情况(李岩,2014),权益保障实施难度大。再次,新就业形态劳动者在事实上呈脱离工会组织的状态,不仅使得工会取得的积极进展不能平等惠及新就业形式劳动者(常凯,2013),也使得工会对新就业形式劳动者权益代表和权益保护相关工作无法有效开展。最后,无论新就业形态劳动者参加职工社会保险制度就业地与户籍地是否分离,都存在总体水平过低、缴费与激励关系模糊、新就业形态劳动者经济负担能力和风险分担需求不相匹配的保障供给情况(宋晓梧,2017)。

二、新就业形态典型职业的特征分析①

我国正处于经济发展模式转型的关键时期,新的就业模式和劳动模式不断涌

① 本节相关内容原载于:Organizational Psychology[J]. A Section of the Journal Frontiers in Psychology,2022(13).

现（闫慧慧等，2022）。截至 2021 年 12 月，我国互联网普及率高达 73%，为电商直播模式提供了强有力的基础条件支撑。此外，2020 年新冠疫情的暴发使得网购模式成为消费者的优先选择，且网购模式的便捷高效特征尤为符合当下消费者的消费需求。中国互联网络信息中心发布的《中国互联网络发展状况统计报告》显示，我国网民规模达到 10.32 亿次，其中网络购物用户群体占到网民规模的 81.6%。移动通信技术的优化升级、消费者对消费体验的需求升级以及疫情冲击下的营销模式和渠道的转变等因素不断推动着互联网营销师职业的发展。在直播与电商行业的结合中，线上营销员经历了从网红带货到直播主播的称谓，直至在 2020 年 7 月，人社部等部门将互联网营销师列为当下新职业之一并将此职业正式归入《国家职业分类大典》（吴绮雯，2021）。

互联网营销师作为新就业形态的典型职业代表，其在我国新冠肺炎疫情期间扮演着稳就业的主力军的角色。互联网营销师是指在数字化或信息化平台上，基于互联网的交相互动性与传送发布公信力的特征，对公司商品进行众平台销售推广的人员。自直播元年过去已有将近 6 年的时间，互联网营销师作为一个伴随着互联网技术的不断改进和完善而发展至今的新兴职业，其职业的生命周期持续性已经受住时间的考验，并且越来越得到社会的认可。随着人社部和国家市场监管总局的职业认证，网络营销师也越发得到社会群众的认可。然而，互联网营销师职业工作内容的新颖性，加上内外部环境的激烈变化，使得就职于该职业的互联网营销师们常需承担各种显隐性负担，心理上的情绪枯竭往往会对其个人乃至工作发展造成消极影响。对心理韧性品质的探索和完善赋予个体反思逆境带给生活的意义和价值的机会。因此，有必要从积极心理学视角对互联网营销师这一新就业形态典型职业的职业特征开展研究。

（一）互联网营销师职业特征理论模型

1. 相关概念和研究文献

心理韧性是指个体在遭遇挫折及负面情绪或事件之后仍能维持良性发展的静态情形（Masten et al.，2006），或个体在外部剧烈和破坏性变化的影响下能够主动进行自我复原以克服逆境并从挫折中反弹的能力（周密等，2016；Mak et al.，2011）。在与韧性相关的实证研究文献中，无论是在临床心理学领域还是在积极心理学领域中，均可以看到韧性对于个体在遭受创伤之后的适应、恢复以及和身体健康等相关的功能方面发挥着重要作用（Lee et al.，2013）。在工作环境中的心理韧性研究则指出，心理韧性作为心理资本能力的典型性代表，高心理韧性的个体更能够克服内外部压力，更愿意视情况需要与他人进行合作并且承担相应的风险（Han，2021）。

工作投入是指个体在日常工作中所感知到的正能量情绪体验，具有时间持续性较长并且可多维发散作用于个体工作过程的特点（林琳等，2008）。工作要求—资源模型指出，影响工作投入程度的因素大体包括员工自身资源和工作所需资源两类，其中自身资源是指自我效能、韧性和乐观等个体积极特质变量。心理资本理论也提出，个体内部具备的心理资本资源，能够激发个体产生积极向上的成就动机、补充个体工作所消耗的能量，加强工作认同，进而最终促进工作投入的作用（Cheung et al.，2011；Clark et al.，2021）。工作投入处于高水平时意味着个体在完成工作的过程中会拥有较多正向情绪和感受（Bakker et al.，2008；Awan et al.，2020）。同样，个体的积极心理状态也可反映在心理资本要素上，心理资本高的员工工作态度会更加乐观和积极，也会为社会创造出更多的价值。具体而言，工作投入相关的效果变量主要包括工作满意度（郭钟泽等，2016）、工作绩效（李永周等，2015）、离职倾向（杨坚等，2017）以及组织公民行为等（Diefendorff et al.，2002；耿庆岭等，2016）。

工作负荷是指个体能力评估工作需求负荷的指标值（王敏、李淑敏，2017）或是以完成工作要求为目的而需付出的全部成本之和，即个体在执行任务时所需的主观认知与客观资源的融合（Veltman，1996；耿赫等，2020）。目前的国内外文献中，尽管有学者提出工作负荷作为重要的"挑战型"压力源，其能够起到激励个体积极努力工作的作用（Cavanaugh et al.，2000）。但是，更多的实证研究表明，工作负荷在个体认知层面和组织成长层面，均对其呈负向影响作用（Sonnentag et al.，2015）。从个体的工作态度及幸福感角度看，工作负荷对工作绩效、工作满意度（Nirel et al.，2008；Hausser et al.，2010）以及工作投入均具有负面影响（Weigl et al.，2016）。从组织利润和成长角度看，工作负荷明显正向作用于组织员工的离职倾向性（Torres et al.，2016）。作为当下新兴产业代表的直播行业中的典型性职业，互联网营销师在工作中常常需承担较大的工作负荷。在工作要求与工作投入的实证研究中，可以发现激起个体动力的任务对工作投入具有明显正向影响，而压抑性任务则显著负向作用于工作投入（张文勤等，2017）。此外，具体来看，挑战性压力源（如高工作负荷、时间压力、工作范围和责任等因素）在损耗个人大量的资源时，也会给员工带来期望，如工资上涨、个人成长和自我实现等物质和精神上的回报（Crawford et al.，2010）。

2. 研究的理论基础

心理资本的概念形成及其在组织中取得价值认同，都得益于积极心理研究向组织研究的深化。在人力资本和社会资本理论和研究的基础上，心理资本更加关注"人"作为一个整体其本身的发展历程，将研究重心放在个体的特质和发展走向上。与传统的人力资本和社会资本相同的是，心理资本同样涵盖才干、专业技能和实践经验以及社会支持和社会关系网络等群体层面的内容。但是，心理资本更聚焦于个体从实际的自我向潜在的自我转变的过程，即个体的发展。在无边界组织生涯中，人力资本、社会资本和心理资本三者作用的整体效应是实现人的潜在力量的重点所在。相较于单项资本而言，三种不同类型的资本协同作用时会有更为显著的影响，即意味着心理资本能带来更为显著的影响，并且整体影响效应会远大于单个资本要素作用下的影响效应之和。无论是从个体层面还是从总体层面上看，心理资本理论都有助于现代组织更加全面理解现代人力资源以及人力资源的投入。作为组织行为学的重要研究基础，心理科学的发展趋势也在一定程度上影响到组织行为学的研究取向。积极心理学倡导关注积极力量或潜力，即以人的乐观心态、良好行为和美好特质为研究对象，认为个体需要通过正确对待心理问题来维持正常的心理健康状态，在此过程中最为重要的则是使个体内部积极乐观的力量维持在正常水平。

Hobfoll（1989）提出的资源保存理论或压力理论主要用于说明资源在个人和其所处的环境之间来回作用的过程。资源保存理论最为基础的假定是：人们在实际的工作中面临实际或潜在资源损失时，人们会为了消除资源损失带来的威胁感而尽可能多地保存、维护和获取珍贵资源。资源保存理论有三个重要的相互联系的推论：资源保护优先、资源获取次要和创造额外资源。资源保护优先是指当资源出现实际损失时，个人对所拥有的资源的保护意识要高于获取额外资源的意识，原因在于个体愈是珍惜的资源获取难度也会相应增大，因而对资源的实际损失也会额外紧张和敏感。资源获取次要则是指个体获取资源的动机弱于个体保存资源的动机，但是并不意味着获取额外资源是不可取的。资源的获取一方面可以降低资源实际或潜在损失的风险，另一方面可以为获取额外珍惜资源创造机会，即起到积累性激励作用。创造额外资源是指个体会采取多渠道多途径去争取额外珍惜资源，以增加资源储备量。人们在现实工作和生活当中，会对自身所扮演的各种角色进行识别和评估，目的是择取风险较低而回报相对较高的角色进行盈余资源的创造，以应对未来可能出现的资源损耗。工作压力作为个体消耗资源的压力源，会激发出个体保护资源的动机，然而最新研究指出个体的资源获取动机在资源枯竭时同样可以被激发出来，所以工作压力会激发资源保存还是资源获取动机取决于何种动机更有利于应对资源损耗。

3. 研究假设构建

当个体具备较高心理韧性时，其在工作时可以表现出更高的工作投入度，更可能发展出良好的人际关系，随之其工作报酬和晋升机会也会提高，个体对工作也会感到更加满意。学者通过研究证实心理韧性与工作绩效呈现出正相关关系（Luthans et al.，2005），无论是在正常的工作环境还是在极端的工作环境中如军事格斗（Schaubroeck et al.，2011）。有韧性的个体能够更快更好地解决问题以及走出困境，并最终取得长足的职业发展。据此提出：

假设1：互联网营销师的心理韧性对其主观职业成功存在正向影响。

如今，网络直播行业虽日趋规范，但是由于正面信息传递到公众的路径很少，仍有部分群众对该群体保留有"低俗化""污名化"的刻板印象，导致互联网营销师职业的社会认同度较低。对于互联网营销师群体而言，政府层面社会保障制度的相对缺失以及媒体舆论的负面倾向传播，导致他们在工作过程中经常会遭受较为严重的挫败感。在面对伤害或者困境时，抗挫折能力强的个体仍会在日常工作中维持高投入度，而心理韧性水平不太高的群体则会由于负面情绪的影响而无法专心工作。从心理资本的实证研究中得知，心理资本必与组织的工作成果相关。然而，工作投入及工作满意度等工作态度变量也已被证实与工作绩效结果变量存在正相关关系，因此可以得知心理资本与员工的工作投入应该是相关的。因此，心理韧性水平高的个体更能对本职工作保持较高的投入程度，在职业领域内则体现为专注、高强度工作意愿和高成本付出。据此提出：

假设2：互联网营销师的工作投入在心理韧性与主观职业成功的关系中起到中介作用。

此外，工作负荷在实证研究中的传递机制中的作用引起学者们热烈的讨论。根据需求—管理控制模型可知，当工作环境中产生心理情绪应激源时，员工会选择增强主观能动性即继续努力工作来维持高绩效水平。因而，个体在选择加强主观努力时激活脑内交感神经的程度越高，其产生的心理成本也越高。长此以往，当个体长期面临高强度的工作环境时，极易出现自身能源枯竭的现状，从而产生职业倦怠。学者们在工作需求—管理模型的基础上进一步深化研究，认为个体在应对高工作要求时会出现两种结果：一种是以付出更高的心理成本即过度劳累来适应高要求，完成上级设置的目标绩效；另一种则是以避免心理成本的过度消耗为目的来维持正常的努力输入程度，但会降低最终完成的工作绩效水平。据此提出：

假设3：互联网营销师的工作负荷正向调节工作投入在心理韧性和主观职业成功关系中的中介作用。

综上所述，本章构建的互联网营销师的心理韧性、工作投入、工作负荷和主观职业成功之间的理论模型和研究假设如图6-1和表6-1所示。

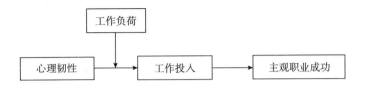

图 6-1 互联网营销师职业特征理论模型

表 6-1 互联网营销师职业特征研究假设汇总

假设	假设内容
假设 1	互联网营销师的心理韧性对其主观职业成功存在正向影响
假设 2	互联网营销师的工作投入在心理韧性与主观职业成功的关系中起到中介作用
假设 3	互联网营销师的工作负荷正向调节工作投入在心理韧性和主观职业成功关系中的中介作用

（二）互联网营销师职业特征问卷调研

1. 研究样本

本章研究在具体操作过程中，调查对象的选取并不局限在某一固定平台，问卷来源主要为来自江苏连云港和湖北十堰两处的直播基地以及来自北京、上海、深圳等多个城市的互联网营销师。此外，本章的调研方法采用电子问卷的形式。在具体发放过程中，主要通过微信平台进行问卷的发放和回收工作。本次调研共发放问卷 240 份，回收问卷数量为 224 份，问卷回收率为 93.3%。在经过检查后，排除 16 份无效问卷，最终留存的有效问卷数量为 208 份，有效回收率达到 92.8%。所有研究对象均独立完成调查项目。

2. 变量测量

（1）互联网营销师的心理韧性。本章中，心理韧性的概念界定为特质型或能力型，与该定义相符的用于测量互联网营销师的心理韧性的量表是 CD-RISC（Connor et al.，2003）韧性量表。Connor-Davidson 设计开发的心理韧性成熟量表，是用于评估个体在困境时自身以及家庭和社会提供的保护性因素使其顺利走出逆境并最终得到成长的积极心理特质。CD-RISC 韧性量表是目前学者们最常采纳的评估韧性水平的量表。然而，由于 CD-RISC 量表的设计背景基于欧美文化，所以我国学者于肖楠、张建新（2007）参考国外成熟量表，基于中国文化为背景，开发出适于本土研究的心理韧性测量工具。Connor-Davidson 韧性量表将心理韧性分为坚韧（我能实现自己的目标）、自强（我能适应变化）和积极乐观（无论发生什么我都可以应付）三个维度，共有 25 个题项内容。采用李克特七点量表计分法，计分方式从"非常不同意"到"非常同意"依次计 1 分到 7 分。

同时，量表的分值越高代表个体具备越强的心理韧性。心理韧性量表中文版的克朗巴哈系数达到 0.91，且三因素结构划分合适，意味着采纳的量表在文章分析过程中体现出较好的效度。

（2）互联网营销师的工作投入。本章所采用的评估工作投入水平的测量量表是 UWES 量表的简版量表 UWES-9（Bakker et al.，2008）。该量表是在工作投入模型的基础上编制和修订的，具体包括活力、奉献以及专注三因素。活力维度的题项是用来评估个体的高力量、高弹性的水平，个体愿意为工作付出时间和精力的意愿以及不易倦怠和在面对困境时的坚定和维持等，例如"在工作中，我察觉到自己迸发出能量"；奉献维度的题项是用来评估个体从其职业当中所获取的意义感和价值，对工作的激情和骄傲感等，例如"我对我自己的职业感到自豪"；专注维度的题项则是用来评估被测试研究对象完全沉浸在其工作当中的水平，例如"当工作紧张的时候，我会觉着快乐"。中文版的工作投入评估量表（张轶文等，2005）得分也相对稳定。其中，活力、奉献以及专注三因素具有良好的内部一致性，克朗巴哈系数均超过 0.70。

（3）互联网营销师的工作负荷。本章所采用的工作负荷量表为 Peterson 的"角色过载量表"（Peterson et al.，1995）。Peterson 等人在其关于角色矛盾、角色不清晰以及工作负荷的跨国别文献研究中，基于研究内容开发出工作负荷感评估量表。工作负荷感量表共有 5 个题项，如"我的工作数量阻碍了我想保持的工作质量"等。在工作负荷的主观感知层面，互联网营销师并无显著性不同的职业特征，所以本章中的所有量表条目与原量表的中文译版条目保持一致。角色过载量表的克朗巴哈系数值达到 0.88。

（4）互联网营销师的主观职业成功。主观职业成功作为个体对自身职业发展成功状况的主观感知，其在具体测量时需要个体根据自身实践体会和感受做出主观衡量，很难通过从事的组织单位或依靠第三方的外界观察获悉结果。基于主观职业成功的概念内涵，目前诸多学者采用职业满意度（Greenhaus et al.，1990）或工作满意度来测量被试感知到的主观职业成功。本章的主观职业成功测量量表为 Greenhaus 开发的 5 题项量表（如我对自己职业所取得的成功感到满意），与主观职业成功的定义相契合，该量表主要通过职业满意度指标来衡量个体的主观职业成功水平。Greenhaus（1990）的主观职业成功量表信度效度水平均表现良好，并且也得到众多我国的样本数据的支持与验证，因此也是使用范围较为广泛的主观职业成功量表。主观职业成功量表的克朗巴哈系数值达到 0.95。

（三）互联网营销师职业特征实证分析

1. 描述性统计

本章的问卷填写对象主要来自江苏连云港和湖北十堰两处的直播基地以及来

自北京、上海、深圳等多个城市的 208 个互联网营销师。根据数据对其基本信息进行描述性统计分析，内容如表 6-2 所示。

表 6-2　有效调研样本构成人口统计信息表（N=208）

控制变量	样本特征内容	频数	有效百分比（%）	累计百分比（%）
性别	男	79	37.90	37.90
	女	129	62.10	100
年龄	20 岁以下	0	0	0
	21～25 岁	52	25	25
	26～30 岁	41	19.71	44.71
	31～35 岁	47	22.60	67.31
	36～45 岁	41	19.71	87.02
	46 岁以上	27	12.98	100
学历	高中以下	0	0	0
	高中	10	4.81	4.81
	大学专科	154	74.04	78.85
	大学本科	42	20.19	99.04
	硕士研究生	2	0.96	100
	博士研究生	0	0	100
工作时长	不满一个月	36	17.31	17.31
	一个月至六个月	45	21.63	38.94
	六个月至一年	38	18.27	57.21
	一年至三年	59	28.37	85.58
	三年至五年	8	3.85	89.43
	五年以上	22	10.57	100
工作收入	2000 元以下	9	4.33	4.33
	2000～3000 元	12	5.77	10.10
	3000～4500 元	34	16.35	26.45
	4500～6000 元	34	16.35	42.80
	6000～8000 元	24	11.54	54.34
	8000～10000 元	34	16.35	70.69
	10000～15000 元	28	13.46	84.15
	15000～20000 元	21	10.10	94.25

控制变量	样本特征内容	频数	有效百分占比（%）	累计百分占比（%）
工作收入	20000~30000 元	12	5.75	100
	30000~50000 元	0	0	100
	50000 元以上	0	0	100

注：以上统计均排除了缺失值。

样本中性别方面，男性 79 人，女性 129 人，分别占到总样本数的 37.90% 和 62.10%，从数据结果可以看出，男女占比在此次调查问卷对象中存在显著偏向，即在回收的样本中女性从事互联网营销师的人员要显著多于男性，这与在现实社会中所观察到的现象是相吻合的。年龄方面，20 岁以下为 0 人，21~25 周岁的达到 52 人，占总样本比例均为 25%，26~30 岁以及 36~45 岁的均为 41 人，占总样本比例均为 19.71%，31~35 岁的 47 人，占总样本比例为 22.60%，46 岁以上的 27 人，占总样本比例为 12.98%。从年龄占比可以看出，互联网营销师的年龄最多集中在 21~25 岁，说明当下从事此职业的年轻人群体较多，也与该职业作为灵活就业代表的特征相吻合。学历方面，学历达到大学专科水平的互联网营销师人员最多，共有 154 人，占到 74.04%，其次是大学本科水平和高中水平，占总样本比例分别为 20.19% 和 4.81%，并且从中可以看出学历低于高中水平以及学历达到博士研究生水平的人员均为 0，说明目前从事该职业的群体的学历呈现出正态分布的特征，较高学历人群和较低学历人群的数目尚且不多。工作时长方面，入职时间在一年至三年的人数最多，占到总样本比例的 28.37%，其次是入职时间在一个月至六个月和六个月至一年的，人数分别为 45 人和 38 人，占总样本比例为 21.63% 和 18.27%，这也间接证明互联网营销师作为新职业其生命周期已经经受住时间的考验。工作收入方面，在 6000 元以下的 89 人，占总样本比例为 42.80%，在 6000~10000 元的 58 人，占总样本比例为 27.89%，在 10000~30000 元的 61 人，占总样本比例为 29.31%。从中可以看出，互联网营销师的大多群体的收入仍然不高，这与目前头部互联网营销师仍赚取行业内顶尖资源和流量的现象是相契合的，也从另一方面反映出基层互联网营销师较难吸引到群众的流量，若想突破收入水平还有一定难度。

2. 研究假设检验

（1）心理韧性对主观职业成功的影响。采用线性回归方法对研究假设进行验证性分析，结果如表 6-3 所示。在控制互联网营销师的性别、年龄、学历、工作年限和工作收入等变量之后，发现互联网营销师的心理韧性与其主观职业成功之间显著正相关（β＝0.310，p＜0.001），据此可知假设1得到支持，即互联网营销师的心理韧性对其主观职业成功具有正向影响。此外，在具体检验工作投入的中介作用之前，需对互联网营销师的心理韧性与工作投入的相关关系以及互联网营销师的工作投入与主观职业成功之间的相关关系进行分析。结果显示，在控制互联网营销师的性别、年龄、学历、工作年限和工作收入等变量之后，发现互联网营销师的心理韧性与其工作投入之间显著正相关（β＝0.186，p＜0.001），且互联网营销师的工作投入和主观职业成功之间也显著正相关（β＝0.291，p＜0.001）。

表6-3　假设检验的回归分析结果

	工作投入		主观职业成功			
	模型 1		模型 2		模型 3	
	β	S. E.	β	S. E.	β	S. E.
性别	−0.028	0.138	−0.006	0.181	0.002	0.178
年龄	0.026	0.051	0.118	0.067	0.111	0.066
学历	0.447***	0.135	0.256***	0.176	0.126	0.204
工作年限	−0.007	0.046	−0.029	0.060	−0.027	0.059
工作收入	0.323***	0.036	0.036	0.047	−0.058	0.051
心理韧性	0.186***	0.047	0.310***	0.062	0.256**	0.063
工作投入					0.291***	0.091
工作负荷	−0.036	0.038	−0.084	0.050	−0.073	0.049
心理韧性×工作负荷	0.126**	0.077	0.103	0.101	0.066	0.101
R^2	0.609		0.302		0.336	

注：N＝208，代表标准化后的回归系数分析结果；＊代表 $p<0.05$，＊＊代表 $p<0.01$，＊＊＊代表 $p<0.001$。

（2）工作投入在心理韧性与主观职业成功的中介作用分析。为了检验假设2中工作投入的中介作用，我们采用 Bootstrapping 的方法，运用 SPSS 中的程序进行了检验（Preacher et al.，2008）。为检验本章构建的中介模型，在具体操作时，设定随机抽样5000次采用95%置信区间进行检验。获取到中介效应量的具体数值。如表6-4所示，从回归分析的结果中可以看到，心理韧性为自变量时其对工作投入进行预测证明中介效应前半段检验结果成立（β＝0.198，p＜0.001）。其次从心理韧性和工作投入共同对主观职业成功进行预测的结果中，可以看到心理韧性显著正向预测主观职业成功（β＝0.254，p＜0.001）。同时从表格中数据可以看到，工作投入显著正向预测主观职业成功（β＝0.307，p<0.001），说明直接效应成立同时中介效应后半段成立。最后，以心理韧性为自变量对因变量主观职业成功进行预测，从表格中数据得知β＝0.315，p<0.001，说明总效应成立。

表6-4 工作投入的中介效应检验

	工作投入		主观职业成功		主观职业成功	
	β	p	β	p	β	p
性别	−0.0856	0.5415	0.0073	0.9670	−0.0190	0.9172
年龄	0.0380	0.4612	0.1230	0.0613	0.1347	0.0458
学历	1.2423	0	0.3510	0.0853	0.7329	0
工作年限	0.0008	0.9868	−0.0205	0.7260	−0.0203	0.7357
工作收入	0.2549	0	−0.0315	0.5310	0.0469	0.3081
心理韧性	0.1980	0	0.2538	0.0001	0.3146	0
工作投入			0.3074	0.0007		
R^2	0.595		0.328		0.288	
F	49.191		13.921		13.541	

为进一步检测中介效应为完全中介或部分中介，以及如果为部分中介时其中介效应量的具体数值。基于Process3.0插件，通过上述检验进行中介模型效应量检验，同样采用Bootstrap随机抽样进行，设定随机抽样次数5000次，选择置信区间为95%。最终得到分析结果如表6-5所示，可以看到总效应的效应量为0.315，其置信区间为［0.193，0.436］，说明总效应显著；直接效应量为0.254，其置信区间为［0.131，0.377］，说明直接效应显著；中介效应量为0.061，其置信区间为［0.023，0.125］，说明中介效应成立。此外，如表6-5所示，通过计算中介效应占到总效应的比值可得中介效应占总效应量的百分比为19.36%，即假设2提出的互联网营销师的工作投入在心理韧性和主观职业成功间起到中介作用成立，且起到19.36%的中介作用。

表6-5 总效应、直接效应、中介效应分解

	Effect	BoostSE	LLCL	ULCL	效应占比（%）
总效应	0.315	0.062	0.193	0.436	100
直接效应	0.254	0.063	0.131	0.377	80.64
中介效应	0.061	0.025	0.023	0.125	19.36

（3）工作负荷在传递机制中的调节作用分析。工作负荷在传递机制中的调节作用分析。本章采用了 Hayes（2013）提出的方法来检验这种被调节的中介效应。在具体操作时，设定随机抽样 5000 次采用 95% 置信区间进行检验。获取到有调节的中介效应量的具体数值，结果如表 6-6 所示。模型整体的数据显示出有调节的中介效应量 Index of moderated mediation = 0.056，且 95% CI = ［0.114，0.098］，鉴于该值所在的置信区间中不包含 0，因此可以说模型中有中介的调节指数均显著，即证明本章构建的模型中的中介效应能够有效被调节。具体来看，在-1SD 的样本中中介效应量为 0.002，95% CI = ［-0.087，0.099］说明在调节的低分组样本中中介效应不成立；在+1SD 样本中中介效应量为 0.236，95% CI = ［0.114，0.375］说明在调节变量的高分组上中介效应成立。假设 3 得到支持，互联网营销师的工作负荷正向调节工作投入在心理韧性和主观职业成功关系中的中介作用。相应的调节效果图如图 6-2 所示。此外，所有研究假设和检验结果如表 6-7 所示。

表 6-6　有调节的中介效应结果

因变量	调节变量	效应量	Bootstrapped SE	Bootstrapped 95% CI
主观职业成功	-1SD	0.002	0.047	［-0.087，0.099］
	Mean	0.180	0.051	［0.088，0.287］
	+1SD	0.236	0.066	［0.114，0.375］
	Index of moderated mediation	0.056	0.019	［0.114，0.098］

注：N = 208，CI = 置信区间，Bootstrap = 5000。

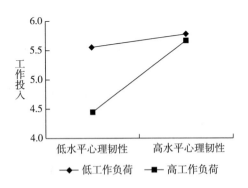

图 6-2　工作负荷调节效应

表 6-7　本章的假设以及检验结果

假设	假设路径	检验结果
假设 1	互联网营销师的心理韧性对主观职业成功具有显著正向影响	成立
假设 2	互联网营销师的工作投入在心理韧性和主观职业成功间起到中介作用	成立
假设 3	互联网营销师的工作负荷正向调节工作投入在心理韧性和主观职业成功关系中的中介作用	成立

3. 研究结论与建议

本章在文献梳理和理论研究的基础上，针对互联网营销师这一新就业形态的职业特征提出三个关联假设，并通过统计分析软件进行数据分析对假设予以验证。研究结果表明，互联网营销师的心理韧性对主观职业成功具有显著正向影响；互联网营销师的工作投入在心理韧性和主观职业成功间起到中介作用；互联网营销师的工作负荷正向调节工作投入在心理韧性和主观职业成功之间的中介作用。

当前数字经济催生的新业态、新职业发展迅速，尤其是在新冠疫情背景下，互联网营销师作为新就业形态在吸纳就业中发挥着重要的作用，而社会不应仅仅将目光放在该职业群体工作特征的新颖性上，更应该关注互联网营销师群体在职业生涯发展过程中所面临的困境，并可将职业心理素质培训和职业发展保障等作为未来改善的方向，以最终提高互联网营销师群体的主观职业成功认知水平。根据本章的研究成果对互联网营销师群体提出如下政策建议：

第一，互联网营销师群体应当提高自身职业认同感。互联网营销师作为新兴职业，背靠直播经济大环境在新形态就业大军中发挥重要作用，其应当高度认同所从事职业的使命并树立起职业归属感和使命感，从根本上提升对互联网营销师职业的认同感。

第二，互联网营销师群体应当提升自身专业能力。因互联网营销师职业内容的新颖性，导致个体在实际工作时需要时常更新自身的职业技能以应对可能出现的各种工作状况，所以互联网营销师们可以通过不断地学习新知识以提高职业能力，技能以及经验值的积累可大大提高工作效率。互联网营销师在日常工作过程中面临困境时，要学会建立正确的问题归因方式，寻求多途径、高效率的方法去应对压力挑战，增强情绪调节能力。

第三，互联网营销师群体应当提高成就动机水平。互联网营销师自身职业技能的更新、情感体验的更新、专业知识的更新等均以自我更新的模式提升自我接纳的水平，进而在一定程度上促进成就动机水平的提高。

第四，政府及企业层面应当积极完善互联网营销师职业群体的社会保障机制。雇佣平台方应当慎重考虑实施部分强制性的考核制度并建立合理的绩效考核评价体系。此外，互联网营销师职业群体社会层面的保障制度尚不完善。未来政府层面应当出台与该职业群体相关的政策，从制度层面保障群体的基本利益不受损害。

本章研究中仍存在不足之处与完善空间。本章选取工作投入作为模型中的中介变量，工作负荷作为调节变量，虽丰富了相关研究结论，但是对两者之间相关关系的研究仍有待拓展。此外，本章的研究样本是互联网营销师，变量的选取和模型的构建也是基于互联网营销师的工作现状完成的，未来研究中可以尝试将本章模型运用于其他与互联网营销师工作特征相类似的样本中，探索研究模型对其他新就业形态职业群体的适用性。

三、灵活就业者就业质量的影响因素

（一）灵活就业的发展现状及其就业者就业质量

共享经济下快速发展的平台型企业，如腾讯、阿里巴巴、滴滴出行、美团等，为劳动力市场创造了大量的灵活就业岗位。《中国共享经济发展年度报告（2020）》显示，我国共享经济参与者人数达到 8 亿，参与提供服务者人数约7800 万，同比增长 4%。报告预测，2025 年共享经济规模将会占到 GDP 的 20%，共享经济提供服务者人数有望超过 1 亿，其中全职参与人员约 2000 万，共享经济下的平台型企业将成为未来解决就业问题的主力军。

"十四五"期间我国追求经济高质量发展，目前正处于动能转换"衔接期"，总体就业压力大、结构性矛盾尖锐，并呈现正规就业岗位不足的局面，平台型企业所提供的灵活就业日益增多，将成为解决就业问题十分重要并且具有积极意义的新就业形式。平台型企业作为共享经济的主要载体，是运用信息技术推动生产经营模式创新的新经济形态（王永洁，2019）；灵活就业作为一种非标准就业（Non-standard Employment），在就业形式上区别于标准就业形式，具有非全日制、无固定期限、不构成雇佣从属关系的特点（国际劳工组织，2017）。相对于传统意义上的非正规就业（Informal Employment）这一概念而言，灵活就业概念的提出更加符合共享经济时代平台型企业所提供的这种新型就业形式。本书研究的灵活就业是针对劳动者以平台型企业为业务获取媒介的，无固定合同模式的，就业于灵活性、自雇性、互联性、共享性、临时性和高弹性工作岗位的就业形式，这类就业者的典型代表就是滴滴出行平台的滴滴司机、阿里巴巴平台的电商、微信平台的微商、美团平台的骑手等。平台型灵活就业具

有就业门槛低、包容性大、机制灵活、进退方便等特点，适应了多形式和多层次共享经济发展的需要，成为吸纳新增劳动力和失业人员再就业的主渠道，创造了就业缓冲器和蓄水池。但是，这一就业新形式也面临着政策法规缺失、劳动强度大、劳动环境不安全、利益分配不均、市场混乱等问题（王利军和涂永前，2022；张杉杉和杨滨伊，2022），因此，提升灵活就业质量是共享经济能够健康发展的重要保障，客观分析其就业质量的影响因素是解决这些问题的关键点。

就业质量是影响劳动者职业选择的关键因素（Georgellis et al.，2007；Taylor，1999），José（2013）研究了灵活就业人员和标准就业人员的工作满意度的决定因素，发现灵活就业人员对灵活的工作类型更满意。但是，国内外对灵活就业的研究主要集中为概念界定、特征阐述、发展建议等定性研究，对于平台型灵活就业者的就业质量及其影响因素的研究较少涉及。例如，中国劳动和社会保障部（2005）阐释了我国灵活就业模式的发展轨迹，任远（2008）探讨管理非正规就业市场的"上海模式"，李凌云（2014）提出加强非标准劳动关系的立法，何勤（2018）阐释了新经济背景下平台型灵活就业劳动者收入差距多元影响因素，而张杉杉和杨滨伊（2022）认为平台管理模式也会影响灵活就业者自主分配其工作时间，就业于不同平台的灵活就业者因工作时间、劳动条件不同，其对就业的满意度也有所差异。然而在当前平台型企业快速发展、灵活就业人口激增的情况下，研究灵活就业者的就业质量是维护劳动者权益、规范市场秩序、促进经济稳定发展的重要前提。鉴于此，本书在就业质量相关文献的基础之上，构建平台型灵活就业质量评价体系，并通过调研收集一手数据构建多元线性回归模型，分析平台型灵活就业质量影响因素。

（二）灵活就业者就业质量影响因素的指标体系

本书以半结构化访谈的形式调研不同类型的灵活就业者，问题主要集中在对其当前所从事工作的评价上以及相关的职业期望等方面。笔者通过提炼和整合访谈记录，发现被访者基本上都提到了薪酬和职业规划，而且在就业过程中比较看重工作与生活的平衡、社会认可度、工作的自由性等方面。据此，本章设计了由五个一级指标、14个二级指标构成的灵活就业质量影响因素指标体系（见表6-8）。该体系综合考虑已有研究、灵活就业岗位的特点以及劳动者权益在新时代的要求，能够较为系统地描述灵活就业质量现实问题。

1. 问卷设计与发放

根据所建立的灵活就业质量影响因素指标体系，本书设计了由25道题目组成的调查问卷。问卷内容一方面收集就业现状的客观数据，另一方面调研就业者

表 6-8　灵活就业质量影响因素的指标体系

一级指标	二级指标	含义	测量值
劳动报酬	薪酬收入	灵活就业者的月均收入	3K 以下 = 1；1K~5K = 2；5K~7K = 3；7K~9K = 4；9K 以上 = 5
	收入占比	灵活就业收入/总收入	20% 以下 = 1；20%~40% = 2；40%~60% = 3；60%~80% = 4；80%~100% = 5
工作条件	休息频率	一周休息几天	不休息 = 1；≤一天 = 2；≤两天 = 3；两天以上 = 4；机动休息 = 5
	工作时长	日均工作时长	X≤4h = 1；4h<X≤8h = 2；8h<X≤10h = 3；10h<X≤12h = 4；X>12h = 5
	劳动安全	有无受过工伤	受过工伤 = 1；未受过工伤 = 2
职业发展	职业规划	该工作对未来的职业生涯的影响	完全无帮助 = 1；稍微有帮助 = 2；有帮助 = 3；比较有帮助 = 4；非常有帮助 = 5
	就业稳定性	有无失业风险的担忧	完全不稳定 = 1；比较不稳定 = 2；稳定 = 3；比较稳定 = 4；非常稳定 = 5
	职业培训	工作中是否有定期培训	从未参加 = 1；偶尔参加 = 2；经常参加 = 3
社会保障	养老保险	有无，各方缴纳比例分配	有 = 1；无 = 2
	工伤保险	有无，各方缴纳比例分配	有 = 1；无 = 2
	失业保险	有无，各方缴纳比例分配	有 = 1；无 = 2
职业认可度	民主参与	是否有参与改善工作环境、待遇等问题讨论	从未参加 = 1；偶尔参加 = 2；经常参加 = 3
	职业尊重	从事该职业的社会尊重感	很不被尊重 = 1；比较不尊重 = 2；一般尊重 = 3；比较尊重 = 4；非常尊重 = 5
	平台认可度	对于所属平台相关政策管理的评价	1 = 非常不满意；2 = 比较不满意；3 = 一般满意；4 = 比较满意；5 = 非常满意

的主观就业满意度，比较全面地涵盖了灵活就业质量的影响因素。调查问卷共分为三部分：第一部分是被调查者的基本信息，第二部分是就业现状，第三部分是被调查者就业满意度及其对各项影响因素的测量。本次调查研究采用问卷星链接推送、扫描二维码、纸质问卷发放的形式，对滴滴出行、微信、美团、饿了么、阿里巴巴、快手、抖音等平台上的就业者进行了问卷调查。累计发放 500 份问卷，回收 412 份，回收率达到 82.4%，其中有效问卷 371 份，有效率达 74.2%。对问卷进行内部一致性的信度检验，α 系数为 0.648，说明该问卷具有较为良好的内容效度。通过主成分因子分析得出 KMO 值为 0.735，Bartlett 球形检验近似

卡方值为 1899.930（p<0.001），说明该问卷具有较好的结构效度。

2. 调研样本特征分析

在有效调研样本中，男性占 55.53%，女性占 44.47%，被调查者年龄范围主要集中在 18~40 岁，约占总体样本的 90%。具体调研样本特征见表 6-9。

表 6-9　调研样本特征分布

个体特征	选项	百分比（%）	个体特征	选项	百分比（%）
性别	男	55.53	平台类型	经营型平台	44.20
	女	44.47		劳务型平台	55.80
户籍	农业户籍	53.64	就业形势	全职	57.95
	非农户籍	43.36		兼职	42.05
年龄	18 岁以下	0.27	就业城市	北上广深	38.01
	18~30 岁	50.94		新一线城市	10.24
	30~40 岁	38.81		地级市	26.42
	40~50 岁	8.36		县城	16.17
	50 岁以上	1.62		乡镇	9.16
学历	初中及以下	20.22	前工作性质	公务员/国企/事业单位	11.32
	高中及中专	30.19		民营企业	31.54
	大专及同等学历	27.49		个体工商户	11.59
	本科及同等学历	19.68		务农	4.85
	硕士及以上	2.43		零工及待业	29.11

3. 样本总体就业质量分析

数据显示，平台型灵活就业者大部分（占 73.5%）对就业现状持满意态度，就业质量均值为 3.08，这说明大多数就业者对就业现状都是持满意态度的，就业质量总体较为乐观。但其中仍有 3.0% 的样本非常不满意，23.5% 的样本比较不满意（见表 6-10）。

表 6-10　平台型灵活就业者就业质量

就业质量	样本数	百分比（%）
非常不满意	11	3.0
比较不满意	87	23.5
一般满意	153	41.2

续表

就业质量	样本数	百分比（%）
比较满意	100	27.0
非常满意	20	5.3

4. 就业质量的样本差异性分析

本节采用李克特五级量表对不同样本的就业质量进行评价，1~5分值越大表明就业者的就业质量越高。通过 SPSS 软件对调研数据进行独立样本 T 检验，统计结果显示，不同户籍类型和学历的灵活就业者就业质量表现出显著性差异（见表6-11）。

表6-11　基于样本特征的就业质量差异性分析

样本特征		就业质量	差值	T值
性别	男性就业者	3.06	0.11	1.63
	女性就业者	3.17		
户籍类型	农业户籍	2.96	0.27	-2.83**
	非农业户籍	3.23		
年龄段	18~40岁	3.07	0.09	0.55
	41~60岁	3.16		
学历	高中及以下	2.94	0.29	3.18**
	大专及以上	3.23		
就业城市	一线城市	2.98	0.17	-1.76
	非一线城市	3.15		
就业形式	兼职	2.99	0.16	-1.75
	全职	3.15		
就业类型	劳务型就业者	3.01	0.18	-1.86
	经营型就业者	3.19		

注：** 表示 $p < \alpha$（0.01）。

在平台型灵活就业人群中，农业户口就业者的就业质量明显要低于非农业户口就业者，这一数据分析结果验证了实地访谈所获取信息，农业户籍的就业者在城市务工，所在岗位的工作强度较大、社会认可度较低，又面临着较大的生存压力以及精神压力，就业质量明显低于城市户籍的就业者。从学历角度分析，样本的就业质量呈现出随着学历的提高而显著增加的特征，也验证了实地访谈状况，低学历就业者大多分布于外卖骑手和滴滴司机等劳动强度高、薪资待遇差、职业尊重感低的劳务性岗位，他们对于未来的职业发展持相对消极的态度，其就业质量明显低于从事电商、微商等经营性业务的较高学历就业者。

（三）不同类型灵活就业者就业质量的影响因素

本章将样本所从属的就业平台区分为经营型平台和劳务型平台，经营型平台的灵活就业者典型代表是阿里巴巴平台的电商、微信平台的微商，就业者以平台为依托，从事商业经营活动；劳务型平台的灵活就业者典型代表是滴滴出行的司机、美团的骑手、直播平台的主播等，就业者以平台为媒介，通过自身的劳动获取报酬。不同的就业平台具有不同的行业属性，平台的管理政策、利益分配都有所不同，对灵活就业者的就业质量也会有所影响。本节通过实证分析探究影响两种类型灵活就业者的就业质量影响因素及其之间的差异，进而有针对性地提出改善其就业质量的政策建议。

为了探求就业质量影响因素各二级指标对就业质量的影响，本节分别对经营型灵活就业者和劳务型灵活就业者的就业质量相关影响因素进行多元线性回归模型的检验，模型如下：

$$Y = \beta_0 + \beta_1 X_1 + \beta_2 X_2 + \cdots + \beta_n X_n + \varepsilon \qquad (6-1)$$

式中，Y 为平台型灵活就业者的就业质量，X_n 为影响就业质量的 14 个二级因素。

1. 经营型灵活就业者的就业质量影响因素分析

在对样本进行分析之前，需要对样本数据的可靠性进行检验。检验结果显示，变量数据的 R^2 为 0.771，表明模型可以解释变量中 77.1% 以上的变异，较好地解释了全部的变异。分析数据显示，职业规划、就业稳定性、平台认可度等因素对就业质量有显著的正向影响（见表 6-12）。

表 6-12　经营型灵活就业者的就业质量影响因素分析

模型	非标准化系数		标准系数	t	Sig.	共线性统计量	
	B	标准误差				容差	VIF
（常量）	-0.423	0.456		-0.927	0.355		
月均收入	0.064	0.040	0.094	1.592	0.114	0.475	2.106
收入占比	-0.013	0.036	-0.021	-0.379	0.705	0.561	1.783
工作时长	0.079	0.045	0.103	1.766	0.080	0.485	2.064
休息频率	-0.030	0.028	-0.046	-1.085	0.280	0.906	1.104
工作安全	0.124	0.158	0.037	0.787	0.433	0.755	1.325

模型	非标准化系数		标准系数	t	Sig.	共线性统计量	
	B	标准误差				容差	VIF
工伤保险	0.067	0.184	0.024	0.366	0.715	0.397	2.517
失业保险	-0.011	0.271	-0.003	-0.041	0.967	0.277	3.615
养老保险	0.168	0.284	0.051	0.591	0.556	0.219	4.570
民主参与	-0.110	0.086	-0.059	-1.279	0.203	0.782	1.279
职业培训	0.068	0.076	0.046	0.900	0.370	0.644	1.554
职业规划	0.151	0.047	0.195	3.208	0.002**	0.450	2.221
职业尊重	-0.103	0.062	-0.090	-1.655	0.100	0.557	1.795
就业稳定性	0.278	0.058	0.272	4.832	0.000***	0.524	1.909
平台认可度	0.550	0.064	0.494	8.564	0.000***	0.497	2.011

注：*** 表示 p<α（0.001）；** 表示 p<α（0.01）；* 表示 p<α（0.05）。

根据多元回归方程，对经营型灵活就业者就业质量有显著性影响的因素如下：

经营型灵活就业者就业质量 = -0.423+0.151×职业规划+0.278×就业稳定性+0.550×平台认可度

其中，平台认可度的影响系数最大，即经营型灵活就业者对平台的认可度可以最大程度地影响其就业质量。

2. 劳务型灵活就业者的就业质量影响因素分析

在对样本进行分析之前，需要对样本数据的可靠性进行检验。检验结果显示，R^2 为 0.509，表示模型可以解释变量中一半的变异，属于中等水平的解释量，在社会调查中可以接受。分析数据显示，休息频率、职业培训、职业规划、工作稳定性、平台满意度等因素对劳务型灵活就业者的就业质量具有显著的正向影响（见表6-13）。

表 6-13　劳务型灵活就业者的就业质量影响因素分析

模型	非标准化系数		标准系数	t	Sig.	共线性统计量	
	B	标准误差				容差	VIF
（常量）	-0.213	0.622		-0.342	0.732		
月均收入	-0.017	0.048	-0.024	-0.342	0.733	0.500	2.000
收入占比	-0.016	0.048	-0.024	-0.331	0.741	0.461	2.168

续表

模型	非标准化系数		标准系数	t	Sig.	共线性统计量	
	B	标准误差				容差	VIF
工作时长	0.016	0.053	0.025	0.298	0.766	0.354	2.826
休息频率	0.083	0.033	0.134	2.481	0.014*	0.823	1.216
工作安全	-0.074	0.113	-0.036	-0.654	0.514	0.776	1.288
工伤保险	0.057	0.108	0.032	0.524	0.601	0.645	1.551
失业保险	0.005	0.278	0.001	0.016	0.987	0.468	2.135
养老保险	0.261	0.252	0.077	1.034	0.302	0.435	2.298
民主参与	0.032	0.119	0.015	0.264	0.792	0.746	1.341
职业培训	0.171	0.083	0.124	2.053	0.041*	0.662	1.511
职业规划	0.157	0.046	0.193	3.428	0.001**	0.764	1.308
职业尊重	0.053	0.061	0.054	0.859	0.391	0.615	1.625
就业稳定性	0.333	0.055	0.362	6.095	0.000***	0.687	1.457
平台认可度	0.287	0.063	0.313	4.523	0.000***	0.504	1.984

注：*** 表示 $p < \alpha$ (0.001)；** 表示 $p < \alpha$ (0.01)；* 表示 $p < \alpha$ (0.05)。

根据多元回归方程，对劳务型灵活就业者就业质量有显著性影响的因素如下：

劳务型灵活就业者就业质量 = -0.213 + 0.083×休息频率 + 0.171×职业培训 + 0.157×职业规划 + 0.333×就业稳定性 + 0.287×平台认可度

其中，就业稳定性的影响系数最大，即就业稳定性可以最大程度地影响劳务型灵活就业者的就业质量。

3. 两种不同类型灵活就业者就业质量影响因素比较分析

劳务型和经营型两种不同类型的灵活就业者的就业质量均受到职业规划、就业稳定性和平台认可度三个因素的显著性影响，但是休息频率和职业培训对于劳务型灵活就业者而言也是影响其就业质量的重要因素。具体结论比较分析如下：

（1）职业规划对两种类型灵活就业者的就业质量均具有显著性正向影响，即就业者认为该项工作对未来发展的帮助越大以及未来发展前景越好，对该项工作的满意度就越高。职业规划是就业质量的重要内容，尤其对于初入职场的年轻就业者来说，最重要的是就业能力的提升、工作经验的积攒和人脉资源的拓展。但是现实中的平台型就业岗位对就业者的职业发展帮助较小，调查显示虽有50.1%的样本认为当前的工作有助于自身职业发展，但其中65.83%的样本认为该项工作对职业规划的帮助主要在于财务资本的积累，而在工作经验、工作能力等人力资本积累方面帮助较少。因此，平台型企业应当强化对就业者的职业规划，以提升其就业质量。

（2）就业稳定性对两种类型的灵活就业者就业质量均具有显著性正向影响，即该项工作的失业风险越小，就业者对该项工作的满意度越高。工作的稳定性关乎劳动者的就业安全感和基本生活保障。调查结果显示，有37.47%的样本认为所从事的工作具有不稳定的风险，这其中有59.71%样本的不稳定感来源于担心收入减少，33.81%样本的不稳定感来源于个人能力不能胜任工作或者被新科技、人工智能替代而导致失业。由于灵活就业门槛较低，岗位的可替代性较高，以及人工智能等新科技的发展带来的潜在失业风险，都使就业者对就业稳定性的评估分数较低。因此，平台型企业应当通过多种途径增强就业者的就业稳定性，提升其就业质量。

（3）平台认可度对两种类型的灵活就业者就业质量均具有显著性正向影响，即灵活就业者对平台的认可度越高，其对就业质量的满意度也越高。调查显示有27.49%的样本对平台不满意，其中劳务型灵活就业者占据20.75%。根据访谈结果，灵活就业者尤其是劳务型灵活就业者对平台的不满意点主要集中在平台和灵活就业者的利益分配比例不够公平、平台不能提供有安全保障的工作环境、平台与灵活就业者之间的责任不够明确化、平台很少提供就业服务和职业培训，忽视劳动者话语权等。例如，访谈中滴滴司机表示平台每一单抽取20%的车费，而他们自己需要付出车损、油费、保险、人工等成本，这样的利益分配比例明显不公平；美团骑手表示任何投诉平台都归责于骑手，并且无处申诉，话语权被极度剥削。平台型企业在激烈的市场竞争中，灵活就业者往往成为最大的利益被侵害群体，而其对平台的认可度又明显影响到其就业满意度，直接决定着平台型企业的服务质量和持续发展。

（4）相较于经营型灵活就业者，休息频率对劳务型灵活就业者的就业质量具有显著性正向影响。劳务型灵活就业者的日均工时越长，劳动强度越大，对休息的要求也就越高，更高的休息频率将提升他们的就业质量。本次调研数据显示，68.8%的劳务型灵活就业者日均工作时长超过8小时，但是只有42.5%的经营型灵活就业者日均工作时长超过8小时。而劳务型灵活就业者的休息频率普遍低于经营型灵活就业者，劳务型灵活就业者每周休息一天以上的占据样本的34.4%，经营型灵活就业者每周休息一天以上的占据样本的52.3%，这一状况说明了休息频率对于高强度工作并休息较少的劳务型灵活就业者的就业质量具有重要影响。

（5）相较于经营型灵活就业者，职业培训对劳务型灵活就业者的就业质量具有显著性正向影响。劳务型灵活就业者的职业培训机会较少，本次调研中只有35.8%的劳务型灵活就业者参加过职业培训，但有59.5%的经营型灵活就业者参加过职业培训。劳务型灵活就业者的就业技能较低，包括学历在内的综合劳动素质普遍低于经营型灵活就业者，访谈中很多劳务型灵活就业者表示希望获得更多的职业培训，提高自身的职业技能以应对急速变化的劳动力市场。所以，对于渴望获得职业培训、提升就业能力、提高生活质量的劳务型灵活就业者来说，职业培训是提升其就业质量的有效方式。

第七章　促进重点群体就业政策量化评价研究

政策评价是指基于研究目的，根据可行的评价准则，运用某种评价方法对政策体系进行全方位判断、检测、评价和总结的功能活动。赖德胜等（2011）认为，对政策的科学评价是检验政策价值和效益的有效手段，能够帮助政策发布者判定政策产生的实际影响，发现现有政策存在的不足，从而提出针对性的优化改进建议，保障政策的有效性和科学性，提高政策的实施效果。

就政策评价方法而言，既有注重价值判断的规范本位研究方法，如 Edward（1968）提出的"五类评估法"和 Orville（1974）构建的"3E 评估框架"；也有注重数理分析的实证本位研究方法，Hannoura 等（2006）从因果机制角度出发对政策评价进行建模分析，Rogge 和 Reichardt（2016）还拓展了跨学科政策组合概念。虽然不同方法各有其科学性，但随着文本数量的增加，传统的评价方法也面临新的挑战，杨雅南和钟书华（2013）指出，模糊综合评价法在指标权重判定中相对缺乏客观性，层次分析法在针对多指标政策评价时结果容易不够精确，灰色关联度法的主观性较强。同时，以上方法主要通过经济指标对政策的实施效果进行评价，而政策文本作为体现价值追求和保障实施效果的重要载体，对其进行科学评价十分必要。

目前国际上较为先进的政策文本评价方法之一是 Estrada（2011）建立的 PMC 指数评价模型（Policy Modeling Consistency Index），它作为一项政策计量模型，旨在服务于学术或实证研究工作。从政策量化评价角度，尽可能多地考虑相关变量的联系，遵循政策内部一致性的原则，对发布的政策进行量化评价研究，具有指标可溯性、等级可识别性等优点，多位学者在不同研究领域应用此方法进行了拓展研究，如张永安和郄海拓（2018）运用 PMC 指数模型从国家级和部委级政策对比的角度对 10 项双创政策进行了研究，胡峰等（2020）以 Herring 模型为框架应用 PMC 指数模型对 11 项国家级大数据政策进行了评价，董纪昌等（2020）则加入了具有递进和排他性的一级指标政策效力评价了房地产政策并指出优化路径。本章在借鉴这些学者研究的基础上，分别针对大学生、农民工、灵活就业者等重点群体，运用文本挖掘方法获取并处理就业政策的原始文本，通过文本挖掘后的高频词提取结果和可视化图谱分析技术，结合理论研究成果，设计了符合这些重点群体就业特点的 PMC 指标体系，能够有针对性地对政策文本进行量化评价，客观反映待评价政策的真实情况，并选取代表性政策绘制 PMC 曲面图，从而分别提出针对大学生、农民工、灵活就业者等重点群体的政策优化路径和建议。

一、大学生就业政策量化评价研究

自 1999 年大学扩招政策实施至今，我国每年毕业的大学生数量已由 90 万增至 874 万，同比增长 871%，大学生就业越来越成为政府与学术界关注的焦点问题。根据国家统计局 2020 年 7 月 16 日发布的国民经济运行数据，上半年大学生招聘需求明显下降，其中 6 月全国 20～24 岁大专及以上人员调查失业率高达 19.3%，这部分人群以新毕业大学生为主，是受疫情影响最主要的群体之一。

2019 年国家首次将就业优先政策置于宏观政策之首，既强化了重视和支持就业的政策导向，也突出了就业政策需要在宏观调控中与其他政策互相协调的必要性，强调就业是政府"最要紧的责任"，明确指出当前中国经济新常态下要实施"积极的就业政策"，实现更充分更高质量就业目标。就业政策的制定和发布运行是一个系统工程，尤其针对大学生这类重点就业群体，涉及劳动者、用人单位、高校、政府和社会中介等不同利益相关主体的平衡，既有短期应对就业、中期倡导积极就业、长期实现稳定就业的平衡关系，也涉及微观机制、中观功能、宏观战略之间的协调。面对疫情冲击，就业政策的设置和运用，不仅能体现国家的应急处置能力、对就业市场发展规律的把握，更直接影响经济社会的长期稳定有序发展。

受国内外不确定因素影响，就业压力的传导机制更复杂多样，为促进落实"保就业"任务，就业政策时效上的及时性、操作上的简便性和视野上的全局性更加重要。在此背景下，从政策量化评价角度，选取适合大学生就业特点的就业政策评价指标，建立完善的大学生就业政策评价体系，从而评价大学生就业政策并指出在政策实施过程中可以选择的优化路径具有重要意义。

因此，本章以明确将大学生列入重点关注人群的《国务院关于进一步做好新形势下就业创业工作的意见》（国发〔2015〕23 号）为开端，获取了对大学生就业产生重要影响的 20 项典型政策文本，运用基于 Python 的文本挖掘法对这些政策进行高频词提取和可视化知识图谱方式呈现，分析政策文本反映出的共性问题与联系，然后在提炼高频词和参照不同学者政策评价指标体系制定标准的基础上，将需求拉动、供给促进和环境优化等维度融入大学生就业指标体系设计中，构建了 PMC 指数模型对大学生就业政策进行评级，最后选取其中一项代表性样本政策，绘制 PMC 曲面图直观反映样本政策各指标的完善程度，以两种不同思路提出了政策优化路径。

（一）大学生就业政策研究现状

就业政策作为国家宏观经济政策体系中的重要组成部分，关乎国家稳定与经济可持续发展。科学有效的就业政策既可以从制度上保障就业市场中的个体能够通过劳动获取必要的物质基础从而实现个人发展，还可以通过规范人力资源市场、储备优质人力资源促进就业市场稳定发展，进而带动金融、财税和产业等多领域政策联动，实现资源有效配置。

近年来，随着世界各国和地区的高等教育由大众化转向普及化，大学生日益增多，已经成为中西方研究的核心问题之一。Grotkowska 等（2015）认为，大学生就业问题实质是高等教育人才供给与社会职业需求之间的匹配性问题。由于大学生这类群体受到政策影响较大，因此从政策评价角度对其进行深入研究具有重要意义。

1. 国外大学生就业政策研究现状

从现实角度看，外国政府通过法案和制度的方式确立了不同的促进大学生就业的制度体系，并实行了形式多样的项目。Paterson（2003）指出，英国作为第一个福利国家，最早开始就业领域改革，就业目标从第一代福利国家"充分就业"调整为"促进就业"，为以大学生为主的青年群体提供教育和培训，将提高技能和摆脱福利依赖作为主要目的。20 世纪 90 年代后，英国就业领域的改革传播到其他欧洲国家。法国出台了"青年就业法案"致力于帮助青年就业；德国通过对企业进行补贴，促进大学生就业；丹麦和荷兰鼓励大学生实现灵活就业。此外，还有日本实行"梦想实现"项目为大学生和中小企业搭建互动平台，美国以"学徒计划"形式通过提高大学生就业能力促进就业，澳大利亚则为大学生提供系统的免费求职指导。这些措施的确在一定程度上促进了大学生就业，但由于项目的运行情况受到内外部环境的多重影响，实际效果仍需进一步量化考核。受全球经济环境的不稳定影响，欧洲各国在面对以大学生为代表的青年群体就业问题时仍存在诸多现实障碍，需要从制度体系和政策方面进行调整完善，为此欧盟呼吁成员国为这类重点群体提供"更具目标的培训措施并鼓励不乐意为雇员提供培训机会的中小企业广泛参与"，使得"劳动者能够在职业生涯内持续提高劳动技能以适应市场需求变化的体制"，减弱"非就业非教育非培训"现象，维护社会稳定。

从学术研究角度，就业政策体系化和制度化是西方国家的普遍做法。针对就业政策的研究，国外学者和机构的重点集中于相对宽泛的政策分析中，但由于对西方国家而言，大学生是发达的人力资源市场中的一部分，因此这类群体的就业问题特殊性并不明显，学者并未将针对大学生的就业政策作为更独立的命题进行深入研究。在理论层面，主要集中在需求、供给和供求匹配的政策工具角度；在内容层面则偏重于职业指导和生涯规划。其中较有代表性的如自 1996 年开始，日本厚生劳动省进行了包括事前、事中、事后的事业评价和实绩评价、总体评价，评价准则包括必要性、效率性、有效性、公平性和优先性；也有如 Bidani 等（2005）使用倾向分数配比模型和时间序列回归模型，对某项具体就业政策的实施效果进行了评价。尽管这类评价准确度较高，但由于这些方法对数据要求精确，数据量庞大，统计口径严格，在实际应用方面受限较多。

2. 国内大学生就业政策研究现状

国内有关大学生就业政策评价的研究主要集中在两方面：一方面是对政策实施参与方进行宏观评价研究。靳敏（2014）对大学生就业支持政策从供给和需求角度进行了研究，认为公共政策实施效率很大程度上取决于政策对象的主观能动性和自身具备的素质。鄂义强和刘晓莉（2018）提出要构建合理的大学生就业政策运行机制，应增强政策制定主体协同性，形成合理的大学生就业政策运行机制。

另一方面的研究则通过获取数据对大学生就业政策建模进行评价。如赵建国和么晓敏（2013）运用 DEA 方法对 1999~2008 年中国实行的大学生就业扶持政策进行了有效性分析。殷俊和李晓鹤（2015）利用模糊综合评价模型简化评价方法，建立了就业政策评价指标体系。邓希泉（2019）则通过结构方程对大学生就业政策进行综合评价。其他较常见的政策评价方法还包括模糊综合评价法、层次分析法和灰色关联度法。

由于促进大学生就业的政策涉及面广、体系庞大，需要充分调动多部门协同合作，因此选择合适的评价方法是保障政策评价结果合理、准确的关键。

（二）大学生就业政策 PMC 指数模型构建

1. 文本挖掘大学生就业典型政策文本

政策是在一定历史时期内，政府为需要达到的目标以权威形式发布的原则、步骤及具体实施方案等文件。大学生就业政策这一概念则可以被简要概括为：在一定的历史条件下，国家为促进经济发展和社会进步，为大学生就业制定的，旨在为大学生创造就业条件、扩大就业机会、促进充分就业的一系列指导方针、法律法规、团体规定以及其他表现形式的准则要求。

在运用 PMC 指数模型方法对大学生就业政策进行评价时，有四个基本步骤：首先选定待评价政策，在文本挖掘结果和参考专家学者研究结果的基础上进行指标分类；随后按照式（7-1）确定二级变量 $I_{m:n}$ 取值，二级变量均服从 [0，1] 分布；然后根据式（7-2）计算各一级变量的值；最后将各一级变量代入公式（7-3）计算不同政策的 PMC 指数，并根据标准进行评级与曲面图绘制。

$$I_{m:n} \sim N [0，1]$$

其中，m = 一级变量；n = 二级变量，m，n = 1，2，3，4，5，6，7，8，9，…，∞ (7-1)

$$I_{m=} \left(\sum_{j=1}^{k} \frac{i_{i:j}}{k} \right)$$

$$I_i \sim R [0，1]$$

其中，k 表示二级变量的个数，k = 1，2，3，4，5，6，7，8，9，…，∞ (7-2)

$$PMC = I_1 \left(\sum_{a=1}^{k} \frac{I_{1:a}}{k} \right) + I_2 \left(\sum_{b=1}^{k} \frac{I_{2:b}}{k} \right) + I_3 \left(\sum_{c=1}^{k} \frac{I_{3:c}}{k} \right) + \cdots + I_m \left(\sum_{z=1}^{k} \frac{I_{9:z}}{k} \right)$$

(7-3)

本章政策文本获取时间设定为 2015 年 1 月 1 日至 2020 年 7 月 16 日。从宏观经济运行角度考虑，就业作为民生之本，稳增长的根本是为了保就业，自 2015 年我国 GDP 增速进入 6% 的时代后，经济下行压力凸显。从大学生就业领域考虑，2015 年国务院颁布的 23 号文件《国务院关于进一步做好新形势下就业创业工作的意见》，是当时和之后一个时期内就业政策中里程碑式的政策文件，具有提纲挈领的作用。该政策正式将大学生作为政策关注和扶持的重点，要求积极拓展其就业空间，提供多种形式的就业服务，对未就业的大学生实行精准帮扶，将党的十八大提出来的就业政策进行了细化。而 2020 年 7 月 16 日国家统计局正式发布上半年经济运行报告，再次重点强调了大学生是就业领域受外部环境变化影响最大和最需要重点关注的群体之一。

在政策文本获取时间设定的基础上，为了能够更加客观、全面地评价政策，需要获取准确的文本内容，但由于通过人工方式收集信息非常困难，因此本章运用基于 Python 的文本挖掘技术获取文本，通过运行代码根据预设的规则自动抓取万维网信息的技术。本章以"毕业生""大学生""高校毕业生"和"就业"为关键词抓取信息，从中央人民政府、人社部及教育部官网获取和大学生就业关系密切的政策文本 20 项，如表 7-1 所示。

表 7-1　20 项代表性促进大学生就业政策一览表

编号	文本名称	发文字号	发布机关	发布日期
P₁	国务院关于进一步做好新形势下就业创业工作的意见	国发〔2015〕23 号	国务院	2015 年 5 月 1 日
P₂	国务院办公厅关于深化高等学校创新创业教育改革的实施意见	国办发〔2015〕36 号	国务院办公厅	2015 年 5 月 13 日
P₃	国务院关于大力推进大众创业万众创新若干政策措施的意见	国发〔2015〕32 号	国务院	2015 年 6 月 16 日
P₄	国务院办公厅关于印发进一步做好新形势下就业创业工作重点任务分工方案的通知	国办函〔2015〕47 号	国务院办公厅	2015 年 6 月 26 日
P₅	国务院关于印发"十三五"国家科技创新规划的通知	国发〔2016〕43 号	国务院	2016 年 8 月 8 日
P₆	国务院关于激发重点群体活力带动城乡居民增收的实施意见	国发〔2016〕56 号	国务院	2016 年 10 月 21 日
P₇	国务院关于印发国家教育事业发展"十三五"规划的通知	国发〔2017〕4 号	国务院	2017 年 1 月 10 日
P₈	关于进一步引导和鼓励高校毕业生到基层工作的意见	中办发〔2016〕79 号	中共中央办公厅、国务院办公厅	2017 年 1 月 24 日
P₉	国务院关于印发"十三五"促进就业规划的通知	国发〔2017〕10 号	国务院	2017 年 2 月 6 日
P₁₀	中长期青年发展规划（2016—2025年）		国务院	2017 年 4 月 13 日
P₁₁	国务院关于做好当前和今后一段时期就业创业工作的意见	国发〔2017〕28 号	国务院	2017 年 4 月 19 日
P₁₂	教育部办公厅　国务院国资委办公厅关于举办战略性新兴产业面向应届高校毕业生网上招聘活动的通知	教学厅函〔2018〕28 号	教育部办公厅、国务院国资委办公厅	2018 年 6 月 19 日
P₁₃	国务院关于做好当前和今后一个时期促进就业工作的若干意见	国发〔2018〕39 号	国务院	2018 年 12 月 5 日
P₁₄	国务院办公厅关于印发职业技能提升行动方案（2019—2021 年）的通知	国办发〔2019〕24 号	国务院办公厅	2019 年 5 月 24 日
P₁₅	国务院关于进一步做好稳就业工作的意见	国发〔2019〕28 号	国务院	2019 年 12 月 24 日
P₁₆	教育部关于应对新冠肺炎疫情做好2020 届全国普通高等学校毕业生就业创业工作的通知	教学〔2020〕2 号	教育部	2020 年 3 月 4 日

续表

编号	文本名称	发文字号	发布机关	发布日期
P₁₇	中共中央组织部办公厅 人力资源社会保障部办公厅关于应对新冠肺炎疫情影响做好事业单位公开招聘高校毕业生工作的通知	人社厅发〔2020〕27号	中共中央组织部办公厅、人力资源社会保障部办公厅	2020年3月11日
P₁₈	国务院办公厅关于应对新冠肺炎疫情影响强化稳就业举措的实施意见	国办发〔2020〕6号	国务院办公厅	2020年3月20日
P₁₉	工业和信息化部办公厅 教育部办公厅关于开展2020年全国中小企业网上百日招聘高校毕业生活动的通知	工信厅联企业函〔2020〕88号	工业和信息化部办公厅、教育部办公厅	2020年4月27日
P₂₀	人力资源社会保障部办公厅 财政部办公厅关于做好2020年高校毕业生"三支一扶"计划实施工作的通知	人社厅发〔2020〕57号	人力资源社会保障部办公厅、财政部办公厅	2020年5月19日

资料来源：中央人民政府、人力资源社会保障部和教育部官网，笔者整理。

2. 政策文本预处理与高频词提取、可视化知识图谱呈现

由于大学生属于就业市场中的一部分，这类群体的就业方式和就业政策具有一定特殊性，而初步获取的政策文本中仍包含促进其他就业人群就业的内容，为保证对政策文本分析的准确性和针对性，首先通过 Python 技术编写以 stopwords = stpowordslist（）命令为主的函数设定关键词筛选出文本中与大学生就业直接相关的内容，通过对匹配语段进行针对性研究，而不是简单地对全部政策文本进行分析，可以提高数据处理的科学性。对全部数据处理完成之后，导入预处理后的文本研究件，然后执行 word_list 命令、new_text 命令对文本研究件进行遍历、连接，计算词频，设置词语样式，最后生成高频词排序和可视化知识图谱，如表7-2、图7-1所示。其中获取的高频词反映了政策关注的重点，得到的知识图谱节点的大小和关系体现出各个节点之间的关系，从而可以直观地反映研究领域中高频词的相互联系。

表7-2 大学生就业政策前50个高频词

词汇	频次	词汇	频次	词汇	频次	词汇	频次	词汇	频次
教育	740	高校	508	创业	404	发展	301	建立	295
服务	294	创新	273	人才	218	培养	195	教师	187
基层	177	机制	167	社会	167	政策	164	培训	161
鼓励	142	企业	140	资源	140	管理	139	教学	139

续表

词汇	频次	词汇	频次	词汇	频次	词汇	频次	词汇	频次
改革	135	制度	131	体系	129	国家	128	促进	105
健全	104	保障	101	引导	99	提升	99	质量	97
项目	93	技术	92	能力	92	提高	90	招聘	85
加快	84	积极	82	强化	82	贫困	77	学习	73
合作	73	课程	72	技能	71	加大	69	扩大	69
统筹	68	农村	62	实践	54	平台	53	补贴	53

资料来源：基于 Python 的文本挖掘处理结果。

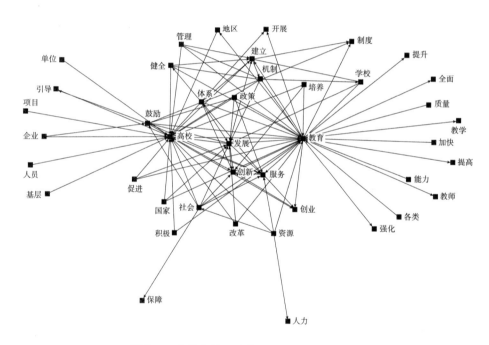

图 7-1　大学生就业政策文本可视化知识图谱

从表 7-2 可以看出，在促进大学生就业的政策文本中，高频词（以下频次均按由高到低排序）中频次最多的为"教育"，说明通过学校教育提高大学生就业能力对促进这类群体实现就业意义重大，是历年政策文本重点强调的内容。根据对其他高频词的分析，可以看出：①从涉及的主体来看，依次出现了"高校""社会""企业""国家""基层""农村"这些语汇，一方面说明大学生就业是多方联动的系统性工程，要充分调动各方积极性；另一方面则说明现实基层就业和建设新农村是近年来政府倡导的大学生实现就业的重要方式之一。②从政策的实现方式来看，出现的高频词依次为"创业""发展""建立""服务""创新""培养""培训""鼓励""改革""促进""健全""引导""提升""统筹"等，说明在促进大学生就业过程中，由于这类群体在初次进入就业市场时相对弱势，对就业环境和政策依赖性较大，需要以积极就业政策对其进行多维度引导鼓励，建立健全有效促进就业政策体系。③从关注内容角度来看，出现的高频词依次有"人才""教学""技术""能力""课程""实践"等，再次强调了大学生作为人才的一部分，实现就业需要从大学课程改革、提升自身技术能力和积累实践经验等多方面发力，提高就业能力，缓解结构性就业问题，实现更充分更高质量就业。

图7-1的可视化知识图谱可以直观显示高频词之间的相互关系，两词之间的连接线数量直接反映了两个高频词的紧密程度。根据知识图谱分析可以清晰地看到我国大学生就业政策文件所关注的重点及其相互关系，在政策文本中，以"高校""教育""创业""创新""发展""服务"为中心议题，政府出台了内容丰富、形式多样的促进大学生就业政策，逐步构建起促进大学生就业的政策网络化系统。在政策文本中，政府重视以创新创业带动大学生就业，以高校教育改革、政策机制体系优化改革提升大学生就业能力，以服务、发展、鼓励促进大学生就业，重视国家、政府、企业、单位、农村和基层之间的联动。但是也可以发现，在促进大学生就业政策文本中，对大学生就业后的反馈评价机制相对较少，及时有效的监督反馈是政策设计中的重要组成部分，不仅有利于合理评估政策的科学性，也有利于优化政策实现路径、出台更具针对性的后续政策，真正实现闭环的促进大学生就业政策体系。

3. 构建大学生就业政策 PMC 指数模型

本章在总结政策文本高频词和可视化图谱分析结果的基础上，借鉴多位专家学者的设计理念，将大学生就业政策的具体特点与 PMC 指数模型结合，形成了大学生就业政策 PMC 评价指标体系。具体步骤为：第一，根据之前学者们的设计理念，结合本章的研究对象，将一级指标选定为 9 个，分别为：政策性质（I_1）、政策时效（I_2）、政策领域（I_3）、政策倾向（I_4）、政策重点（I_5）、政策视角（I_6）、调控范围（I_7）、发布机构（I_8）和作用对象（I_9），并设计了政策性质（I_1）的 3 个二级指标和政策时效（I_2）的 4 个二级指标。第二，根据学者对政策工具的分类，结合大学生就业的特点，设计了政策领域（I_3）下的 4 个二级指标。第三，根据高频词所反映的政策重点关注领域和可视化图谱呈现的高频词关联，对政策倾向（I_4）下的 4 个二级指标、政策重点（I_5）下的 6 个二级指标和作用对象（I_9）下的 6 个二级指标进行了界定。第四，参考学者在政策评价时关于政策视角、调控范围和发布机构的设计理念，对政策视角（I_6）下的 2 个二级指标、调控范围（I_7）下的 2 个二级指标和发布机构（I_8）下的 3 个二级指标进行了调整。最终，形成了由 9 个一级指标和 34 个二级指标组成的大学生就业政策 PMC 指标评价体系，如表 7-3 所示。

表 7-3　大学生就业政策 PMC 指标体系及评价标准

一级指标	二级指标	指标评价标准
I_1 政策性质	$I_{1:1}$ 预测	体现预测性，有为 1，没有为 0
	$I_{1:2}$ 监管	体现监督性，有为 1，没有为 0
	$I_{1:3}$ 引导	体现引导性，有为 1，没有为 0
I_2 政策时效	$I_{2:1}$ 长期	涉及超过十年的内容，有为 1，没有为 0
	$I_{2:2}$ 中期	涉及五到十年的内容，有为 1，没有为 0
	$I_{2:3}$ 短期	涉及一到五年的内容，有为 1，没有为 0
	$I_{2:4}$ 本年	涉及本年内的内容，有为 1，没有为 0
I_3 政策领域	$I_{3:1}$ 需求拉动	涉及通过扩大就业规模、提供就业岗位等需求端措施拉动的内容，有为 1，没有为 0
	$I_{3:2}$ 供给促进	涉及通过提高就业能力、加强就业培训等供给端措施促进的内容，有为 1，没有为 0
	$I_{3:3}$ 环境优化	涉及通过优化求职就业环境的内容，有为 1，没有为 0
	$I_{3:4}$ 供求匹配	涉及通过提供供求匹配平台、加强就业服务等内容，有为 1，没有为 0
I_4 政策倾向	$I_{4:1}$ 统筹协调	包含统筹协调内容，有为 1，没有为 0
	$I_{4:2}$ 鼓励激励	包含鼓励激励内容，有为 1，没有为 0
	$I_{4:3}$ 改革创新	包含改革创新内容，有为 1，没有为 0
	$I_{4:4}$ 完善体系	包含完善机制体系内容，有为 1，没有为 0
I_5 政策重点	$I_{5:1}$ 课程改革	政策重视课程改革，有为 1，没有为 0
	$I_{5:2}$ 技能提升	政策重视技能提升，有为 1，没有为 0
	$I_{5:3}$ 创业带动	政策重视创业带动就业，有为 1，没有为 0
	$I_{5:4}$ 权益保障	政策重视保障权益，有为 1，没有为 0
	$I_{5:5}$ 基层就业	政策重视基层就业，有为 1，没有为 0
	$I_{5:6}$ 乡村振兴	政策重视乡村振兴下实现就业，有为 1，没有为 0
I_6 政策视角	$I_{6:1}$ 宏观	涉及宏观政策，有为 1，没有为 0
	$I_{6:2}$ 微观	涉及微观政策，有为 1，没有为 0
I_7 调控范围	$I_{7:1}$ 全国范围	调控范围为全国，是为 1，否为 0
	$I_{7:2}$ 省市范围	调控范围为省市，是为 1，否为 0

续表

一级指标	二级指标	指标评价标准
I_8 发布机构	$I_{8;1}$ 国务院及办公厅	国务院及其办公厅发布，是为1，否为0
	$I_{8;2}$ 国务院各部委	国务院各部委发布，是为1，否为0
	$I_{8;3}$ 多部门联合发布	多部门联合发布，是为1，否为0
I_9 作用对象	$I_{9;1}$ 政府机构	政策作用于政府机构，是为1，否为0
	$I_{9;2}$ 基层农村	政策作用于基层农村，是为1，否为0
	$I_{9;3}$ 行业	政策作用于某类行业，是为1，否为0
	$I_{9;4}$ 企业	政策作用于某类企业，是为1，否为0
	$I_{9;5}$ 学校	政策作用于学校，是为1，否为0
	$I_{9;6}$ 大学生	政策作用于大学生群体，是为1，否为0

政策性质（I_1）用于判断该政策是否对大学生就业有预测、监管和引导作用。政策时效（I_2）根据政策内容涉及的时间长度分为本年内、短期、中期和长期四个阶段。政策领域（I_3）则根据政策工具的经典概念和大学生面临的结构性失业问题的根源分为需求拉动、供给促进、环境优化和供求匹配四个维度。政策倾向（I_4）关注政策的侧重方式，具体分为统筹协调、鼓励激励、改革创新和完善体系四种倾向。政策重点（I_5）结合促进大学生就业政策实际情况和文本挖掘高频词、知识图谱，分为课程改革、技能提升、创业带动、权益保障、基层就业和乡村振兴。政策视角（I_6）根据政策的视角分为宏观和微观两个角度。调控范围（I_7）着眼于全国和省市两层。发布机构（I_8）用国务院及办公厅、国务院各部委和多部门联合发布三个层级划分。作用对象（I_9）指政策内容通过哪些受体发挥作用，具体包括政府机构（机关事业单位）、基层农村、不同行业、不同类型企业、承担教育的学校与大学生自身。

根据式（7-1）~式（7-2）可以计算出20项政策中每项政策的二级指标具体得分，由于篇幅所限，文中不再详细列示。在此基础上根据公式（7-3）计算出20项政策各自的PMC指数，然后与各指标最优政策（即后文将引入的虚拟"完美"政策）PMC得分相减得到凹陷指数，由于本章所选一级指标为9项，结合表7-4的评级标准，得到20项大学生就业政策PMC指数排名和评级，如表7-5所示。

表7-4　PMC指数评级标准

PMC得分	政策评价
[0, 3.99]	不良级

续表

PMC 得分	政策评价
[4, 5.99]	可接受级
[6, 7.99]	优秀级
[8, 9.99]	完美级

资料来源：根据 Estrada 论文中的评价标准整理。

表 7-5 20 项大学生就业政策 PMC 指数与评级

	I_1	I_2	I_3	I_4	I_5	I_6	I_7	I_8	I_9	PMC	级别	凹陷指数
P_1	0.33	0.75	1.00	1.00	0.71	1.00	0.6	0.33	0.67	6.39	优秀	2.61
P_2	0.33	0.50	0.50	0.75	0.71	1.00	1.00	0.33	0.50	5.62	可接受	3.38
P_3	0.33	0.25	0.25	0.25	0.28	0.50	0.50	0.33	0.33	3.02	不良	5.98
P_4	0.33	0.25	0.25	0.25	0.57	0.50	1.00	0.67	0.50	4.32	可接受	4.68
P_5	0.33	0.50	0.50	0.25	0.57	0.50	1.00	0.67	0.83	5.15	可接受	3.85
P_6	0.33	0.25	0.75	0.25	0.43	1.00	0.50	0.67	0.67	4.85	可接受	4.15
P_7	0.33	0.50	0.50	0.75	0.57	1.00	1.00	0.67	0.83	6.15	优秀	2.85
P_8	0.67	0.50	0.75	1.00	0.57	1.00	1.00	0.67	1.00	7.16	优秀	1.84
P_9	0.67	0.75	0.75	1.00	1.00	1.00	1.00	0.33	1.00	7.50	优秀	1.50
P_{10}	0.67	1.00	1.00	1.00	1.00	1.00	1.00	0.33	0.67	7.67	优秀	1.33
P_{11}	0.67	0.50	1.00	0.75	0.86	1.00	1.00	0.67	0.67	7.12	优秀	1.88
P_{12}	0.33	0.25	0.75	0.50	0.57	1.00	1.00	0.67	0.67	5.74	可接受	3.26
P_{13}	0.33	0.50	0.50	0.75	0.43	1.00	1.00	0.67	0.67	5.85	可接受	3.15
P_{14}	0.33	0.50	0.50	0.75	0.57	1.00	1.00	0.33	0.67	5.65	可接受	3.35
P_{15}	0.67	0.25	0.75	0.75	0.57	1.00	1.00	0.33	0.67	5.99	可接受	3.01
P_{16}	0.67	0.50	0.75	0.75	0.86	1.00	1.00	0.33	1.00	6.86	优秀	2.14
P_{17}	0.33	0.50	0.75	0.75	0.71	1.00	1.00	0.33	1.00	6.37	优秀	2.63
P_{18}	0.67	0.50	0.75	0.75	0.71	1.00	1.00	0.67	0.83	6.88	优秀	2.12
P_{19}	0.67	0.25	0.75	0.75	0.71	1.00	1.00	0.67	0.67	6.47	优秀	2.53
P_{20}	0.67	0.25	0.50	0.50	0.57	1.00	1.00	0.67	0.67	5.83	可接受	3.17
均值	0.48	0.46	0.66	0.68	0.65	0.93	0.93	0.52	0.73	6.03	—	2.97

资料来源：经笔者计算整理。

根据表 7-5 的评价结果，20 项待评价政策中优秀政策 10 项，占比 50%；可接受级政策 9 项，占比 45%；不良级政策仅有 1 项，充分说明 2015 年以来出台的促进大学生就业政策绝大多数能够有效促进这类群体的就业，优秀级政策的推动作用尤为明显。P_{10} 为 2017 年国务院颁布的《中长期青年发展规划（2016-2025 年）》，得分最高，表明大学生就业问题不是某个时间节点实现就业的问题，而是一项需要长远眼光、贯穿教育事业始终、关乎青年长期发展、多方联动的系统工程，需要形成"顶层设计理念—长期规划—具体政策措施落地—多政策多部门联合—反馈监督评价机制完善"的政策框架。在设计政策时，统筹调控力度越大，作用对象越全面，越重视提升就业技能和供求匹配，效果越好，评分越高。充分体现了就业政策作为系统工程，要设计出全流程的、可持续的就业政策运行机制，科学研判影响劳动力市场的多重机制，高效实施政策组合拳，深刻把握大学生就业的规律，才能更有效性地促进就业。这对处于可接受级的政策进一步优化也提供了参考。

在评价结果为可接受级的政策中，体现了就业政策涉及面广、目标多维、内容复杂的特点。如 P_2 为国务院办公厅 2015 年颁布的《关于深化高等学校创新创业教育改革的实施意见》，体现并重视创业对就业的带动作用，既有充分的学理支撑，又符合大众创业、万众创新的目标导向，具有长远考虑和全局视角的政策设计不仅在当时能够发挥重要作用，也能与后续的政策设计一脉相承，并能在 2020 年新冠肺炎疫情暴发之后，推出一系列精准就业政策，如 P_{11} 与 P_{16}，促进大学生实现更充分更高质量就业，更为"互联网+"背景下应用科学技术推动大学生就业范式由工业经济范式转向数字经济范式，形成新就业形态提供了政策支持，体现了政策的引导预测作用。再如 P_{20} 政策为 2020 年人力资源社会保障部出台的针对疫情后大学生就业的《"三支一扶"计划实施工作的通知》，该政策承袭于 2017 年颁布的 P_8《关于进一步引导和鼓励高校毕业生到基层工作的意见》，体现了从国务院办公厅到人力资源社会保障部的统筹协调和政策的连贯性，大学生就业对政策依赖性较强，政策的调控范围与侧重点清晰明确，既有利于大学生自身进行合理的就业选择，也有利于供需之间的匹配，缓解结构性失业问题。对于仅有的 1 项不良级政策，则需要进一步绘制 PMC 曲面，进行优劣势对比分析，既能够对该政策本身进行分析，也有利于对之后政策的优化提升提供科学依据。

（三）基于 PMC 曲面的大学生就业政策优化路径

1. 选取代表性政策进行 PMC 曲面绘制

PMC 指数模型的优势之一在于可以绘制 PMC 曲面，将其作为 PMC 指数更为直观的表达方式，通过三维视角展示目标政策评价得分和优劣，并通过追溯二级指标确定政策优化路径。具体做法为把促进大学生就业政策 PMC 指数一级变量得分转换为三阶矩阵，如式（7-4）所示：

$$PMC\ 曲面 = \begin{pmatrix} I_1 & I_2 & I_3 \\ I_4 & I_5 & I_6 \\ I_7 & I_8 & I_9 \end{pmatrix} \tag{7-4}$$

为了对获取的大学生就业政策进行深度剖析，本章通过式（7-4）对政策进行逐项说明。考虑到对政策优化路径分析的全面性，本章引入一项虚拟"完美"政策 P_{21}，该政策各项评分均为 1，如图 7-2 所示；另外，本章选择得分最低的 P_3 进行详细分析，其 PMC 曲面图如图 7-3 所示。

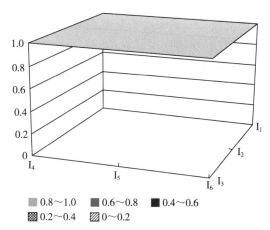

图 7-2　虚拟"完美"政策 P_{21} 的 PMC 曲面图

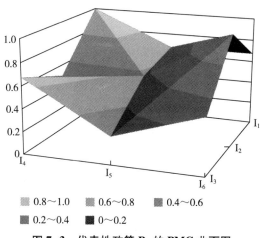

图 7-3　代表性政策 P_3 的 PMC 曲面图

图 7-2 作为虚拟"完美"政策,因此其图形为平行于底面的一个平面;图 7-3 中色块的深浅代表不同的指标得分,凸出部分表示该政策在对应指标上得分较高,反之较低,因此在量化评价层面,通过与虚拟"完美"政策各一级指标对比得出的凹陷指数代表了待评价政策与虚拟"完美"政策之间的差异。

2. 代表性样本政策的两种优化思路

从表 7-5 和图 7-3 可以看出,P_3 的凹陷指数为 5.98,PMC 指数 3.02,排名最低。对促进大学生就业政策进行优化完善,思路可以从两个方面展开:第一种思路是比较该政策各一级指标与所有政策均值的差异;第二种思路是根据凹陷指数比较该政策与虚拟"完美"政策之间的差异。

追溯到表 7-1 和表 7-2 可以看出,P_3 是 2015 年 6 月 16 日发布的《国务院关于大力推进大众创业万众创新若干政策措施的意见》,其中"大众创业万众创新"的说法于 2014 年 9 月在夏季达沃斯论坛上正式提出,而后在 2015 年《政府工作报告》中被明确提出。从学术研究到社会实践再到官方文件,都表明发挥创业创新意识,以创业带动就业既是解决就业问题的重要途径,也是激发经济活力、推动社会持续发展的重要方式。

从第一种思路来看,P_3 在政策领域(I_3)、政策倾向(I_4)、政策重点(I_5)和作用对象(I_9)的得分均明显低于均值水平,最大差异高达 0.43,其他指标虽然也低于均值,但因为差值较小或者对应一级指标下的二级指标仅有 2 个,暂不做详细讨论。但是,大学生就业问题不仅存在就业总量的问题,还存在就业结构中供求不匹配的问题,且后者影响更大。政策领域(I_3)上该政策强调了优化大学生创业环境,但是没有进一步从促进供给和需求匹配角度进行深入;政策倾向(I_4)通过税收优惠鼓励大学生创新,但在统筹协调和机制体制建设方面还需要进一步完善;政策重点(I_5)虽然关注了创业对就业的带动作用,也强调了保障大学生就业权益,但是与大学生创业相关的支持性工作,如大学课程改革、技能提升等还没有明确配套落地政策;作用对象(I_9)尽管从政府和企业角度进行了一定程度的规范,但是不同行业、各类型企业和大学之间的联动并没有得到更好的体现。综上所述,该政策的 PMC 得分较低。如果进行政策优化,按照得分与均值之间的差值比较,建议优化路径为"政策倾向(I_4)—政策领域(I_3)—作用对象(I_9)—政策重点(I_5)"。

当然也应该注意到,虽然该政策在 20 项政策中得分最低,但毕竟自该政策开始,以创业创新带动就业的各类具体政策以此为指导思想,进行了不同角度的完善,后续诸多同类型政策也得到了不断的优化,后续政策不仅在 PMC 得分上有所提升,也在经济社会运行中发挥了作用。

从第二种思路来看，如图7-4所示，可以根据百分比的大小分析凹陷指数构成，根据比例顺序确定该政策优化的路径，即"政策倾向（I_4）—政策领域（I_3）—政策效力（I_2）—政策重点（I_5）—作用对象（I_9）—政策性质（I_1）"。由此可见，大学生就业政策的优化思路并不唯一，具体优化路径的选择还要根据政策环境进行调整，而且某个指标对应的政策措施也会对其他政策措施产生联动影响从而影响其他指标得分，所以结合具体情况进行深入分析。由于PMC指数模型具有可追溯性，能够更好地对政策特点进行分析，以提出更为具体、客观和有针对性的提升措施，为完善优化政策提供依据。

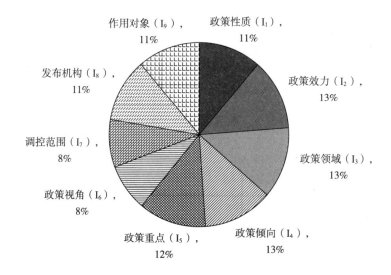

图7-4 代表性政策 P_3 的 PMC 饼图

本章在文本挖掘和知识图谱的基础上构建了PMC指数模型，以2015年国务院颁布的里程碑式的明确将大学生作为重点关注群体的促进就业创业工作的政策文件为开端，获取并匹配了对大学生就业产生重要影响的20项典型政策文本中的具体内容，进行促进大学生就业PMC指标体系构建与评级，然后从中选取代表性政策 P_3，根据两种思路探索了不同的政策优化路径。具体结论与建议如下：

从整体上看，95%的政策属于可接受级和优秀级，说明在促进大学生就业过程中，国家始终坚持以积极就业政策为导向，能够全方位促进大学生就业。随着时间的推移，政策发布方建立了从高校课程改革、就业指导到企业见习机会、毕业生就业技能提升以及就业权益保障、基层农村就业的立体式就业网络体系，通过更细致严谨的优化措施提高优秀级政策的占比，促进大学生更充分更高质量就业。

随着中国经济进入结构转型的关键期，面临新技术革命推动的就业结构变化，就业政策体系应该加大覆盖面，涵盖到产业发展、金融财税、教育培训等多个领域，充分调动全社会解决就业问题的积极性。尤其要注意到大学生就业面临的结构性矛盾，在教育培训部门，在对现行人力资源市场上供求状况深入分析的基础上，及时更新相匹配的教育培训内容，从高校教育开始重视缓解技能结构性矛盾，进而促进不同的机构进行统筹协调，形成有效的政策运行和反馈机制。

在面对新环境带来的"保就业"任务目标下，构建更有效的就业政策体系和实施机制必不可少。对于大学生群体，要加强需求和供给的双向调整，形成一个体系完整、互为支持、联动调整的政策框架体系。一方面要考虑短期的、突发的周期性就业困难的政策工具的运用；另一方面要通过跨部门的统筹协调构建长效积极就业政策，提高就业政策实施的效率，增强就业政策与其他宏观调控政策的协同性。

二、农民工就业政策量化评价研究①

农民工作为我国产业工人的主体，2019年农民工数量已达2.9亿，对中国经济发展发挥了重要作用。近年来，伴随城乡劳动力市场由分割到统一的转变、城镇化进程的发展以及人口流动政策的演进，农民工在就业领域不断面临新挑战：长期集中于非正规部门、机会不平等、同工不同酬、劳动权益保障不健全、就业不稳定等。尤其是2020年新冠肺炎疫情暴发对超过7500万跨省务工的农民工就业造成了较大冲击，农民工就业关乎社会稳定与长久发展，是中央强调的"保居民就业"任务所关注的重点。保障农民工就业，涉及多方面制度与利益关系，优化制度设计理念、制定合理有效的就业政策是解决矛盾的关键。面对中国经济社会发展进入新阶段后潜在的挑战和新发展格局背景下经济社会高质量发展的要求，着眼于农民工群体，对影响这类群体就业的代表性政策进行科学评价进而提出政策建议，具有重要的现实和理论意义。

农民工群体的形成源于中国城乡二元体制：从需求角度来看，我国工业化、城镇化进程加速发展需要大量劳动力；从供给角度来看，一方面农业资源缺乏、人多地少导致农村劳动力剩余，另一方面农业发展解放了大量农村劳动力，农民拥有自主支配劳动力的权利。在供需两端的作用下，农村劳动力外出务工成为劳动力流动的重要方式之一。农民工就业问题受到就业政策的影响较大，无论是自

---

① 本节相关内容原载于《华南农业大学学报（社会科学版）》2021年第1期。

2004 年开始每年"中央一号文件"的发布还是各省市因地制宜发布的政策与落实执行的细则，都体现了出台农民工就业政策、建立完善的农民工就业支持体系是促进农民工就业的重要方式。但是，现实中阻碍农民工就业的体制性障碍尚未完全消失，推动农民融入城镇的政策体系还需进一步完善，建立通畅高效的促进农民工就业的机制体制需要从顶层设计入手，也要考虑政策落地执行效果，因而对其进行客观量化评价研究有利于全方位检测评价总结已有政策，保障政策效果的实施，为政策优化提供科学依据。

（一）农民工就业政策研究现状

以 2006 年 1 月出台的《国务院关于解决农民工问题的若干意见》为标志，政府从农民工就业服务、培训、转移就业和机制体制等方面进行了系统规划，着力推动农民工就业规范化与制度化。此后，农民工新政实行，农业税取消，国家和地方政府相继出台了一系列促进农民工就业的政策，尤其是党的十八大以来，中央更加重视解决农民工就业问题，"稳就业"成为"六稳"工作之首。当前，面对百年未有之大变局，在"十四五"规划期间，世界不确定因素增加，国内产业结构升级，农民工仍是中国社会发展新阶段需要重点关注的群体，需要在政策设计和执行过程中，促进这类群体实现更充分更高质量就业，充分满足他们在新型城镇化进程中有关住房、医疗和教育等多方面的生活追求，推动经济社会高质量发展。

多位学者从宏观视角对农民工就业问题的由来和相关就业政策演进进行了逻辑梳理，主要以理论研究和政策分析为主。如黄祖辉和胡伟斌（2019）从改革开放 40 年角度描绘了农民工的形成与演变轨迹，指出经济转型背景下，农民工就业竞争能力较弱，需要从制度设计和政策措施内容角度解决农民工就业困难、维护农民工就业权益和提升农民工就业能力。陈咏媛（2019）以童玉芬（2010）测算的农村劳动力非农转化规模为基础，梳理了新中国成立以来从农民到农民工转移过程中的问题和政策措施。谢秀军和陈跃（2019）总结了中国就业政策 70 年变迁经验，指出要推动就业政策由保障基本生活向促进就业发展转变，切实解决农村富余劳动力问题，加大就业政策扶持，通过促进就业实现脱贫致富。

不同机构与学者着眼于农民工就业制度执行与政策落地，从制度匹配与效果评估角度进行了研究，分析了政策存在的问题，指出了优化路径，但对于农民工就业政策本身的量化评价还需要进一步结合农民工就业本身的特点进行针对性研究。如广西财政厅课题组等（2017）以广西农民工就业政策为例，从财政政策角度指出要加大扶持农民工就业投入力度，促进农民工就业。袁小平和王娜（2018）则从培训角度指出目前我国农民工就业培训面临"多而无效"问题，要从制度的顶层设计角度协调国家、社会和市场三大主体促进农民工就业。纪韶（2010）指出中央政府与地方政府、地方政府之间、政府与企业之间的博弈在一定程度上影响了农民工就业政策的执行。顾微微（2013）认为在促进农民工就业过程中政府存在角色越位和错位问题，尽管政府投入大量资金、出台众多政策致力于促进农民工就业，但仍需使之体系化、系统化。

（二）农民工就业政策 PMC 指数模型构建

1. 文本挖掘农民工就业典型政策文本

以 2015 年 5 月 1 日发布的《关于进一步做好新形势下就业创业工作的意见》（国发〔2015〕23 号）为标志进行政策文本收集，该文件作为指导新形势下就业创业工作的重要文件，在丰富和发展了就业政策内涵的基础上重点强调了农民工就业问题。在政策文本获取过程中，遵循权威性、严谨性、完整性和精确性原则，收集了对北京市"十三五"期间农民工就业产生重要影响的 18 项典型政策。在时间选择上，将政策文本筛选时间设置为 2015 年 5 月到 2020 年 5 月。在文本来源上，本章中的北京和国家级政策一部分来自北大法宝检索系统，以"农民工""农村转移劳动力""就业"为关键词进行搜索；另一部分则分别补充自北京市人民政府官网政务公开栏目下政策文件专栏和中央人民政府官网首页信息公开专栏，最终形成本章所研究的影响农民工就业的 18 项典型政策一览表（见表7-6），其中北京市地方级政策 8 项，国家相关部门发布的政策 10 项。

表7-6 北京市影响农民工就业的典型政策一览表

编号	政策名称	发文字号	政策发布机关	政策发布日期
P₁	北京市人民政府关于进一步做好新形势下就业创业工作的实施意见	京政发〔2015〕59 号	北京市人民政府	2015 年 12 月 7 日
P₂	北京市人民政府关于进一步做好为农民工服务工作的实施意见	京政发〔2016〕27 号	北京市人民政府	2016 年 7 月 13 日
P₃	北京市农村工作委员会 北京市人力资源和社会保障局关于进一步做好本市农村劳动力转移就业工作的通知	京政农发〔2017〕20 号	北京市农村工作委员会联合北京市人力资源和社会保障局共同发文	2017 年 6 月 2 日
P₄	北京市园林绿化局关于进一步落实园林绿化管护政策确保农民就业增收工作的通知	京绿原发〔2017〕18 号	北京市园林绿化局	2017 年 8 月 23 日
P₅	中共北京市委、北京市人民政府关于印发《北京市乡村振兴战略规划（2018—2022 年）》的通知	无	中共北京市委员会、北京市人民政府	2018 年 12 月 30 日

续表

编号	政策名称	发文字号	政策发布机关	政策发布日期
P_6	北京市人力资源和社会保障局关于贯彻落实《北京市人民政府关于做好当前和今后一个时期促进就业工作的实施意见》有关问题的通知	京人社就发〔2019〕17号	北京市人力资源和社会保障局	2019年2月12日
P_7	北京市人力资源和社会保障局　北京市财政局关于做好疫情防控期间有关就业工作的通知	京人社就字〔2020〕14号	北京市人力资源和社会保障局联合北京市财政局共同发文	2020年2月6日
P_8	北京市海淀区人民政府办公室印发本区关于常态化疫情防控下聚焦"六稳"做好近期经济工作若干措施的通知	京海政办发〔2020〕9号	北京市海淀区人民政府	2020年4月16日
P_9	国务院关于进一步做好新形势下就业创业工作的意见	国发〔2015〕23号	国务院	2015年5月1日
P_10	国务院关于深入推进新型城镇化建设的若干意见	国发〔2016〕8号	国务院	2016年2月6日
P_11	国务院关于印发"十三五"脱贫攻坚规划的通知	国发〔2016〕64号	国务院	2016年12月2日
P_12	国务院办公厅关于完善支持政策促进农民持续增收的若干意见	国办发〔2016〕87号	国务院办公厅	2016年12月6日
P_13	国务院关于印发"十三五"促进就业规划的通知	国发〔2017〕10号	国务院	2017年2月6日
P_14	关于大力发展实体经济积极稳定和促进就业的指导意见	发改就业〔2018〕1008号	国家发展和改革委员会	2018年7月18日
P_15	国务院关于促进乡村产业振兴的指导意见	国发〔2019〕12号	国务院	2019年6月28日
P_16	国务院关于进一步做好稳就业工作的意见	国发〔2019〕28号	国务院	2019年12月24日
P_17	中共中央　国务院关于抓好"三农"领域重点工作确保如期实现全面小康的意见	2020年中央一号文件	中共中央、国务院	2020年1月2日
P_18	国务院办公厅关于应对新冠肺炎疫情影响强化稳就业举措的实施意见	国发〔2020〕6号	国务院办公厅	2020年3月20日

资料来源：北大法宝、北京市人民政府官网、中华人民共和国中央人民政府官网，经笔者整理。

2. 分词处理与词频统计

在获取文本数据的基础上，本节通过对其进行预处理为建模做好准备。首先进行分词处理，由于政策内容全部为中文，因此使用Jieba库的中文分词包在Python 环境下对政策文本进行分词处理操作；其次剔除无法表示文本特征的停用词。鉴于本节的研究主体为农民工就业政策，分词后文档出现频次较高的名词有"国家""北京""社会""农民工"等，量词有"第一""第二""大量""一批"等，对这些词频进行文本分析的意义较小，因此也做了清理，在此基础上，整理了前 50 个有效高频词，如表 7-7 所示。

表 7-7 前 50 个高频词及词频汇总

词汇	词频	词汇	词频	词汇	词频	词汇	词频	词汇	词频
服务	979	保障	858	发展	802	企业	530	创业	547
产业	479	支持	443	机制	404	资源	380	培训	363
完善	360	建设	340	管理	284	教育	282	体系	279
扶贫	278	制度	271	鼓励	274	小康	268	文化	268
创新	266	工程	265	设施	252	生态	248	改革	219
能力	217	项目	208	引导	205	市场	202	规划	192
信息	191	工资	188	标准	183	权益	182	人才	181
资金	179	统筹	179	贫困地区	178	开发	170	旅游	157
特色	151	培育	149	计划	149	生产	145	治理	143
岗位	141	平台	140	综合	133	帮扶	129	改造	105

资料来源：基于 Python 的文本挖掘处理结果。

从表 7-7 可以看出，"服务""保障""发展""企业""创业"的词频（按词频由高到低排列）排名前五，体现出政策贯彻了"十三五"规划中强调的"加强重点群体就业保障、创业带动就业、积极促进就业"的思路，也明确了农民工就业政策的重点关注方向。其他高频词则体现出以下特点：①在政策设计理念中，出现的高频词有"机制""体系""制度""改革""计划"（按词频由高到低排列），显示出在促进农民工就业过程中政策文本关注机制体制建设，注重相关体系完善，以改革促进发展，以计划推进具体工作；②从促进就业的政策落实方式来看，出现的高频词为"支持""完善""建设""管理""鼓励""引导""标准""统筹""综合"（按词频由高到低排列），表明推动农民工就业需要多种方式统筹协调；③从政策内容角度出发，出现的高频词有"产业""资源""培训""教育""文化""工程""设施""生态""能力""工资""资金""开发""旅游"（按词频由高到低排列），说明北京市着力于拓宽农民工就业渠道，提升农民工就业能力，实现农民工群体更全面更高质量就业；④从政策意义角度出发，"扶贫""小康""贫困地区"（按词频由高到低排列）词频较高，可以看出农民工就业事关全面建成小康社会和脱贫攻坚任务完成，具有重大政治经济意义。

3. 构建农民工就业政策 PMC 指数模型

PMC 指数模型的理论假设在于事物之间存在广泛联系，在政策评价时需要尽可能考虑政策中多种变量的关系，在假定变量服从二进制分布的前提下，通过平衡变量可以有效避免在政策量化评价过程中人为评价的主观性，并能通过 PMC 指数和曲面图直观反映政策特征，为政策优化提出针对性改进路径。

本节总结政策文本高频词，将农民工就业政策的具体特点与 PMC 指数模型结合，形成了农民工就业政策 PMC 评价指标体系。具体步骤为：第一，根据 Estrada 的设计理念，将本节一级指标选定为 10 个，分别为：政策性质（X_1）、政策时效（X_2）、政策领域（X_3）、政策评价（X_4）、政策功能（X_5）、政策内容（X_6）、发布机构（X_7）、调控范围（X_8）、激励约束（X_9）、政策公开（X_{10}），并设计了政策性质（X_1）和政策评价（X_4）的二级指标；第二，根据高频词所反映的政策重点关注领域，对政策功能（X_5）、政策内容（X_6）和激励约束（X_9）下的二级指标内容和评价标准进行了界定；第三，结合张永安和郄海拓、丁潇君和房雅婷在进行政策评价时关于发布机构（X_7）和调控范围（X_8）的指标设计理念，以及农民工就业政策可能涉及的内容进行了二级指标的设定；第四，结合我国每年一号文件关注"三农"问题、五年规划制定时间以及小康社会建设过程中政策的时效和涉及的领域对政策时效（X_2）和政策领域（X_3）进行了二级指标的设定，最终形成了一个由 10 个一级变量和 37 个二级变量组成的农民工就业政策 PMC 评价体系，如表 7-8 所示。

表 7-8　农民工就业政策 PMC 评价指标体系及评价标准

一级指标	二级指标	评价标准
X_1 政策性质	$X_{1:1}$ 预测	体现预测性，有为 1，没有为 0
	$X_{1:2}$ 监管	体现监管性，有为 1，没有为 0
	$X_{1:3}$ 支持	体现支持特征，有为 1，没有为 0
	$X_{1:4}$ 建议	提出建议，有为 1，没有为 0
	$X_{1:5}$ 引导	包含引导性，有为 1，没有为 0
	$X_{1:6}$ 描述	包括客观描述，有为 1，没有为 0
X_2 政策时效	$X_{2:1}$ 长期	涉及多于十年的内容，有为 1，没有为 0
	$X_{2:2}$ 中期	涉及五到十年的内容，有为 1，没有为 0
	$X_{2:3}$ 短期	涉及一到五年的内容，有为 1，没有为 0
	$X_{2:4}$ 本年内	涉及本年内的内容，有为 1，没有为 0

续表

一级指标	二级指标	评价标准
X₃ 政策领域	X₃;₁ 经济	涉及经济手段促进农民工就业，有为1，没有为0
	X₃;₂ 政治	涉及政策促进农民工就业，有为1，没有为0
	X₃;₃ 社会服务	涉及社会服务促进农民工就业，有为1，没有为0
X₄ 政策评价	X₄;₁ 目标明确	政策目标明确，有为1，没有为0
	X₄;₂ 方案可行	政策科学可执行，有为1，没有为0
	X₄;₃ 依据充分	政策依据充分，有为1，没有为0
X₅ 政策功能	X₅;₁ 统筹调控	涉及通过调控促进农民工就业，有为1，没有为0
	X₅;₂ 扩大需求	涉及扩大需求促进农民工就业，有为1，没有为0
	X₅;₃ 强化保障	涉及通过加强保障促进农民工就业，有为1，没有为0
	X₅;₄ 完善体制	涉及完善、改革优化机制体制促进农民工就业，有为1，没有为0
X₆ 政策内容	X₆;₁ 加强培训	政策重视农民工培训，是为1，否则为0
	X₆;₂ 完善社保	政策重视社会保障，是为1，否则为0
	X₆;₃ 消除歧视	政策重视消除就业歧视，是为1，否则为0
	X₆;₄ 保障工资	政策重视保障农民工工资，是为1，否则为0
	X₆;₅ 鼓励创业	政策重视创业带动就业，是为1，否则为0
	X₆;₆ 资金投入	政策重视加大资金投入，是为1，否则为0
X₇ 发布机构	X₇;₁ 国家级	国务院或其办公厅、各部委发布，是为1，否则为0
	X₇;₂ 地方级	北京市及相关机构发布，是为1，否则为0
X₈ 调控范围	X₈;₁ 国务院各部委	调控范围包含国务院各部委，是为1，否则为0
	X₈;₂ 北京市及各区	调控范围包含北京市各部门，是为1，否则为0
	X₈;₃ 产业	调控范围包含具体产业，是为1，否则为0
	X₈;₄ 企业	调控范围包含不同企业，是为1，否则为0
X₉ 激励约束	X₉;₁ 监督考核	政策通过监督考核机制规范就业，是为1，否则为0
	X₉;₂ 岗位创造	政策从需求端进行岗位创造，是为1，否则为0
	X₉;₃ 用工激励	政策重视激励企业用工，是为1，否则为0
	X₉;₄ 技能培训	政策鼓励企业提供技能培训，是为1，否则为0
	X₉;₅ 设施建设	政策通过设施建设促进就业，是为1，否则为0
X₁₀ 政策公开	—	政策公开发布，是为1，否则为0

在指标体系设置过程中，一级变量政策性质（X_1）用于判断该政策是否对农民工就业有预测、监管和支持等作用。政策时效（X_2）根据政策内容涉及的

时间长度分为本年内、短期、中期和长期四个阶段。政策领域（X_3）分为经济、政治和社会服务三个领域。政策评价（X_4）则根据目标是否明确、方案是否科学、依据是否充分三个方面对农民工就业政策进行评价。政策功能（X_5）结合促进农民工就业政策实际情况和文本挖掘的高频词，分为统筹调控、扩大需求、强化保障、完善体制四个方面。政策内容（X_6）包含加强培训、完善社保、消除歧视、保障工资、鼓励创业、资金投入六个角度。发布机构（X_7）用国家、地方级两个层次进行划分。调控范围（X_8）用来区分政策的实际调控对象，包括国务院各部委、北京市及各区、不同产业、不同企业四个层级。激励约束（X_9）旨在评价政策中是否通过监督考核机制规范农民工就业，是否从需求端进行岗位创造，是否重视激励企业用工，是否关注农民工就业过程中的技能培训，以及是否通过设施建设促进农民工就业。政策公开（X_{10}）指政策是否公开发布，因此该一级变量下无二级变量。

PMC 指数模型作为研究政策的专业化和标准化方法之一，在文本挖掘的基础上，有别于以往的专家评分法，有利于保证量化评价的客观性。该指数模型有四个基本步骤：首先选定待评价政策（见表 7-6），随后按照式（7-5）确定二级变量 $X_{i:j}$ 的取值，二级变量均服从［0，1］分布；其次根据公式（7-6）计算各一级变量的值；最后将各一级变量代入式（7-7）计算不同政策的 PMC 指数，并根据标准进行评级与曲面图绘制。

$X_{i:j} \sim N[0, 1]$,

其中，i = 一级变量；j = 二级变量，i, j = 1, 2, 3, 4, 5, 6, 7, 8, 9, 10, $\cdots$, ∞　　　　　　　　　　　　　　　　　　　　　　　　　　　　(7-5)

$$X_i = \left(\sum_{j=1}^{n} \frac{X_{i:j}}{n} \right)$$

$X_i \sim R[0, 1]$

其中，n 表示二级变量的个数，n = 1, 2, 3, 4, 5, 6, 7, 8, 9, 10, $\cdots$, ∞

(7-6)

$$PMC = X_1 \left(\sum_{a=1}^{6} \frac{X_{1:a}}{6} \right) + X_2 \left(\sum_{b=1}^{4} \frac{X_{2:b}}{4} \right) + X_3 \left(\sum_{c=1}^{5} \frac{X_{3:c}}{5} \right) + X_4 \left(\sum_{d=1}^{3} \frac{X_{4:d}}{3} \right) +$$

$$X_5 \left(\sum_{e=1}^{4} \frac{X_{5:e}}{4} \right) + X_6 \left(\sum_{f=1}^{6} \frac{X_{6:f}}{6} \right) + X_7 \left(\sum_{g=1}^{2} \frac{X_{7:g}}{2} \right) + X_8 \left(\sum_{h=1}^{4} \frac{X_{8:h}}{4} \right) e +$$

$$X_9 \left(\sum_{k=1}^{5} \frac{X_{9:k}}{5} \right) + X_{10}$$

(7-7)

根据本节 10 个一级指标的数量，结合 Estrada 的评级标准，得到本节 PMC

指数评级标准，如表7-9所示。

表7-9　PMC指数评级标准

PMC得分	政策评价
[0, 4.99]	不良级
[5, 6.99]	可接受级
[7, 8.99]	优秀级
[9, 10]	完美级

资料来源：根据Estrada论文中的评价标准整理。

根据式（7-5）至式（7-7）可以计算出18项政策中每项政策的二级指标具体得分，由于篇幅所限，文中不再详细列示。在此基础上，根据式（7-7）计算出18项政策各自的PMC指数，然后与各指标最优政策（即后文将引入的完美虚拟政策）PMC得分相减得到凹陷指数，最后结合表7-9的评级标准，得到18项农民工就业政策PMC指数排名和评级，如表7-10所示。

表7-10　18项典型农民工就业政策的PMC指数和评级

	X_1	X_2	X_3	X_4	X_5	X_6	X_7	X_8	X_9	X_{10}	PMC指数	排名	评级	凹陷指数
P_1	0.50	0.25	0.67	1.00	1.00	0.50	0.50	0.50	0.80	1.00	6.72	7	可接受级	3.28
P_2	0.67	0.50	1.00	1.00	1.00	1.00	0.50	0.50	0.60	1.00	7.52	3	优秀级	2.48
P_3	0.67	0.25	0.67	1.00	1.00	0.83	0.50	0.50	0.40	1.00	6.57	10	可接受级	3.43
P_4	0.17	0.25	0.67	1.00	0.50	0.33	0.50	0.50	0.20	1.00	5.12	17	可接受级	4.88
P_5	0.33	0.50	1.00	1.00	1.00	0.83	0.50	0.50	0.80	1.00	7.21	5	优秀级	2.79
P_6	0.17	0.25	0.33	1.00	0.25	0.17	0.50	0.50	0.20	1.00	4.37	18	不良级	5.63
P_7	0.33	0.25	0.67	1.00	0.50	0.83	0.50	0.50	0.60	1.00	5.59	15	可接受级	4.41
P_8	0.50	0.25	0.67	1.00	0.50	0.33	0.50	0.50	0.20	1.00	5.70	14	可接受级	4.3
P_9	0.83	0.50	1.00	1.00	0.75	1.00	1.00	1.00	0.60	1.00	8.68	1	优秀级	1.32
P_{10}	0.50	0.50	1.00	1.00	0.50	0.83	0.50	0.50	0.80	1.00	7.13	6	优秀级	2.87
P_{11}	0.50	0.50	0.67	1.00	0.50	0.83	1.00	1.00	0.60	1.00	7.35	4	优秀级	2.65
P_{12}	0.33	0.50	0.67	1.00	0.75	1.00	0.50	0.50	0.40	1.00	6.40	12	可接受级	3.6
P_{13}	0.50	0.50	0.67	1.00	0.75	0.83	0.50	0.50	0.40	1.00	6.65	9	可接受级	3.35
P_{14}	0.17	0.25	0.33	1.00	0.75	0.50	0.50	0.50	0.80	1.00	5.55	16	可接受级	4.45

续表

	X_1	X_2	X_3	X_4	X_5	X_6	X_7	X_8	X_9	X_{10}	PMC 指数	排名	评级	凹陷指数
P_{15}	0.17	0.50	0.67	1.00	0.50	0.50	0.50	0.50	0.40	1.00	5.74	13	可接受级	4.26
P_{16}	0.17	0.50	1.00	1.00	0.50	0.50	0.50	0.50	0.60	1.00	6.52	11	可接受级	3.48
P_{17}	0.67	0.50	1.00	1.00	0.75	0.83	0.50	0.50	0.80	1.00	8.05	2	优秀级	1.95
P_{18}	0.50	0.25	0.67	1.00	0.50	0.67	0.50	0.50	0.60	1.00	6.69	8	可接受级	3.31
均值	0.43	0.39	0.72	1.00	0.65	0.68	0.55	0.56	0.54	1.00	6.53	—	—	3.47

资料来源：笔者计算整理。

4. 农民工就业政策 PMC 评价结果分析

通过对 18 项待评价农民工就业政策进行基于 PMC 指数模型的量化评价研究，得到了表 7-10 的评价结果，可以看出，这 18 项政策中可接受级及以上为 17 项，占比 94.44%，其中优秀级 6 项，占比 33.33%，说明 2015～2020 年，无论是国家还是北京市出台的农民工就业政策绝大部分在政策设计和制定过程中较为充分地考量了农民工就业所涉及的各维度，可以在"十三五"期间有效促进农民工就业，其中优秀级政策的推动作用尤为明显。

在政策评价过程中，可以明显看出"十三五"期间农民工就业政策表现出以下三个特点：第一，政策发文层级一直属于最高级。不论是国家层面以国务院或国务院办公厅为主要发文单位，还是地方层面以地方人民政府为主导的发文层级，均体现了"三农"问题的重要地位，农民工就业受到重点关注，对新型城镇化建设和国家经济持续稳定发展意义重大。第二，政策融合度不断增强。国家层面的政策仍旧主要以国务院或国务院办公厅为主，但以北京为例，政策出台单位已经由单一部门出台逐渐变为多部门或者直接负责部门出台具体政策，以针对性地落实中央文件，多部门联合推动农民工就业成为一种趋势，政策内容也逐步细化且具备可操作性。第三，政策体系化、系统化思维逐渐完善。农民工就业事关全局，从纲领性文件到具体落实政策，从中央到地方，从设计理念到资源统筹调度，均呈现出不断优化趋势。

在对政策进行排序之后，根据表 7-6 回溯政策还可以发现，P_9、P_{17}、P_2、P_{11}、P_5 和 P_{10} 6 项政策得分由高到低，评价结果均属于优秀级，占比 33.3%。而 P_1、P_{18}、P_{13}、P_3、P_{16}、P_{12}、P_{15}、P_8、P_7、P_{14} 和 P_4 11 项政策得分由高到低，评价结果属于可接受级，占比 61.1%。从整体来看，充分说明由于农民工就业关乎全国发展大局，在设计政策时，覆盖面越广、统筹调控力度越大，越重视加强保障、提升就业技能，评分越高。接下来对优秀级政策指标进行逐一溯源分析，为可接受级政策的优化提供更多值得借鉴的思路。

从评价结果为优秀级的单项政策来看，P_9 是国务院 2015 年 5 月 1 日颁布的《关于进一步做好新形势下就业创业工作的意见》，这项政策覆盖面广、统筹调控力度大、政策措施全面且激励约束手段丰富，各项指标考虑较为科学周到，从宏观到微观相应条款描述充分，既体现了该政策作为新形势下促进农民工就业的纲领性文件的重要地位，又体现了促进农民工就业的政策体系要重视顶层设计，建立从中央到地方的分层指导落实流程，全方位推进政策贯彻落实和监督反馈，因此 P_9 的 PMC 得分为 8.68 分，评分最高，排名第 1。

P_{17} 是国务院 2020 年 1 月 2 日颁布《中共中央　国务院关于抓好"三农"领域重点工作确保如期实现全面小康的意见》，该政策作为 2020 年一号文件，加入了多种激励约束手段，既提纲挈领又具备可操作性，该政策既承袭了 2014 年开始一号文件关注"三农"问题的传统，又针对决胜全面小康社会的具体目标设计了系统化、体系化的政策体系，重视促进新生代农民工就业，最为明显的是体现在 X_6 政策内容中，不只关注就业数量的实现，也采取措施关注了新生代农民工就业环境、就业前培训、就业中社会保障和创业带动就业等，以此促进农民工尤其是新生代农民工就业质量的提升，因此 PMC 得分为 8.05 分，排名第 2。

P_2 是北京市人民政府 2016 年颁布的《关于进一步做好为农民工服务工作的实施意见》，政策性质（X_1）、政策时效（X_2）、政策功能（X_5）三个指标均显著高于均值水平：从政策性质（X_1）来看，P_2 体现了预测、监管、支持、建议和引导的重要特点，从政策设计到政策监督，围绕服务农民工以促进这类群体实现就业进行了细致规范；从政策时效（X_2）来看，五年的政策时长兼顾了政策的灵活性和规划性，有利于后续政策的进一步贯彻与针对性调整；从政策功能（X_5）来看，重视统筹调控、强化保障和完善机制体制，是较有代表性的地方政府实施办法，因此，PMC 得分 7.52，排名第 3。

P_{11} 是国务院 2016 年颁布的《关于印发"十三五"脱贫攻坚规划的通知》，在政策内容（X_6）和调控范围（X_8）两项一级指标上得分明显高于均值，该政策以精准脱贫和精准扶贫为政策切入点，注重培训提高农民工持续就业能力以使其获得收入，加大资金投入帮助农民工实现就业，保障农民工依法获得工资，并形成了从政策设计理念到具体条款执行的全流程系统化思维，通过综合调控国务院各部委、地方政府和不同产业全方位促进农民工就业，因此 PMC 得分 7.35，排名第 4。

P_5 是中共北京市委员会和北京市人民政府 2018 年联合发布的《北京市乡村振兴战略规划（2018—2022 年）》，该政策在政策内容（X_6）和激励约束（X_9）

两项一级指标上得分较高，P_5 依托乡村振兴战略的整体设计理念，两部门联合发文，建立了引导就近非农就业、鼓励农民工运用自身优势进行创业、保障劳务输出等促进农民充分就业的运行机制，从岗位创造到监督考核，政策内容和激励约束方式较为丰富，因此 PMC 得分 7.21，排名第 5。

P_{10} 是国务院 2016 年颁布的《关于深入推进新型城镇化建设的若干意见》，该政策与 P_5 均在政策内容（X_6）和激励约束（X_9）两项一级指标上得分较高。新型城镇化作为中国未来城镇化发展的战略方向，在产业结构调整的基础上更重视信息化、智能化和创新化的多元发展目标，在农民工就业领域，尤其是对新生代农民工而言，催生了新的就业领域、拓宽了新的就业空间，在政策导向和设计理念中体现得尤为明显，更要求政策能够通过丰富全面的政策内容和合理有效的激励约束，提升农民工就业层次、维护农民工就业权益，在保障就业数量的基础上，重视就业质量，因此该政策 PMC 得分 7.13，排名第 6。

从评价结果为可接受级的单项政策来看，各项政策整体上较为合理，在政策设计和制定过程中较为充分地考量了农民工就业所涉及的各维度，措施相对到位，能够有效促进农民工就业。以单项政策 P_1 为例，该政策重视新形势下就业创业工作的联动，在政策领域（X_3）方面，除运用经济手段促进农民工就业外，还注重完善社会服务；在激励约束（X_9）方面，通过创业带动就业，从需求端进行岗位创造，并激励企业提供技能培训。由于可接受级单项政策数量较多，为进一步明确优化方向，在下一小节将选择代表性政策对其绘制 PMC 曲面图进行深度分析。

在 18 项政策中仍有 1 项不良级政策 P_6，该政策为 2019 年 2 月 12 日北京市人力资源和社会保障局发布的《关于贯彻落实〈北京市人民政府关于做好当前和今后一个时期促进就业工作的实施意见〉有关问题的通知》，虽然该政策以促进就业为出发点，属于纲领性政策意见，但在需求端以鼓励企业增加用工为主，并没有制定相对完善的全面激励约束措施扩大就业需求；在供给端以失业保障金形式维护未就业群体基本权益，但没有设计更具针对性的提高就业能力的配套措施；在供需匹配结合的角度，社会服务和中介机构的作用还没有完全得到具体落实，因而该政策评分最低，说明解决农民工就业问题不仅需要通过经济手段，还涉及政治、就业环境优化、需求刺激等诸多方面，要在完备的政策体系指导下，对农民工就业过程中可能遇到的问题进行科学预测，对已经遇到的问题进行详细剖析，实现闭环监督与规范，真正促进农民工更充分更高质量就业。

（三）农民工就业政策 PMC 曲面分析和优化思路

1. 基于 PMC 曲面评价可接受级政策 P_7 和 P_{18}

PMC 指数模型的优势之一在于可以绘制 PMC 曲面图，将其作为分析 PMC 指数更为直观的表达方式，通过三维视角展示目标政策评价得分和优劣，并通过追溯二级指标确定政策改进方向。具体做法为：由于本节共有 10 个一级变量，但是一级变量 X_{10} 下无二级变量，且 X_{10} 变量取值中 18 项政策均为 1，考虑到矩阵的对称性和平衡性，根据惯例剔除 X_{10}，把促进农民工就业政策 PMC 指数一级变量得分转换为三阶矩阵，如式（7-8）所示：

$$PMC\ 曲面 = \begin{pmatrix} X_1 & X_2 & X_3 \\ X_4 & X_5 & X_6 \\ X_7 & X_8 & X_9 \end{pmatrix} \tag{7-8}$$

由于对"十三五"期间北京市农民工就业产生重大影响的典型政策随时间推移和环境变化也在不断发展，因而在选取样本政策绘制 PMC 曲面图时，选择了北京市发布的可接受级政策中发布日期最近的政策 P_7 和国务院发布的可接受级政策中发布日期最近的政策 P_{18}，探讨这两项政策可以优化改进的方向。为方便比较，本节引入一项"完美"虚拟政策 P_{19}，该政策各项得分均为 1，可以在比较中针对二级指标提出更具体明确的优化内容。

由于引入的"完美"虚拟政策 P_{19} 各项评分均为 1，因此其图形为平行于底面的一个平面，如图 7-5 所示。首先分析北京市发布的可接受级政策 P_7 和国务院发布的可接受级政策 P_{18}，这两项政策的 PMC 曲面图如图 7-6、图 7-7 所示，其中不同色块代表不同数值的指标得分，凸出部分表示该政策在对应指标上得分较高，凹陷部分则表示该政策在对应指标上得分较低。

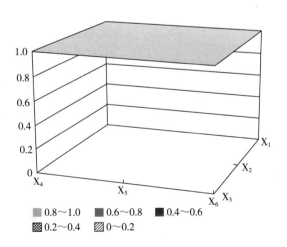

图 7-5　"完美"虚拟政策 P_{19} 的 PMC 曲面图

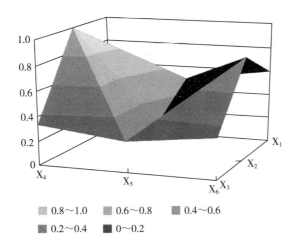

图7-6　可接受级政策 P_7 的 PMC 曲面图

P_7 为 2020 年 2 月 6 日新冠肺炎疫情暴发时北京市人力资源社会保障局和财政局联合发布的《关于做好疫情防控期间有关就业工作的通知》，PMC 评分为 5.59，评价等级为可接受级，排名第 15。结合政策出台背景和疫情防控的阶段性特征可以看出，北京市作为首都，承担着重要的政治功能，能够在第一时间迅速发布政策保障并促进农民工就业，既是对国家政策的积极响应也能对其他地方政策产生示范效应。从政策各一级指标的得分可以看出，政策功能（X_5）、政策领域（X_3）、政策时效（X_2）、政策性质（X_1）、调控范围（X_8）和发布机构（X_7）6 个一级指标得分低于均值（按与均值差值的绝对值由大到小排列），政策内容（X_6）和激励约束（X_9）2 个一级指标得分高于均值（按与均值差值的绝对值由大到小排列），政策评价（X_4）和政策公开（X_{10}）2 个一级指标得分等于均值。

该政策在政策功能（X_5）方面以保障性措施实现农民工返岗，没有继续挖掘潜在的机制体制、岗位需求问题。在政策领域（X_3）中重视用政治调控方式对农民工就业进行保障，而在经济方式和社会服务方面相应机制设计较少。由于新冠肺炎疫情属于重大突发事件，因此该政策在政策时效（X_2）方面对疫情发展走势预测不够明确，时效有限。该政策的特性也进一步影响了政策性质（X_1）和调控范围（X_8），表现为 P_7 以引导为主而缺少预测、监管和支持性措施，以及虽然是两部门联合发文（发布机构（X_7）），但调控范围相对狭窄，对与农民工就业直接相关的产业和企业要求较少，在政策部署和落地执行中灵活性和操作性相对弱于其他政策，因此 PMC 评分较低。

但该政策作为紧急出台的政策在评级中仍属于可接受级政策，为重大公共卫生事件下农民工群体就业提供支撑作用。在政策内容（X_6）中，对农民工就业过程中的社保、工资和就业环境给予了应有的重视。在激励约束（X_9）中能够在相对短的时间通过制度规范并促进农民工就业。总体而言，该政策的 PMC 指数仍然处于合理范围，能够有效促进农民工就业。但需要注意的是，政策的制定与执行是动态调整的过程，建立 PMC 指数评价模型的目的是要通过对照政策标准寻找现行政策相对薄弱的环节，通过政策内部各指标的纵向比较和不同政策之间的横向比较，最终优化政策评价理念，设计出政策改进方向。面对农民工就业需求与供给的阶段性结构矛盾，政策设计应更关注重大突发事件下的就业培训体系、劳动技能提升、工资发放等问题的综合设计思维，才能促进农民工群体更充分更高质量就业。

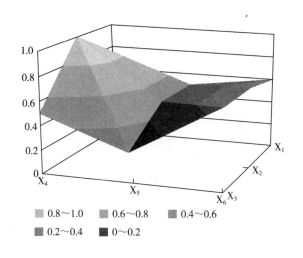

图 7-7　可接受级政策 P_{18} 的 PMC 曲面图

P_{18} 为 2020 年 3 月 20 日国务院办公厅发布的《关于应对新冠肺炎疫情影响强化稳就业举措的实施意见》，PMC 评分为 6.69，评价等级为可接受级，18 项政策中排名第 8。该政策与 P_7 同属于新冠肺炎疫情暴发后出台的促进农民工就业政策，可以看出在疫情暴发后，农民工这类重点群体的就业被高度重视，从中央到地方，各部门关注度越来越高，从工作部署向体制化改革的思路准备也初具形态。但这两项可接受级政策在促进农民工就业的过程中，仍有一些共性问题可以进一步优化。

从政策各一级指标的得分可以看出，政策功能（X_5）、政策时效（X_2）、调控范围（X_8）、政策领域（X_3）、发布机构（X_7）和政策内容（X_6）6个指标得分低于均值（按与均值差值的绝对值由大到小排列），政策性质（X_1）和激励约束（X_9）2个一级指标得分高于均值（按与均值差值的绝对值由大到小排列），政策评价（X_4）和政策公开（X_{10}）2个一级指标得分等于均值。

在低于均值的6个一级指标中，在政策功能（X_5）方面该政策作为国家级政策重视统筹调控，进行了宏观层面的准确判断但没有进一步针对扩大岗位需求、完善机制体制提出更具体的指导意见。由于P_{18}与P_7同属于重大突发事件后的应急处理方案，在政策时效（X_2）、调控范围（X_8）和政策领域（X_3）的具体规定方面相比于其他政策具有一定劣势，这是政策出台本身的环境限制。其余2个一级指标虽然低于均值，但差值较小。

在高于均值的2个一级指标方面，则体现了国家级政策的优势。从国家政策的引导作用出发，该政策体现了农民工就业覆盖面广、统筹协调难度大的特点，也反映了促进农民工就业在现代农村发展背景下的新特点。农民工在全球产业链中处于劳动密集型产业的中低端位置，受到外部环境影响较大，随着电商模式的发展，农民工除外出务工就业以外，应抓住新业态、新模式发展的机遇期，适应现代农业农村发展的新趋势，主动拓宽就业渠道。政策制定方更需要以文件形式，通过全面合理的有效措施刺激农民工开发电商模式下的新就业途径，提高农民工网络时代的就业能力，维护农民工在新模式下的就业权益，通过全面系统的政策体系探索农民工更充分更高质量就业的新路径，增强农民工就业政策的实施效果。以P_7和P_{18}两项可接受级政策为例进行深入分析，追溯了一级指标和二级指标的评价过程，既体现了PMC指数模型对经济因素和非经济因素的双重考量优势，也能在一定程度上对相关政策提出进一步优化建议。在之后的政策创设过程中，要充分考虑目标群体和时代背景之间的影响，出台针对性强、目标和层级明确、监督考核和激励约束体系完备的政策，总结经典经验进行推广，进一步创新政策内容和形式。

2. 基于PMC两种优化思路分析得分最低政策P_6

由于PMC指数模型具有可追溯性，能够更好地对政策特点进行分析，可以提出更为具体、客观和有针对性的提升措施，因此具体优化思路还可以从两个方面展开：第一种思路是比较该政策各一级指标与所有政策均值的差异；第二种思路是根据凹陷指数比较该政策与虚拟完美政策之间的差异。本节选取得分最低的P_6政策进行详细说明。

从第一种思路来看，根据表7-10可以发现，政策P_6在政策内容（X_6）、政策功能（X_5）、政策领域（X_3）、激励约束（X_9）和政策性质（X_1）（按照与均值的差距由大到小依次排列）的得分明显低于各自指标对应的均值水平，最大差值高达 0.51，其他指标虽然也低于均值，但因为程度较低或者二级指标较少，暂不做详细讨论。农民工问题产生于中国城乡二元结构，这类群体由于文化水平较低，主动提升劳动技能的意识和能力较弱，就业环境相对较差，在就业市场中更依赖于就业政策的保障和引导。从政策内容（X_6）上看，该政策强调通过完善财政体系促进农民工就业，但是缺少对农民工就业技能的培训和就业环境的优化；从政策功能（X_5）上来看，P_6 虽然重视社会保障，但缺少需求端的提升和省市级的统筹调控；从政策领域（X_3）上来看，P_6 以政治领域为关注重点，但是经济和社会服务领域的措施没有得到综合体现；从激励约束（X_9）角度来看，保障力度较强而刺激就业需求力度较弱；而政策性质（X_1）方面则以监管为主，预测和引导性较弱。因此，PMC 得分在 18 项政策中最低，可以遵循"完善政策内容—健全政策功能—扩大政策覆盖领域—多举措实现激励约束—加强政策预测引导性质"的路径进行政策优化。政策体系设置涉及面广，需要在短期目标和长效机制中进行政策内容完善，如从需求端扩大对农民工群体的就业需求，从供给端提高农民工就业的能力，从社会保障领域优化农民工就业环境、确保农民工依法获得收入。政策执行和落实需要健全多种政策功能，充分发挥政策的激励约束作用，可以进一步通过财政措施激励和约束劳动力市场中的不同群体，最终使得政策体现出预测性、指导性和规范性，保障较长一段时期内农民工实现更充分更高质量就业。

从第二种思路来看，根据凹陷指数的逻辑，可以计算代表性政策 P_6 各一级指标与"完美"虚拟政策各一级指标比较后得到的凹陷指数百分比，数值大小代表了理论上农民工就业政策改进的指标顺序。结果显示，一级指标中占比前四位的依次为政策内容（X_6）（15%）、政策性质（X_1）（15%）、激励约束（X_9）（14%）和政策功能（X_{13}）（13%），即理论上该政策优化的路径为"丰富政策内容—强化政策性质—加强激励约束—完善政策功能"。由此可以看出，基于 PMC 指数模型的农民工就业政策优化思路并不唯一，需要根据政策环境进行调整，某个指标对应的政策措施也会对其他政策产生联动影响从而影响其他指标得分，对政策进行量化评价应注重政策指标之间的关系，全面规划政策的顶层设计，关注政策体系的完善，将政策设计理念拆分至具体指标进行落实，从而增强政策的针对性和有效性。

三、灵活就业政策量化评价研究①

新业态背景下我国就业模式发生了深刻变化。劳动力就业模式从 20 世纪 90

---

① 本节相关内容原载于《北京工业大学学报（社会科学版）》2022 年第 1 期。

年代国企改革前的单一正规就业模式发展到正规与非正规等多种就业模式并存的局面。随着互联网及新支付模式的发展，以及就业群体观念意识的变化，新就业形态和就业模式呈现常态化。西南财经大学中国家庭金融调查中心 2020 年调查结果显示，灵活就业人口规模达 1.8 亿，既有传统群体的自由职业者、自营劳动者及家庭帮工等，也有平台经济的发展衍生出新就业形态的网约车司机、网络主播、自媒体等。"三新"经济体的快速发展为灵活就业人员的就业拓宽了渠道。2020 年初暴发的新冠肺炎疫情对就业产生了前所未有的冲击，而灵活就业在此次新冠肺炎疫情中缓解了就业危机。曾湘泉（2020）等在分析当前就业形势后认为灵活就业在增加就业机会方面潜力巨大。但灵活就业在快速发展过程中也存在着劳动关系难以确认，灵活就业者权益无法保障，针对灵活就业群体的服务体系不健全以及就业培训不足等方面的问题，尤其是灵活就业者因劳动关系无法确认、收入低以及保障意识不足导致该群体的社会保险缴纳不足，户籍原因导致的社会保险互济功能受制约等原因，导致其就业质量普遍偏低，现行的社会福利和救助政策因存在地域限制导致大多数灵活就业人员在受到伤害时无法得到救助。因此，发挥灵活就业在当前"稳就业""保就业"战略目标和任务中的重要作用，需要优化制度设计理念，制定合理有效的灵活就业扶持政策。2021 年是"十四五"规划开启之年，应当客观有效地评价既有政策的实施效果，从而明确未来制定灵活就业政策的目标导向，以实现灵活就业群体更加充分更高质量就业。

灵活就业是非正规就业中的一种具体就业形式，是非正规就业的延续和发展。20 世纪 80 年代，非正规就业开始进入大众视野。大部分劳动力在市场发展过程中，因为缺少正规就业岗位，导致非正规就业队伍开始扩大，缓解了当时的就业压力，对经济模式转型以及发展起到了积极作用，这种就业模式随着社会经济发展日益受到政府重视。政府在"十三五"规划期间提出可以运用灵活就业方式引导就业者劳动观念转变，尤其是在互联网时代平台经济的快速发展过程中，更明确要求加强对灵活就业的扶持力度，政府陆续出台相关政策来促进灵活就业的发展并取得了明显效果。但我国灵活就业在制度和政策层面依然面临诸多问题和挑战，如灵活就业人员参保率低导致无法得到社会保障、劳动关系无法确认、现行职工保险制度因为制度调整成本过高未将灵活就业群体纳入保险制度体系。因此本节选取近十年来涉及灵活就业的 17 项典型政策，对其政策实施效果进行评估，探讨这些政策在推动灵活就业发展中的作用以及存在的问题，并结合 CiteSpace 工具分析我国灵活就业的研究热点和前沿趋势，为相关部门制定灵活就业政策提供参考。

（一）灵活就业政策研究现状

20世纪70年代，发达国家的灵活就业迅速发展，导致灵活就业政策和相关保障措施在发达国家也相对完善。其中包括对雇主的补助政策、对自行创业人员的扶持政策、对特困群体的优惠政策以及完善灵活就业的法律法规和就业服务体系，这些政策对规范和引导我国灵活就业的发展有着重要启示。

灵活就业主要是指在共享经济下，基于互联网技术出现的一种平台化、去雇主化的新就业形式。张成刚（2016）将灵活就业形式归为四类，分别是创业式就业者、自由职业者、依托于互联网或者市场化资源的多重职业者、部分他雇型就业中出现的新变化形式，其特点是劳动关系呈现多重性、间断性与短期性，从业者在年龄上、行业分布上、就业状态上、表现形式上呈现多样性（鲁全，2021）。灵活就业因其不同于正规就业的特点导致灵活就业人员存在劳动关系归属模糊、劳动风险问题凸显、缺乏社会保障支持等问题（匡亚林等，2021）。因此，灵活就业人员存在被歧视、收入低、受到侵害时无法保障自己的权益等问题（薛进军、高文书，2012）。尤其是随着平台经济的发展出现的新就业形态，给劳动者权益保障带来挑战（王永洁，2020），灵活就业群体在发生身体伤害时平台企业并不会保障平台就业人员的利益，虽然我国建立了最低救济制度，但仍不能有效解决职业伤害带来的经济损失，因工伤而导致的高额花费使得灵活就业群体得不到有效的救济和保障而返贫（胡京，2020）。

在灵活就业政策研究方面，丹麦和荷兰实施的灵活就业政策被视为成功的典范，丹麦是通过积极的劳动力市场政策和教育政策以及社会福利制度来保障劳动力市场的灵活就业，不仅有失业保险系统，还有完善的社会救助系统（杨伟国，2008），荷兰针对灵活就业的政策是非正规就业的正规化，对灵活就业群体给予更多保护，保障灵活就业群体能接受培训、收入有保障并且可以缴纳养老保险，以保障非标准就业标准化（陈荣林，2007）。而我国关于灵活就业政策的研究主要有以下四个方面：一是劳动关系确认方面，冯小俊、韩慧（2015）在研究灵活就业政策时，借鉴丹麦和荷兰这两个国家的成功政策，同时也意识到我国存在的制约性问题，例如，我国劳动关系本身固有的稳定性导致灵活就业灵活性不足，因此需要在政策方面加大引导（李坤刚，2017）。二是针对灵活就业群体保障方面，吴江（2019）认为在完善灵活就业的政策体系的同时，应扩大社会保障范围，除了可以有针对灵活就业人员的养老和医疗保险外，还应将灵活就业群体纳入工伤保险保障范围（鹿健岚，2021）。三是在培训方面，苏巧燕（2021）认为政府也要针对灵活就业群体建立培训再就业政策，满足企业用工和就业人员工作的需求。四是法律法规方面，莫荣、李付俊（2020）认为应准确认定灵活就业群体的合法地位，加快修订劳动保障相关法律法规，保障灵活就业群体的权益。促进和规范我国灵活就业的发展，拓宽就业渠道，实现我国稳就业目标，就要根据我国灵活就业的发展现状，完善我国的就业政策、法律法规、社会保障，以及社会服务，构建更为完善的灵活就业政策体系。

（二）灵活就业政策 PMC 指数模型构建

1. 研究思路与样本获取

本节通过查阅政策文件，搜索与灵活就业政策相关的关键词，从国家和地方政府部门公布的政策文件中选取了近三年来颁布的涉及灵活就业的 17 项典型政策（见表 7-11），这些政策的制定目标均是为了促进灵活就业的发展及相关内容的规范，包括 3 项全国性政策和 14 项地方性政策。

表 7-11　国家和地方政府灵活就业政策

序号	名称	发文字号	发布日期
P_1	国务院办公厅印发《关于支持多渠道灵活就业的意见》	国办发〔2020〕27 号	2020 年 7 月 31 日
P_2	国家发展改革委等 13 个部门联合发布《关于支持新业态新模式健康发展激活消费市场带动扩大就业的意见》	发改高技〔2020〕1157 号	2020 年 7 月 14 日
P_3	人力资源和社会保障部、国家发展改革委、交通运输部、应急部、市场监管总局、国家医保局、最高人民法院、全国总工会共同印发《关于维护新就业形态劳动者劳动保障权益的指导意见》	人社部发〔2021〕56 号	2021 年 7 月 6 日
P_4	浙江省人社厅发布《关于优化新业态劳动用工服务的指导意见》	浙人社发〔2019〕63 号	2019 年 11 月 4 日
P_5	安徽省人民政府办公厅发布《关于支持多渠道灵活就业的实施意见》	皖政办〔2020〕22 号	2020 年 12 月 24 日
P_6	湖北省人民政府办公厅印发《关于鼓励和支持多渠道灵活就业的实施意见》	鄂政办发〔2020〕65 号	2020 年 12 月 28 日
P_7	广东省人社厅《关于印发〈广东省支持多渠道灵活就业若干措施〉的通知》	穗人社发〔2021〕2 号	2021 年 4 月 23 日
P_8	河南省人民政府办公厅发布《关于支持多渠道灵活就业的实施意见》	豫政办〔2021〕14 号	2021 年 4 月 2 日
P_9	江苏省人民政府办公厅印发《关于支持多渠道灵活就业若干措施的通知》	苏政办发〔2021〕13 号	2021 年 2 月 8 日
P_{10}	江西省人社厅发布《关于支持多渠道灵活就业的实施意见》	赣人社规〔2020〕8 号	2020 年 12 月 31 日
P_{11}	青海省人民政府办公厅发布《关于支持多渠道灵活就业的若干举措》	青政办发〔2021〕1 号	2021 年 1 月 7 日

序号	名称	发文字号	发布日期
P₁₂	天津市发布《关于支持多渠道灵活就业的具体措施分工意见》	津就组字〔2020〕6号	2020年9月10日
P₁₃	山东省人民政府办公厅发布《关于支持多渠道灵活就业二十条措施》	鲁政办发〔2020〕19号	2020年10月29日
P₁₄	山西省人民政府办公厅发布《关于支持多渠道灵活就业的实施意见》	晋政办发〔2020〕89号	2020年11月19日
P₁₅	太原市人民政府发布《支持多渠道灵活就业若干措施》	并政办发〔2021〕5号	2021年4月13日
P₁₆	镇江市人民政府办公室发布《关于支持多渠道灵活就业的实施意见》	镇政办发〔2021〕32号	2021年6月29日
P₁₇	宁夏回族自治区人民政府办公厅发布《关于支持多渠道灵活就业的实施意见》	宁政办规发〔2021〕1号	2021年1月6日

资料来源：各级地方政府官网，笔者整理。

2. 分词处理与词频统计

本节使用 ROSTCM6.0 软件，对收集的 17 项灵活就业政策进行预处理，之后对政策文本进行分词，剔除无明显作用词后，最后按照词频从高到低把分词结果进行排列（见表7-12）。

表7-12 文本挖掘前50个高频词及词频汇总

词汇	词频	词汇	词频	词汇	词频	词汇	词频	词汇	词频
就业	1074	灵活	538	服务	351	企业	319	发展	275
保障	271	创业	261	资源	226	培训	216	平台	213
人力	206	职业	197	分工	198	职责	188	政策	179
经营	178	社会	176	劳动	169	鼓励	158	市场	141
业态	141	落实	127	互联网	119	补贴	118	监管	109
技能	108	政府	108	机构	106	加强	104	引导	101
经济	99	组织	95	困难	94	开展	92	个体	88
部门	87	推动	81	纳入	80	规范	80	依法	80
用工	76	改革	75	形态	74	单位	74	高校	72
登记	71	促进	71	毕业生	69	多渠道	69	推进	69

从表7-12可以看出，在促进灵活就业的相关政策文本中，从高频词（以下

频次均按照由高到低排序）可以看出，政策明确了灵活就业的重点关注方向。我国各级政府高度重视灵活就业，灵活就业是经济发展和民生就业的重要支撑，政府出台多项措施支持灵活就业的发展，灵活就业作为新的就业形态，创造了更多就业岗位，在稳就业方面发挥了重大作用。

通过对高频词的分析可以看出：①从涉及的主体来看，依次出现了"政府""企业""社会""机构"，说明社会各机构充分支持政府发布的将灵活就业作为稳就业的政策措施，并充分调动各方积极性以及彼此互相协调，体现了灵活就业政策的重要地位，同时政策的实施也需要通过配套体系及时对已有政策进行优化调整。②从实现方式角度看，高频词有"服务""创业""补贴""发展""培训""保障"等，说明在支持灵活就业方面，首先支持创业就业、优化创业环境、加大创业补贴；其次加强对灵活就业人员的培训，相关社会机构加强对灵活就业群体的服务，如供求对接，加强对困难灵活就业群体的帮扶等；最后完善灵活就业群体的保障体系和权益保护制度。③从政策内容看，出现的高频词有"毕业生""政策""人力""保障""平台""业态""形态"等，说明高校应届毕业生也是就业重点保护群体，同时也是稳就业的重点群体。在新业态背景下，平台企业的快速发展需要企业和灵活就业群体转换角色，劳动关系也由以往的从属关系向互利合作关系转变，平台企业运用本身掌握的大数据优势对就业群体采取针对性的措施，因人施策、分类帮扶，同时加快发展新兴业态，拓宽就业渠道，从而达到吸纳更多群体的就业，同时也要加大针对该群体的帮扶力度和保障力度，从而达到更好更充分就业。

3. 构建灵活就业政策 PMC 指数模型

PMC 指数模型基于文本挖掘方式通过二进制平衡政策量化评价的各变量，并通过 PMC 指数和曲面图直观反映政策特征。本节在总结灵活就业政策文本高频词的基础上，借鉴多位学者的指标设计思路（时丹丹、嵇国平，2011；丁潇君等，2019），形成灵活就业政策 PMC 评价指标体系（见表 7-13）。该指标体系由 10 个一级变量和 33 个二级变量构成，其中一级变量分别为：政策性质（X_1）、政策时效（X_2）、政策级别（X_3）、政策领域（X_4）、调控范围（X_5）、政策内容（X_6）、政策功能（X_7）、政策评价（X_8）、激励措施（X_9）、政策公开（X_{10}）。

表 7-13　灵活就业政策 PMC 评价指标体系及评价标准

一级变量	二级变量	评价标准
X_1 政策性质	$X_{1:1}$ 监管	判断政策是否涉及监管，是为 1，否为 0
	$X_{1:2}$ 支持	体现支持特征，有为 1，没有为 0

一级变量	二级变量	评价标准
X₁ 政策性质	X₁;₃ 推动	判断政策是否具有推动灵活就业内容，是为 1，否为 0
	X₁;₄ 引导	判断政策是否有引导性，是为 1，否为 0
X₂ 政策时效	X₂;₁ 长期	判断政策是否涉及 10 年以上的内容，是为 1，否为 0
	X₂;₂ 中期	判断政策是否涉及 6~10 年的内容，是为 1，否为 0
	X₂;₃ 短期	判断政策是否涉及 1~5 年的内容，是为 1，否为 0
	X₂;₄ 临时	判断政策是否涉及 1 年以内的内容，是为 1，否为 0
X₃ 政策级别	X₃;₁ 全国范围	调控范围为全国，是为 1，没有为 0
	X₃;₂ 省市范围	调控范围为省市，是为 1，没有为 0
X₄ 政策领域	X₄;₁ 经济	涉及经济手段促进灵活就业，有为 1，没有为 0
	X₄;₂ 社会服务	涉及社会服务手段促进灵活就业，有为 1，没有为 0
	X₄;₃ 政治	涉及政治手段促进灵活就业，有为 1，没有为 0
X₅ 调控范围	X₅;₁ 政府部门	判断政策受众范围是否包括政府部门，是为 1，否为 0
	X₅;₂ 事业单位	判断政策受众范围是否包括事业单位，是为 1，否为 0
	X₅;₃ 企业	判断政策受众范围是否包括企业，是为 1，否为 0
X₆ 政策内容	X₆;₁ 完善社保	政策重视完善社会保障，是为 1，否为 0
	X₆;₂ 鼓励创业	政策重视创业带动就业，是为 1，否为 0
	X₆;₃ 消除歧视	政策重视消除就业歧视，是为 1，否为 0
	X₆;₄ 加强培训	政策重视灵活就业培训，是为 1，否为 0
X₇ 政策功能	X₇;₁ 统筹协调	判断政策功能是否涉及统筹协调，是为 1，否为 0
	X₇;₂ 鼓励激励	判断政策功能是否涉及鼓励激励灵活就业，是为 1，否为 0
	X₇;₃ 规范引导	判断政策功能是否涉及规范引导灵活就业，是为 1，否为 0
	X₇;₄ 深化改革	判断政策工具是否涉及深化改革，是为 1，否为 0
X₈ 政策评价	X₈;₁ 依据充分	判断政策制定的依据是否充分，是为 1，否为 0
	X₈;₂ 目标明确	判断政策设定的目标是否明确，是为 1，否为 0
	X₈;₃ 方案科学	判断政策实施的方案是否科学，是为 1，否为 0
X₉ 激励措施	X₉;₁ 拓宽渠道	判断政策是否涉及拓宽就业渠道，是为 1，否为 0
	X₉;₂ 优化环境	判断政策是否涉及优化环境，是为 1，否为 0
	X₉;₃ 完善保障	判断政策是否涉及保障支持，是为 1，否为 0
	X₉;₄ 增加投资	判断政策是否涉及增加投资，是为 1，否为 0
X₁₀ 政策公开		判断政策是否公开，是为 1，否为 0

在指标体系中，一级变量 X₁ 用于衡量该政策是否对灵活就业有监管、支持

等作用。政策时效（X_2）分为长期、中期、短期和临时四个阶段，以考察政策对灵活就业的时效特征。政策级别（X_3）分为全国范围、省市范围两个级别。政策领域（X_4）则根据政策作用的三个领域对其进行评价。调控范围（X_5）是根据政策调控的客体范围进行评价。政策内容（X_6）包含完善社保、鼓励创业、消除歧视、加强培训四个方面。政策功能（X_7）包括统筹协调、鼓励激励、规范引导、深化改革四个方面。政策评价（X_8）则根据依据是否充分、目标是否明确、方案是否科学三个方面来判断。激励措施（X_9）旨在用拓宽渠道、优化环境、完善保障、增加投资四个方面评价灵活就业政策中包含的激励手段。X_{10}是指政策是否公开发布，根据本节政策的特点和多位学者设计的指标体系，该一级变量下无二级变量。

PMC 指数模型作为研究政策专业化和标准化的方法之一，在文本挖掘的基础上，有别于以往专家打分法，有利于保证本研究量化评价的客观性。该指数模型有四个基本步骤：首先选定待评价政策（见表 7-11），随后按照公式（7-9）确定二级变量 $X_{i:j}$ 取值，其中 i 为一级变量序号，ij 为二级变量序号，二级变量均服从 [0，1] 分布；其次根据式（7-10）计算一级变量的值，其中 n 为二级变量的个数；最后将各一级变量代入式（7-11）计算不同政策的 PMC 指数，并根据标准进行评级与曲面图绘制。

$$X_{ij} \sim N[0，1]$$

其中，i 为一级变量；j 为二级变量，i, j = 1, 2, 3, 4, 5, 6, 7, 8, 9, 10, …, ∞   （7-9）

$$X_i = \sum_{j=1}^{n} \frac{X_{ij}}{n}$$

其中，n 表示二级变量的个数，n = 1, 2, 3, 4, 5, 6, 7, 8, 9, 10, …, ∞

（7-10）

$$PMC = X_1\left(\sum_{a=1}^{6}\frac{X_{1a}}{6}\right) + X_2\left(\sum_{b=1}^{4}\frac{X_{2b}}{4}\right) + X_3\left(\sum_{c=1}^{4}\frac{X_{3c}}{4}\right) + X_4\left(\sum_{d=1}^{3}\frac{X_{4d}}{3}\right) + X_5\left(\sum_{e=1}^{2}\frac{X_{5e}}{2}\right) +$$

$$X_6\left(\sum_{f=1}^{3}\frac{X_{6f}}{3}\right) + X_7\left(\sum_{g=1}^{4}\frac{X_{7g}}{4}\right) + X_8\left(\sum_{h=1}^{3}\frac{X_{8h}}{3}\right) + X_9\left(\sum_{i=1}^{4}\frac{X_{9i}}{4}\right) + X_{10} \quad（7-11）$$

根据式（7-11）可以分别计算出 17 项灵活就业政策的 PMC 指数，之后进行评级，评级标准如表 7-14 所示。

4. 灵活就业政策 PMC 指数评级

根据 PMC 指数计算方法得出 17 项政策每项得分，然后根据详细得分以及式（7-9）、式（7-10）、式（7-11）计算 17 项政策的 PMC 指数进行评级和排名

（见表7-15）。

表7-14　PMC指数评级标准

PMC 指数	10~9	8.99~7	6.99~4	3.99~0
等级评价	完美	优秀	可接受	不良

资料来源：根据埃斯特拉达（Estrada）论文中的评价标准整理。

表7-15　本节所评价的15项灵活就业政策PMC指数

	X_1 政策性质	X_2 政策时效	X_3 政策级别	X_4 政策领域	X_5 调控范围	X_6 政策内容	X_7 政策功能	X_8 政策评价	X_9 激励措施	X_{10} 政策公开	PMC 指数	排序	等级
P_1	1	1	1	0.67	1	0.75	1	1	0.75	1	9.17	1	完美
P_2	1	1	1	0.67	0.67	0.5	1	1	0.75	1	8.59	5	优秀
P_3	1	1	1	1	1	0.75	0.75	1	0.5	1	9	2	完美
P_4	1	1	1	0.5	0.67	1	1	1	0.75	1	8.67	4	优秀
P_5	1	1	0.5	0.67	1	1	0.75	1	1	1	8.67	4	优秀
P_6	1	1	0.5	0.67	1	0.75	0.75	1	0.75	1	8.42	6	优秀
P_7	1	1	0.5	0.67	1	0.75	0.75	1	0.75	1	8.42	6	优秀
P_8	1	1	0.5	0.67	1	0.75	1	1	1	1	8.92	3	优秀
P_9	1	1	0.5	0.67	1	0.75	0.75	1	0.75	1	8.42	6	优秀
P_{10}	1	1	0.5	0.67	0.67	0.75	0.75	1	0.75	1	8.09	8	优秀
P_{11}	1	1	0.5	0.67	1	0.75	0.75	1	0.5	1	8.17	7	优秀
P_{12}	1	1	0.5	0.67	0.67	0.75	0.75	1	0.75	1	8.09	8	优秀
P_{13}	1	1	0.5	0.67	0.67	0.75	0.75	1	0.75	1	8.09	8	优秀
P_{14}	1	1	0.5	0.67	0.67	0.75	0.75	1	0.5	1	7.84	9	优秀
P_{15}	1	0.5	0.5	0.67	1	0.75	1	1	0.75	1	7.84	9	优秀
P_{16}	1	1	0.5	0.67	1	0.75	0.75	1	0.5	1	8.17	7	优秀
P_{17}	1	0.5	0.5	0.67	0.67	0.75	0.67	1	0.75	1	7.51	10	优秀

资料来源：笔者计算整理。

根据表7-15的评级结果，17项所评价政策中，2项政策是完美级别，优秀级政策为15项，这说明近几年，无论是国家还是地方出台的灵活就业政策绝大部分可以有效增加就业岗位，缓解就业压力，发挥稳就业的积极作用。这17项政策对灵活就业的推动作用尤为明显，根据PMC指数可以依次得出，P_1、P_3是完美级别政策，其余是优秀级政策。

P_1、P_3两项完美级别政策都是国家级政策，作为新形势下通过增加就业岗位、拓宽就业渠道和加大就业保障等措施来实现稳就业、保就业的纲领性文件，该政策精准针对灵活就业方面，统筹面广，激励措施全面。P_1 的 PMC 指数为9.17，排名第 1，等级是完美级别，说明这一政策考虑全面，且设计科学合理，

涉及经济、社会、政治各大领域，综合运用了统筹协调、鼓励激励、完善体系、深化改革多项政策工具，通过合理的制度安排和任务设计，取消限制灵活就业发展的规定，拓宽灵活就业渠道，创造更多就业机会以达到稳就业大局的目的。P_3 政策是由人力资源和社会保障部、国家发改委等多部门联合印发，PMC 指数 9，该政策顺应了互联网发展趋势，规范和支持新就业形态，维护新就业形态劳动者的权益，且针对不同的业态特点，提出适应灵活就业发展的创新性政策点。

在省级政策中，P_8 政策 PMC 指数得分较高，该政策是河南省人民政府办公厅为支持多渠道灵活就业，从多方面给予政策支持，创造就业机会，激发劳动者创业活力和创新潜能，该政策覆盖面广，尤其重视对下岗失业人员、高校毕业生、农民工、就业困难人员等重点灵活就业群体的扶持、培训、服务、补贴以及保障，提升创业意愿，扩大创业培训范围，将"人口红利"转换为"人才红利"，提升人力资本优势，支持多渠道灵活就业。

P_4、P_5PMC 指数并列第四，P_4 是浙江省人力资源和社会保障厅在 2019 年针对新业态经济吸纳大批劳动力就业时相伴而生的劳动用工问题而制定的新业态劳动用工服务的指导意见。该意见目的是在促进新业态经济健康发展的同时，保护新业态从业人员和新业态企业双方的合法权益。该政策对新业态劳动用工的不同类型分类施策，创新治理方式的同时，在保障新业态从业人员职业伤害方面也进行了探索。P_5 是安徽省人民政府办公厅关于支持多渠道灵活就业的实施意见，该政策在拓宽就业渠道、鼓励创业就业、加强培训、完善社保等方面给予政策支持，为完善和提高灵活就业人员的用工服务水平，加强对该群体的服务且保障灵活就业群体的权益为目的而制定的政策，该政策覆盖面广，重视对灵活就业人员的扶持、培训、服务、补贴以及保障，对其他地区的灵活就业政策制定提供了很好的借鉴。

在 17 项政策中，PMC 分数最低的政策是 P_{17}，因该政策是宁夏回族自治区人民政府办公厅关于支持多渠道灵活就业的实施意见，因为是偏远地区，互联网不发达，新业态发展速度较发达地区会慢一些，该地区政策将灵活就业作为就业的补充，重视程度不高，仅在有条件的地区开展相关工作，政策执行力度相对较小。

（三）量化分析灵活就业政策 PMC 曲面图

PMC 指数模型的优势之一在于可以绘制 PMC 曲面，可将其作为 PMC 指数更为直观的表达方式，通过三维视角展示目标政策评价得分和优劣，并通过追溯二级指标确定政策优化路径。具体做法为：本书共有 10 个一级变量，17 项政策，

X_{10} 变量取值均为 1，考虑到矩阵的平衡性，故去掉 X_{10}，把 PMC 指数一级变量得分转换为三阶矩阵，如式（7-12）所示：

$$PMC\ 曲面 = \begin{pmatrix} X1 & X2 & X3 \\ X4 & X5 & X6 \\ X7 & X8 & X9 \end{pmatrix} \tag{7-12}$$

由于对灵活就业产生影响的政策随时间、地点不同也会发生变化，因而在选取样本政策绘制 PMC 曲面图时，选择了完美级别的国家级政策 P_1（见图 7-8）、P_3（见图 7-9），得分较高的省级政策 P_8（见图 7-10）这 3 项政策。PMC 曲面图中色块代表不同指标得分，凸出部分表示得分较高，得分较低的部分呈凹陷状。通过对这 3 项样本政策的 PMC 曲面图开展量化分析，有利于进一步探索优化灵活就业政策的途径和方法。

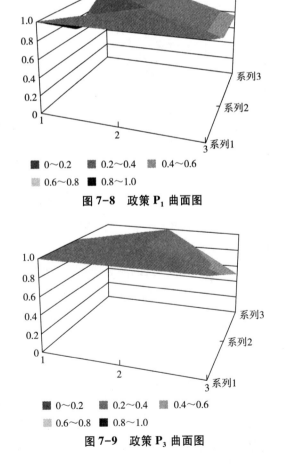

图 7-8 政策 P_1 曲面图

图 7-9 政策 P_3 曲面图

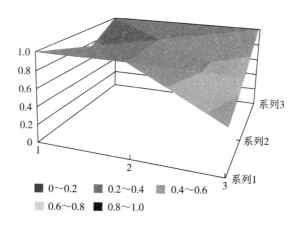

图 7-10　政策 P_8 曲面图

P_1 政策代表国家级政策，是国务院办公厅于 2020 年 7 月发布的《关于支持多渠道灵活就业的意见》，该项政策评级为完美级别，PMC 分值为 9.17，排名第 1，说明这一政策在各个维度方面考虑周全。该政策发布于疫情期间，充分说明在疫情期间，我国政府对灵活就业的支持和帮扶以及对稳就业和保就业的重视。

P_3 政策是人力资源和社会保障部、国家发展改革委等八部门联合发布的《关于维护新就业形态劳动者劳动保障权益的指导意见》，等级完美，排名第 2，PMC 指数为 9，该政策是基于互联网平台就业新就业形态劳动者数量大幅增加，维护劳动者劳动保障权益面临新情况新问题这一背景而制定的政策，该政策前沿性、实用性和针对性强，能够解决目前新就业形态劳动者权益无法保障的问题。

P_8 政策代表省级政策，是河南省人民政府办公厅发布的《关于支持多渠道灵活就业的实施意见》，该政策不仅对重点灵活就业群体进行扶持，而且加大投入资金帮助返乡农民工创业就业，对重点吸纳灵活就业群体的中小微企业投入资金支持，这一点直接解决了中小微企业融资难的问题，也是该省的这项政策得分略高的原因，该政策在激励措施上更全面且实用。

四、重点群体就业政策优化建议

（一）大学生就业政策优化建议

本章在文本挖掘和知识图谱的基础上构建了 PMC 指数模型，以 2015 年国务院颁布的里程碑式明确将大学生作为重点关注群体的促进就业创业工作的政策文件为开端，获取并匹配了对大学生就业产生重要影响的 20 项典型政策文本中的具体内容，进行促进大学生就业 PMC 指标体系构建与评级，然后从中选取代表

性政策 P_3，根据两种思路探索了不同的政策优化路径，基于研究结论提出如下大学生就业政策的优化建议：

（1）坚持积极就业政策导向，完善大学生就业政策体系。从整体上看，在促进大学生就业过程中，国家始终坚持以积极就业政策为导向，95%的政策属于可接受级和优秀级，能够全方位促进大学生就业。随着时间的推移，政策发布方也在通过更细致严谨的优化措施提高优秀级政策的占比，建立了从高校课程改革、就业指导到企业见习机会、毕业生就业技能提升以及就业权益保障、基层农村就业的立体式就业政策体系。

（2）积极调动社会各类资源，关注大学生就业结构性矛盾。随着中国经济进入结构转型的关键期，面临新技术革命推动的就业结构变化，就业政策体系应该加大覆盖面，涵盖到产业发展、金融财税、教育培训等多个领域，充分调动全社会解决就业问题的积极性，尤其注意到大学生就业面临的结构性矛盾，对于教育培训部门，在对现行人力资源市场上供求状况深入分析的基础上，及时更新相匹配的教育培训内容，从高校教育开始重视缓解技能结构性矛盾，进而促进不同的机构进行统筹协调，形成有效的政策运行和反馈机制。

（3）增强就业政策的有效性，强调各类宏观政策的协同效应。在面对新环境带来的"保就业"任务目标下，构建更有效的就业政策体系和实施机制必不可少。对大学生，要加强需求和供给的双向调整，形成一个体系完整、互为支持、联动调整的政策框架体系。一方面要考虑短期的、突发的周期性就业困难的政策工具的运用；另一方面要通过跨部门的统筹协调构建长效积极的大学生就业政策，提高大学生就业政策实施的效率，增强就业政策与其他宏观调控政策的协同性。

（二）农民工就业政策优化建议

本章基于文本挖掘法和PMC指数模型构建了针对农民工就业政策的量化评价体系，收集了18项对"十三五"时期农民工就业产生重要影响的典型政策进行建模分析，最后根据本章得出的评价结果，通过绘制PMC曲面图对可接受级政策 P_7 和 P_{18} 的改进方向开展研究，并运用两种优化思路针对性地提出了对得分最低的 P_6 的具体优化路径。根据本章的政策梳理和高频词分析结果可以看出，在促进农民工就业过程中，政府始终坚持"坚持就业优先战略，实施更加积极的就业政策，创造更多就业岗位，完善创业扶持政策"的指导理念，绝大部分政策能够有效促进农民工就业，有助于实现"稳就业"目标。最后，本章选取3项政策开展量化评价，从政策角度为"十四五"期间，政府在推进新型城镇化、促进农民工市民化的过程中提出以下几点建议：

（1）在坚持就业优先战略基础上，进一步优化农民工就业政策设计的理念，更要充分发挥政策的引导示范作用。农民工作为我国重点关注的就业群体之一，其就业问题由来已久，涉及面较广、跨省就业、社保、工资、就业歧视等多种问题交织。政府在出台政策时要在国家的规划和指导下，既要建立短期快速解决就业岗位的有效机制，应对重大突发社会事件，在短期内通过组织调度集中高效率落实农民工就业问题，也要进一步完善多措并举、由上至下、分工明确和统筹协调的长效机制，为农民工从实现就业到更充分更高质量的就业提供可靠科学的制度保证。

（2）以农村发展带动农民工就业，发展和规范与农民实际情况相适应的劳动力市场，加大财政支持、人才激励和新基建投资等力度，强化政策中激励约束内容。一方面，从劳动力供给的角度，通过规范政策内容继续加大农民工职业技能培训力度，提高农民工整体素质、提高农民工就业竞争力；另一方面，从劳动力需求的角度，发挥政策的引导鼓励作用，进一步开拓市场需求，挖掘小微企业对农民工就业的吸纳能力，积极培育农村市场、发展农村经济、构建因地制宜的农村产业结构、完善基础设施建设，以农村发展带动农民工就业，实现更多劳动力的就地消化，真正通过农业产业化、农村城镇化的方式，在推进农民工市民化的思路指导下解决农民工就业问题。

（3）建立以互联网平台为依托的覆盖多行业、多类型企业的定向解决就业机制，完善政策体系。针对农民工就业渠道较窄和就业信息不通畅等问题，需要以国家级政策为主导，地方级政策为辅，充分运用大数据，强化用工信息对接，引导、支持和鼓励符合条件的各类型企业积极采取灵活就业、临时兼职等多种形式促进农民工就业。在"十四五"规划期间，要关注农民工就业在总量、结构和质量方面出现的新变化，通过多元化就业促进形式，让农民工在城镇能够安居乐业，真正释放这类群体的消费潜力，在以国内大循环为主体的背景下，增强经济增长动力，实现社会经济高质量发展。

（三）灵活就业政策优化建议

本章收集17项国家和地方级灵活就业方面的政策，运用PMC指数模型，对选取的17项灵活就业政策进行量化评价，灵活就业政策整体上设计较为合理，其中完美级别政策有2项，优秀级别15项。根据评价结果，本章选取了国家级、省级不同级别的灵活就业政策，通过绘制PMC曲面图展示出政策维度的具体量化结果，为后续政策制定提出以下建议：

（1）随着数字经济、平台经济的快速发展，企业用工也在发生变化，灵活就业逐渐发展成为新就业形态，企业与劳动者之间的劳动关系的从属性减弱，新型劳动者更具独立性，企业倾向于平台发展，企业与劳动者之间的关系也趋向于向平等合作、互利共生的关系转变。新型劳动关系减少了时间、地点的限制，随之也出现了新的问题，如没有固定工作场所和团体组织，缺少社会力量，削弱了劳动者本身权益的保护，而现有的社会保障制度倾向于保护正规就业者的利益，缺乏对灵活就业群体的保护。随着新型经济的发展，新型劳动关系会成为未来发展趋势，因此对新型劳动关系的确认也是新职业和谐发展的重要的保障。

（2）有关灵活就业的法律法规几乎处于空白状态，缺少对灵活就业群体的法律保护。尽管各地政府陆续出台支持灵活就业的政策和指导意见，更多的是对这一新型就业的扶持、鼓励和引导，在保护灵活就业者上不具备强制性，这也是近期有关灵活就业群体维权案件增多的原因。建议完善针对灵活就业群体的《劳动法》《就业促进法》《社会保障法》等相关法律法规修订，发挥各级工会组织的作用，吸纳灵活就业群体加入工会组织，在加强对从业者的培训的同时，也要加强灵活就业者的法律意识。

（3）加强平台企业维护劳动者权益的责任，虽然平台企业与劳动者之间的关系趋于弱化状态，但平台企业更应加强自己的责任，除了保障劳动时间、保护灵活就业者权益外，还应根据企业自身掌握的劳动者的大数据，对不同类型的从业者进行分类管理、定期培训等，以更好地保障灵活就业群体的安全和收益。

参考文献

［1］Acs Z. J. , Mueller P. Employment Effects of Business Dynamics: Mice, Gazelles and Elephants ［J］. Small Business Economics, 2008 (30).

［2］Adelino M. , S. Ma, D. T. Robinson. Firm Age, Investment Opportunities, and Job Creation ［J］. Journal of Finance, 2014.

［3］Alberto A. , Alexis D. , Jensen H. Synthetic Control Methods for Comparative Case Studies: Estimating the Effect of California's Tobacco Control Program ［J］. Journal of the American Statistical Association, 2010 (6).

［4］Anne O. Krueger. Alternative Trade Strategies and Employment ［J］. America-n Economic Review, 1978, 68 (2).

［5］Ardagna S. Fiscal Policy in Unionized Labor Markets ［J］. Journal of Economic Dynamics & Control, 2007, 31 (5).

［6］Arntz M. , Gregory T. , Zierahn U. The Risk of Automation for Jobs in OECD Countries: A Comparative Analysis ［R］. OECD Social, Employment and Migration Working Papers No. 189, 2016.

［7］Audretsch D. B. Small Firms and Entrepreneurship: The Western Experience ［J］. Technology Innovation & Policy, 2002 (14).

［8］Audretsch D. B. , Keilbach M. Entrepreneurship and Regional Growth: An Evolutionary Interpretation ［J］. Journal of Evolutionary Economics, 2004 (14).

［9］Autor D. H. , Dorn D. The Growth of Low-Skill Service Jobs and the Polarization of the U. S. Labor Market ［J］. American Economic Review, 2013, 103 (5).

［10］Autor D. H. , F. Levy, R. J. Murnane, The Skill Content of Recent Technological Change: An Empirical Exploration ［J］. The Quarterly Journal of Economics, 2003, 118 (4).

［11］Awan S. H. , Habib N. , Shoaib Akhtar C. , Naveed S. Effectiveness of Performance Management System for Employee Performance Through Engagement ［J］.

SAGE Open, 2020.

[12] Bakker A. B. , Schaufeli W. B. , Leiter M. P. , Taris, T. W. Work Engagement: An Emerging Concept in Occupational Health Psychology [J] . Work & Stress, 2008, 22 (3) .

[13] Baldwin J. , Gorecki J. K. Dimensions of Labor Market Change in Canada: Intersectoral Shifts, Jobs, and Worker Turnover [J] . Journal of Income Distribution, 1994 (3) .

[14] Baptista R. , V. T. Esc Ria, P. Madruga. Entrepreneurship, Regional Development and Job Creation: The Case of Portugal [J] . Small Business Economics, 2007 (30) .

[15] Benu Bidani, Niels-Hugo Blunch et al. Evaluating Job Training in Two Chinese Cities [J] . Journal of Chinese Economics & Business Studies, 2005 (1) .

[16] Berglund T. Crisis and Quality of Work in the Nordic Employment Regime [J] . International Review of Sociology, 2014, 24 (2) .

[17] Beveridge W. H. Full Employment in a Free Society [M] . London: Auen and Unwin, 1944.

[18] Birch D. L. Who Creates Jobs? [J] . The Public Interest, 1981 (65) .

[19] Birley S. The Role of New Firms Births Deaths and Job Generation [J] . Strategic Management Journal, 1986 (4) .

[20] Blanchard O. J. Wage Bargaining and Unemployment Persistence [J] . Journal of Money, Credit and Banking, 1991, 23 (2) .

[21] Boccuzzo G. , Gianecchini M. Measuring Young Graduates' Job Quality Through a Composite Indicator [J] . Social Indicators Research, 2015, 122 (2): 453-478.

[22] Bonnet F. , Figueiredo B. , Standing G. A Family of Decent Work Indexes [J] . International Labor Review, 2003, 4 (142) .

[23] Booth J. E. , Shantz A. , Glomb T. M. , Duffy M. K. , Stillwell E. E. Bad Bosses and Self-verification: The Moderating Role of Core Self-evaluations with Trust in Workplace Management [J] . Human Resource Management, 2020, 59 (2) .

[24] Cavanaugh M. , Boswell W. et al. An Empirical Examination of Self-reported Work Stress Among US Managers [J] . Journal of Applied Psychology, 2000, 85 (1) .

[25] Chen C. CiteSpace II: Detecting and Visualizing Emerging Trends and Transient Patterns in Scientific Literature [J] . Journal of the American Society for In-

formation Science and Technology, 2006, 57 (3).

[26] Cheung F., Tang C. S., Tang S. Psychological Capital as a Moderator between Emotionallabor, Burnout, and Job Satisfaction Among School Teachers in China [J]. International Journal of Stress Management, 2011, 18 (4).

[27] Chrisman J. J., Bauerschmidt A., Hofer C. W. The Determinants of New Venture Performance: An Extended Model [J]. Entrepreneurship Theory & Practice, 1998, 23 (1).

[28] Clark A E. Your Money or Your Life: Changing Job Quality in OECD Countries [J]. British Journal of Industrial Relations, 2005, 43 (3).

[29] Clark P., Crawford T. N., Hulse B., Polivka B. J. Resilience, Moral Distress, and Workplace Engagement in Emergency Department Nurses [J]. Western Journal of Nursing Research, 2021, 43 (5).

[30] Cohen S., Wills T. A. Stress, Social Support, and the Buffering Hypothesis [J]. Psychological Bulletin, 1985, 98 (2).

[31] Connor K. M., Davidson J. R. T. Development of a New Resilience Scale: The Connor-davidson Resilience Scale (cd-risc) [J]. Depression & Anxiety, 2003, 18 (2).

[32] Crawford E. R., Lepine J. A., Rich B. L. Linking Job Demands and Resources to Employee Engagement and Burnout: A Theoretical Extension and Meta-Analytic Test [J]. Journal of Applied Psychology, 2010, 95 (5).

[33] David B. Audretsch, Michael Fritsch. Growth Regimes Over Time and Space [J]. Regional Studies, 2002 (36).

[34] Davis S. J., Haltiwanger J. Gross Job Creation, Gross Job Destruction, and Employment Reallocation [J]. The Quarterly Journal of Economics, 1992 (3).

[35] Davis S. J., J. Haltiwanger S. Schuh. Small Business and Job Creation: Dissecting the Myth and Reassessing the Facts [J]. Small Business Economics, 1996 (4).

[36] Davoine L., Erhel C., Guergoat-Lariviere M. Monitoring Quality in Work: European Employment Strategy Indicators and Beyond [J]. International Labour Review, 2008, 147 (2-3).

[37] Devereux M., Freeman H. A General Neutral Profits Tax [J]. Fiscal Studies, 1991 (12).

[38] Dhondt S, Kraan K, Van Sloten G. Work Organisation, Technology and Working Conditions [J]. European Foundation for the Improvement of Living &

Working Conditions, 2012.

[39] Diane J. Burns, Paula J. Hyde, Anne M. Killett. How Financial Cutbacks Affect the Quality of Jobs and Care for the Elderly [J]. Ilr Review, 2016 (69).

[40] Diefendorff J. M., Brown D. J., Lord K. R. G. Examining the Roles of Job Engagement and Work Centrality in Predicting Organizational Citizenship Behaviors and Job Performance [J]. Journal of Organizational Behavior, 2002, 23 (1).

[41] Doo M. Y., Park S. H. Effects of Work Value Orientation and Academic Major Satisfaction on Career Decision-making Self-efficacy [J]. Higher Education, Skills and Work-Based Learning, 2019, 9 (4).

[42] Edward A. Evaluative Research: Principles and Practice in Public Service and Social Action Programs [J]. Bureau of Justice Statistics, 1968 (1).

[43] Estrada M. Policy Modeling: Definition, Classification and Evaluation [J]. Journal of Policy Modeling, 2011, 33 (4).

[44] European Commission. The Employment in Europe Report 2008 [R]. European Commission, Directorate-General for Employment and Social Affairs, Brussels, 2008.

[45] Farhat, Ahmed, Shaheen. Drivers of Entrepreneurship: Linking With Economic and Employment Generation (A Panel Data Analysis) [J]. Development Economists Islamabad, 2018 (11).

[46] Fiess N. M., Fugazza. Informal Self-employment and Macroeconomic Fluctuations [J]. Journal of Development Economics, 2010, 91 (2).

[47] Filip Abraham, Ellen Brock. Sector Employment Effects of Trade and Productivity in Europe [J]. Applied Economics, 2003, 35 (2).

[48] Findlay Patricia, Kalleberg Arne L., Warhurst Chris, Okay Somerville Belgin, Scholarios Dora. Shades of Grey: Understanding Job Quality in Emerging Graduate Occupations [J]. Human Relations, 2013, 66 (4).

[49] Fiss P. C. Building Better Causal Theories: A Fuzzy Set Approach to Typologies in Organization Research [J]. Academy of Management Journal, 2011, 54 (2).

[50] Frank H. Knight. Risk, Uncertainty, and Profit [M]. New York: Hart Schaffner & Mary, 1921.

[51] Friedhelm Pfeiffer, Frank Reize. From Unemployment to Self-Employment—Public Promotion and Selectivity [J]. International Journal of Sociology, 2000.

[52] Fritsch M., P. Mueller. The Effects of New Business Formation on Region-

al Development over Time: The Case Ofgermany [J]. Small Business Economics, 2008 (1).

[53] Fritsch M. The Effects of New Business Formation on Regional Development Over Time [J]. Regional Studies, 2004 (8).

[54] Gallagher, Stewart. Jobs and the Business Life Cycle in the UK [J]. Applied Economies, 1986 (8).

[55] Gallie D., Felstead A., Green F. et al. The Quality of Work in Britain Over the Economic Crisis [J]. International Review of Sociology, 2014, 24 (2).

[56] Georgellis Y., Sessions J. G., Tsitsianis N. Pecuniary and Non-pecuniary Aspects of Self-employment Survival [J]. Quarterly Review of Economics and Finance, 2007, 47 (1).

[57] Gibrat R. Les Inkgalitks Economiques [M]. Paris: Librairie du Recueil Sirey, 1931.

[58] Greenhaus J. H., Parasuraman S., Wormley W. M. Effects of Racen on Organizational Experiences, Job Performance Evaluations, and Career Outcomes [J]. The Academy of Management Journal, 1990, 33 (1).

[59] Grotkowska G., Leszek W., Tomasz G. Ivory Tower or Market Oriented Enterprise: The Role of Higher Education Institutions in Shaping Graduate Employability in the Domain of Science [J]. Higher Education Research & Development, 2015 (5).

[60] Hall P. A., Soskice D. Varieties of Capitalism and Institutional Complementarities [J]. British Journal of Political Science, 2003, 39 (3).

[61] Hamouda S B., J. Akaichi. Social Networks Text Mining for Sentiment Classification: The Case of Facebook' Statuses Updates in the "Arabic Spring" Era [J]. International Journal of Application or Innovation in Engineering & Management (IJAIEM), 2013, 2 (5).

[62] Han Y. J., Chaudhury T., Sears G. J. Does Career Resilience Promote Subjective Well-being? Mediating Effects of Career Success and Work Stress [J]. Journal of Career Development, 2021, 48 (4).

[63] Hannoura A. P., Cothren G. M., Khairy W. M. The Development of a Sustainable Development Model Framework [J]. Energy, 2006 (13).

[64] Hayes A. F. Introduction to Mediation, Moderation, and Conditional Process Analysis: Aregression-Based Approach [J]. Journal of Educational Measurement, 2013 (51).

[65] Hobfoll S. E. Conservation of Resources: A New Attempt at Conceptualizing Stress [J]. American Psychologist, 1989, 44 (3).

[66] Hofstede G H. Culture's Consequences: Comparing Values, Behaviors, Institutions and Organizations Across Nations [J]. Behaviour Research and Therapy, 2001, 41 (7).

[67] Hollander F. P. Work Life Improvements for Home Care Workers: Impact and Feasibility [J]. Gerontologist, 1993 (1).

[68] Hummon N. P., Doreia N. P. Connectivity in a Citation Network: The Development of DNA Theory [J]. Social Networks, 1989 (11).

[69] Hurst E. Lusardi A. Liquidity Constraints, Household Wealth, and Entrepreneurship [J]. Journal of Political Economy, 2004 (112).

[70] Huw Dixon, Neil Rankin. Imperfect Competition and Macroeconomics: A Survey [J]. Oxford Economic Papers, 1994, 46 (2).

[71] Häusser J. A., Mojzisch A., Niesel M., Schulz-Hardt S. Ten Years On: A Review of Recent Research on the Job Demand-Control (-Support) Model and Psychological Well-being [J]. Work & Stress, 2010, 24 (1).

[72] ILO. Decent Work: Report of the Director-General [M]. InternationalLabour Office, 1999.

[73] International Monetary Fund (IMF). Measuring the Digital Economy [J]. IMF Policy Paper, 2018.

[74] Jan Degadt. Business Family and Family Business: Complementary and Conflicting Values [J]. Journal of Enterprising Culture, 2003, 11 (4).

[75] Johansson E. Self-Employment and Liquidity Constraints: Evidence from Finland [J]. Scandinavian Journal of Economics, 2000 (102).

[76] Jose R. V. Chooralil. Prediction of Election Result by En-hanced Sentiment Analysis on Twitter Data using Word Sense Disambiguation [C]. International Conference on Control Communication & Computing India, 2015.

[77] José M. M., Jolanda H., Roy T., Rafael A. Determinants of Job Satisfaction: A European Comparison of Self-employed and Paid Employees [J]. Small Business Economics, 2013 (4).

[78] Jurgensen C. E. Job Preferences (What makes a job good or bad?) [J]. Journal of Applied Psychology, 1978, 63 (3).

[79] Kalleberg A. L., Vaisey S. Pathways to a Good Job: Perceived Work Qual-

ity among the Machinists in North America [J] . British Journal of Industrial Relations, 2005, 43 (3) .

[80] Kamaruddin A. , Rasdi R. M. Work Value Orientation and TVET Students' Career Decision-making Self-efficacy: The Mediating Role of Academic Major Satisfaction [J] . Pertanika Journal of Social Sciences & Humanities, 2021, 29 (2) .

[81] Karen A. Bantel. Technology-based, "Adolescent" firm Configurations: Strategy Identification, Context, and Performance [J] . Journal of Business Venturing, 1998 (13) .

[82] Karoline S. Rogge, Reicharadt K. Policy Mixes for Sustainability Transitions: An Extended Concept and Framework for Analysis [J] . Research Policy, 2016 (8) .

[83] Karsten Albak, Bent Sørensen. Worker Flows and Job Flows in Danish Manufacturing, 1980-1991 [J] . Economic Journal, 2010 (108) .

[84] Klineberg E. , Clark C. , Bhui K. S. , Haines M. M. , Viner R. M. , Head J. , Woodley-Jones D. , Stansfeld S. A. Social Support, Ethnicity and Mental Health in Adolescents [J] . Social Psychiatry and Psychiatric Epidemiology, 2006 (41) .

[85] Kojiro Sakurai. How Does Trade Affect the Labor Market? Evidence from Japanese Manufacturing [J] . Japan & the World Economy, 2004, 16 (2) .

[86] Lee J. E. C. , Sudom K. A. , Zamorski M. A. Longitudinal Analysis of Psychological Resilience and Mental Health in Canadian Military Personnel Teturning From Overseas Deployment [J] . Journal of Occupational Health Psychology, 2013, 18 (3) .

[87] Luthans F. , Avolio B. J. , Walumbwa F. O. , Li W. The Psychological Capital of Chinese Workers: Exploring the Relationship with Performance [J] . Management and Organization Review, 2005 (1) .

[88] Mak W. W. S. , Ng I. S. W. , Wong C. C. Y. Enhancing Weil-Being Through the Positive Cognitive Triad [J] . Journal of Counseling Psychology, 2011 (4) .

[89] Mandelman F. S. , Montes-Rojas G. V. Is Self-employment and Micro-entrepreneurship a Desired Outcome? [J] . World Development, 2009, 37 (12) .

[90] Masten A. S. , Obradovic J. Competence and Resilience in Development [J] . Annals of the New York Academy of Sciences, 2006 (1) .

[91] Mcgregor A. , Storey D. J. , Johnson S. Job Generation and Labour Market Change [M] . Palgrave Macmillan, UK, 1987.

[92] Meshi D. , Ellithorpe M. E. Problematic Social Media Use and Social Sup-

port Received in Real-life Versus on Social Media: Associations with Depression, Anxiety and Social Isolation [J]. Addictive behaviors, 2021, 119 (1).

[93] Mika Kuismanen & Ville Kamppi. The Effects of Fiscal Policy on Economic Activity in Finland [J]. Journal of Economic Modeling, 2010, 27 (5).

[94] Mitra S., Sambamoorthi U. Employment of Persons with Disabilities: Evidence from the National Sample Survey [J]. Economic and Political Weekly, 2006, 41 (3).

[95] Molnaa H., Moutos T. A Note on Taxation, Imperfect Competition and the Balanced Budge Multiplier [J]. Oxford Economy Papers, 1992, 44 (1).

[96] Nadler D. A., Lawler E. E. Quality of Work Life: Perspectives and Directions [J]. Organizational Dynamics, 1983, 11 (3).

[97] Nirel N., Feigenberg Z. Stress. Work Overload, Burnout, and Satisfaction Among Paramedics in Israe [J]. Prehospital and Disaster Medicine, 2008, 23 (6).

[98] OECD. OECD Employment Outlook 2018: The Future of Work [M]. Paris: OECD Publishing, 2019.

[99] Organization I. L. Decent Work: Report of the Director-General [M]. International Labour Office, 1999.

[100] Orville F. Poland. Program Evaluation and Administrative Theory [J]. Public Administration Review, 1974 (4).

[101] Oxenfeldt A. New Firms and Free Enterprise [M]. Washington D. C: American Council on Public Affairs, 1943.

[102] Ozturk N., S. Ayvaz. Sentiment Analysis on Twitter Text Mining Approach to the Syrian Refugee Crisis [J]. Telematics Inform, 2017.

[103] O'Brien G. E., Feather N. T. The Relative Effects of Unemployment and Quality of Employment on the Affect, Work Values and Personal Control of Adolescents [J]. Journal of Occupational & Organizational Psychology, 1990, 63 (2).

[104] Paterson L. The Three Educational Ideologies of the British Labor Party, 1997-2001 [J]. Oxford Review of Education, 2003, 29 (2).

[105] Per OlafAamodt, Anton Havnes. Factors Affecting Professional Job Mastery: Quality of Study or Work Experience? [J]. Quality in Higher Education, 2008, 14 (3).

[106] Peter E. Hart, Nicholas Oulton. Gibrat, Galton and Job Generation [J]. International Journal of the Economics of Business, 1999 (6).

[107] Peterson M. F., Smith P. B., Akande A., Ayestaran S., Bochner S.,

Callan V. et al. Role Conflict, Ambiguity, and Overload: A 21-nation Study [J]. Academy of Management Journal, 1995, 38 (2).

[108] Petri Böckerman. Perception of Job Instability in Europe [J]. Social Indicators Research, 2004 (67).

[109] Pfeiffer F., Reize F. Business Start-ups by the Unemployed—An Econometric Analysis Based on firm Data [J]. Labour Economics, 2000 (7).

[110] Porter E., Chambless D. L. Social Anxiety and Social Support in Romantic Relationships [J]. Behavior Therapy, 2017, 48 (3).

[111] Preacher K. J., Hayes A. F. Asymptotic and Resampling Strategies for Assessing and Comparing Indirect Effects in Multiple Mediator Models [J]. Behavior Research Methods, 2008, 40 (3).

[112] Ragin Charles C. The Comparative Method: Moving Beyond Qualitative and Quantitative Strategies [M]. University of California Press, 2014.

[113] Ragin C. C., Strand S. I. Using Qualitative Comparative Analysis to Study Causal Order Comment on Caren and Panofsky (2005) [J]. Sociological Methods & Research, 2008, 36 (4).

[114] Rhys A., Beynon M. J., Mcdermott A. M. Organizational Capability in the Public Sector: A Configurational Approach [J]. Journal of Public Administration Research & Theory, 2016 (2).

[115] Richard Anker, Igor Chernyshev, Philippe Egger et al. Measuring Decent work with Statistical Indicators [J]. International Labour Review, 2003, 142 (2).

[116] Rothwell R, Zegveld W. Reindustrialization and Technology [M]. Longman, M. E. Sharpe, 1985.

[117] Ruiz Estrada M. A., Yap S. F., Nagaraj S. Beyond the Ceteris Pari Bus Assumption: Modeling Demand and Supply Assuming Omnia Mobilis [J]. Social Science Electronic Publishing, 2008 (2).

[118] Ruiz Estrada M. A. Policy Modeling: Definition, Classification and Evaluation [J]. Journal of Policy Modeling, 2011 (4).

[119] Ryan Decker, John Haltiwanger, Ron Jarmin, Javier Miranda. The Role of Entrepreneurship in US Job Creation and Economic Dynamism [J]. The Journal of Economic Perspectives, 2014, 28 (3).

[120] Richard R. Theory Ahead of Language in the Economics of Unemployment [J]. Journal of Economic Perspectives, 1997, 11 (1).

［121］Schaubroeck J. M., Riolli L. T., Peng A. C. et al. Resilience to Traumatic Exposure Among Soldiers Deployed in Combat［J］. Journal of Occupational Health Psychology, 2011, 16（1）.

［122］Schroeder F. K. Workplace Issues and Placement: What is High Quality Employment?［J］. Work, 2007（4）.

［123］Schroeder F. K. Workplace Issues and Placement: What is High Qualityemployment?［J］. Work（Reading, Mass）, 2007, 29（4）.

［124］Scott Shane. Explaining Variation in Rates of Entrepreneurship in the United States: 1899-1988［J］. Journal of Management, 1996, 22（5）.

［125］Seashore S. E. Job Satisfaction as an Indicator of the Quality of Employment［J］. Social Indicators Research, 1974, 1（2）.

［126］Sehnbruch K. From the Quantity to the Quality of Employment: An Application of the Capability Approach to the Chilean Labour Market［J］. Journal of Human Development, 2004, 6（1）.

［127］Silvia Ardagna. Fiscal Policy in Unionized Labor Markets［J］. Journal of Economic Dynamics and Control, 2006.

［128］Sinha P. Quality of Working Life and Quality of Life［J］. Indian Journal of Industrial Relations, 1982, 17（3）.

［129］Small H. Co-citation in Scientific Literature: A New Measure of the Relationship between two Documents［J］. Journal of the America Society of Information Science, 1973, 24（4）.

［130］Small H. G., Griffith B. C. The Structure of Scientific Literatures I: Identifying and Graphing Specialties［J］. Science Studies, 1974（4）.

［131］Snijders J., Meijaard J., Garnsey E., Balje S., Waasdorp P. Entrepreneurship in the Netherlands, New Economy: New Entrepreneurs!［J］. Scales Research Reports, 2001（14）.

［132］Sonnentag S., Fritz C. Recovery from Job Stress: The Stressor-detachment Model as an Integrative Framework［J］. Journal of Organizational Behavior, 2014, 36（2）.

［133］Stern N. Towards a Dynamic Public Economics［J］. Journal of Public Economics, 2002, 86（3）.

［134］Stiglbauer A., Stahl F., Winter-Ebmer R., Zweimüller J. Job Creation and Job Destruction in a Regulated Labor Market: The Case of Austria［J］. Empirica, 2003 (30) .

[135] Storey J. Job Creation in Small and Medium Sized Enterprises: Main Report, Luxembourg: Official Publications of the European Communities [M] . Washington, DC: European Community Information Service, 1987.

[136] Tapscott D. The Digital Economy: Promise and Peril in the Age of Networkedintelligence [M] . New York: McGraw-Hill, 1996.

[137] Taylor M. P. Survival of the Fittest? An Analysis of Self-employment Duration in Britain [J] . The Economic Journal, 1999.

[138] Teal F. Jobs and Firm Size in Africa: Productivity, Wages and the Size Distribution of Firms in Ghana 1987-2003 [J] . Centre for the Study of African Economies University of Oxford, 2014 (1) .

[139] Theodore W. Schultz. Investment in Human Capital [J] . The American Economic Review, 1961 (1) .

[140] Torres A. C. Is This Work Sustainable? Teacher Turnover and Perceptions of Workload in Charter Management Organizations [J] . Urban Education, 2016, 51 (8) .

[141] Van Stel A. , D. Storey. The Link between Firm Births and Job Creation: Is There a Upas Tree Effect? [J] . Regional Studies, 2004 (38) .

[142] Veltman J. A. , Gaillard A. W. Physiological Indices of Workload in a Simulated Flight Task [J] . Biological Psychology, 1996, 42 (3) .

[143] Vidal M. Job Quality and Institutional Dynamics of Competition in Post-fordist Capitalism [R] . Institute for Research on Labor & Employment, 2011.

[144] Vignoli E. Career indecision and Career Exploration Among Older French Adolescents: The Specific Role of General Trait Anxiety and Future school and Career Anxiety [J] . Journal of Vocational Behavior, 2015 (89) .

[145] Vignoli E. , Croity-Belz S. , Chapeland V. , de Fillipis A. , Garcia M. Career Exploration in Adolescents: The Role of Anxiety, Attachment, and Parenting Style [J] . Journal of Vocational Behavior, 2005, 67 (2) .

[146] Weigl M. , Stab N. , Herms I. The Associations of Supervisor Support and Work Overload with Burnout and Depression: A Cross-Sectional Study in Two Nursing Settings [J] . Journal of Advanced Nursing, 2016, 72 (8) .

[147] Wicaksono P. , Priyadi L. Decent Work in Global Production Network: Lessons Learnt from the Indonesian Automotive Sector [J] . Journal of Southeast Asian Economies, 2016, 33 (1) .

［148］Wilthagen T. The Flexibility-Security Nexus: New Approaches to Regulating Employment and Labour Markets ［J］. Coatings World, 2002: 1-36.

［149］Wollmann H. The Development of a Sustainable Development Model Framework ［J］. Energy Policy Research, 2007 (13).

［150］Yarbrough S., Martin P., Alfred D., Mcneill C. Professional Values, Job Satisfaction, Career Development, and Intent to Stay ［J］. Nursing Ethics, 2017, 24 (6).

［151］阿瑟·刘易斯. 二元经济论 ［M］. 北京：经济科学出版社，2006.

［152］鲍志伦. 实行调查失业率是经济社会发展的必然选择 ［J］. 商场现代化，2010 (23).

［153］蔡昉，王美艳. "非典"疫情对我国就业的影响 ［J］. 中国社会科学院研究生院学报，2003 (4).

［154］蔡昉. 发挥好创业带动就业的乘数效应 ［J］. 中国社会科学院院报，2008 (2).

［155］蔡跃洲，陈楠. 新技术革命下人工智能与高质量增长、高质量就业 ［J］. 数量经济技术经济研究，2019 (5).

［156］蔡泽昊，俞贺楠. 新型城镇化与农民工市民化：制度保障、障碍及政策优化 ［J］. 河南社会科学，2014 (3).

［157］曹学艳，张仙，刘樑，方宽，段飞飞，李仕明. 基于应对等级的突发事件网络舆情热度分析 ［J］. 中国管理科学，2014 (3).

［158］曹玉霞. 民办高校毕业生就业影响因素分析与对策探讨 ［J］. 教育与职业，2017 (17).

［159］［美］查尔斯·拉金. QCA 设计原理与应用：超越定性与定量研究的新方法 ［M］. 北京：机械工业出版社，2018.

［160］常素枝. 90 后大学生就业价值取向变化分析及对策 ［J］. 高校辅导员学刊，2013 (2).

［161］陈成文，胡桂英. 择业观念对大学毕业生就业的影响——基于 2007 届大学毕业生的实证研究 ［J］. 高等教育研究，2008 (1).

［162］陈贵富，韩静，韩恺明. 城市数字经济发展、技能偏向型技术进步与劳动力不充分就业 ［J］. 中国工业经济，2022 (8).

［163］陈国兰. 基于情感词典与语义规则的微博情感分析 ［J］. 情报探索，2016 (2).

［164］陈红，王建中，宋少波. 地方支柱企业对就业岗位的创造乘数效应研

究［C］//中国系统工程学会. 西部开发与系统工程——中国系统工程学会第 12 届年会论文集［M］. 北京：海洋出版社，2002.

［165］陈建，赵轶然，陈晨，时勘. 社会排斥对生活满意度的影响研究：社会自我效能感与社会支持的作用［J］. 管理评论，2018（9）.

［166］陈建伟，赖德胜. 周期性与结构性因素交织下就业结构性矛盾及其政策应对［J］. 中国特色社会主义研究，2019（1）.

［167］陈俊梁，陆静丹，张雅文. 就业景气指数设计研究［J］. 经济问题，2013（7）.

［168］陈林，伍海军. 国内双重差分法的研究现状与潜在问题［J］. 数量经济技术经济研究，2015（7）.

［169］陈强. 高级计量经济学及 Stata 应用（第二版）［M］. 北京：高等教育出版社，2014.

［170］陈全. 我国劳动力市场摩擦性失业问题研究［D］. 暨南大学，2015.

［171］陈森斌，杨舸. 改革开放后的农民工政策思路变迁［J］. 人口与发展，2013（2）.

［172］陈式座，黄联国，林蕙琼. 地方高校毕业生就业质量影响因素及对策研究［J］. 绥化学院学报，2016（9）.

［173］陈维，黄梅，赵守盈. 就业社会支持对大学应届毕业生就业焦虑的影响：一个有调节的中介模型［J］. 中国特殊教育，2020（5）.

［174］陈曦. 大学生初次就业质量评价及影响因素研究［D］. 华中农业大学，2011.

［175］陈兴蜀，常天祐，王海舟，赵志龙，张杰. 基于微博数据的"新冠肺炎疫情"舆情演化时空分析［J］. 四川大学学报（自然科学版），2020（2）.

［176］陈咏媛. 新中国 70 年农村劳动力非农化转移：回顾与展望［J］. 北京工业大学学报（社会科学版），2019（4）.

［177］陈鏊，谢义忠. 就业能力感知、社会网络特征对大学毕业生就业质量的影响［J］. 高教探索，2014（4）.

［178］陈仲常，金碧. 中国失业阶段性转换特点及对策研究［J］. 人口与经济，2005（3）.

［179］陈仲常，吴永球. 财政支出、私人投资与就业增长［J］. 中国劳动经济学，2007（1）.

［180］谌新民. 新生代农民工进城有赖政府提供均等化的公共服务［J］. 中国人才，2010（5）.

[181] 程玮，许锦民．大学生就业能力与就业质量的关系研究［J］．教育与职业，2016（18）．

[182] 初国芳．高职大学生就业质量影响因素研究——以辽宁丹东高职大学生为例［J］．产业与科技论坛，2017（8）．

[183] 大卫·李嘉图．政治经济学及赋税原理［M］．北京：商务印书馆，1962．

[184] 代锋，吴克明．社会资本对大学生就业质量的利弊影响探析［J］．教育科学，2009（3）．

[185] 邓大松，张怡．社会保障高质量发展：理论内涵、评价指标、困境分析与路径选择［J］．华中科技大学学报（社会科学版），2020（4）．

[186] 邓慧慧，刘宇佳．反腐败影响了地区营商环境吗？——基于十八大以来反腐行动的经验证据［J］．经济科学，2021（4）．

[187] 邓希泉．改革开放以来大学生群体发展及其对社会变迁的作用研究［J］．中国青年研究，2019（5）．

[188] 邓玉喜．高校毕业生就业质量研究综述［J］．职业，2014（12）．

[189] 邓志旺，蔡晓帆，郑棣华．就业弹性系数急剧下降：事实还是假象［J］．人口与经济，2002（5）．

[190] 丁守海，丁洋，吴迪．中国就业矛盾从数量型向质量型转化研究［J］．经济学家，2018（12）．

[191] 丁守海，刘昕，蒋家亮．中国就业弹性的再估算［J］．四川大学学报（哲学社会科学版），2009（2）．

[192] 丁潇君，房雅婷．"中国芯"扶持政策挖掘与量化评价研究［J］．软科学，2019（4）．

[193] 董纪昌，袁铨，尹利君．基于指数模型的单项房地产政策量化评价研究——以我国"十三五"以来住房租赁政策为例［J］．管理评论，2020（5）．

[194] 董志强，魏下海，汤灿晴．制度软环境与经济发展——基于30个大城市营商环境的经验研究［J］．管理世界，2012（4）．

[195] 董志强，魏下海，张天华．创业与失业：难民效应与企业家效应的实证检验［J］．经济评论，2012（2）．

[196] 董志强．结构性失业理论及其对中国失业现状的解释［J］．重庆工学院学报，2001（1）．

[197] 杜运周，贾良定．组态视角与定性比较分析（QCA）：管理学研究的一条新道路［J］．管理世界，2017（6）．

［198］鄂义强，刘晓莉．构建科学的大学生就业政策体系［J］．中国高等教育，2018（11）．

［199］费景汉，拉尼斯．劳动力剩余经济的发展［M］．北京：华夏出版社，2010．

［200］冯小俊，韩慧．我国"灵活安全性"就业政策的构建路径研究［J］．中国劳动，2015（4）．

［201］付春香，陈晓爱．边界消弭与共享员工：VUCA 时代新雇佣模式［J］．兰州文理学院学报（社会科学版），2022（3）．

［202］高海燕．高校毕业生"慢就业"现象解析及对策建议［J］．商讯，2021（15）．

［203］高建．全球创业观察中国报告（2007）：创业转型与就业效应［M］．北京：清华大学出版社，2008．

［204］高雪莲．政策评价方法论的研究进展及其争论［J］．理论探讨，2009（5）．

［205］高玉萍，王生雨．体面劳动视域下大学生就业质量影响因素分析［J］．教育观察（上半月），2017（17）．

［206］高玉萍．大学生就业质量影响因素分析［J］．管理观察，2017（26）．

［207］高振强，王志军．大学毕业生就业偏好实证分析［J］．高教发展与评估，2018（1）．

［208］葛蕾蕾，方诗禹，杨帆．政策工具视角下的高校毕业生就业政策文本量化分析［J］．国家行政学院学报，2018（6）．

［209］耿赫，周颖伟，张宜静，刘静，钮建伟，施锦寿．复杂系统中多人协同作业的团队工作负荷评价综述［J］．航天医学与医学工程，2020（5）．

［210］耿俊茂，张瑞．西南民族地区大学生失业群体就业保障机制探究［J］．山东社会科学，2015（S2）．

［211］耿庆岭，韦雪艳．教师工作重塑与组织公民行为关系：工作投入的中介作用［J］．中国临床心理学杂志，2016（2）．

［212］顾乐民．中国外出农民工历史的测算与未来的趋势［J］．浙江农业科学，2015（1）．

［213］顾微微．论农民工就业扶持中的政府角色［J］．科学经济社会，2013（2）．

［214］顾希垚，林秀娟．构建高校毕业生就业质量评价体系探析［J］．思

想理论教育，2021（7）.

［215］顾永红，彭超然.农民工人力资本视角的就业风险考察［J］.财政研究，2012（3）.

［216］顾友斌.就业价值观视野下的大学生就业质量影响因素探析［J］.创新与创业教育，2015（5）.

［217］广西财政厅课题组，黄绪全，范英蒙.广西农民工就业创业财政政策问题研究［J］.经济研究参考，2017（59）.

［218］郭峰，王靖一，王芳，孔涛，张勋，程志云.测度中国数字普惠金融发展：指数编制与空间特征［J］.经济学（季刊），2020（4）.

［219］郭虎子，黎维锐.大学生就业质量影响因素实证研究［J］.价值工程，2010（11）.

［220］郭建锋，刘启辉.大学生就业价值观调查分析［J］.中国青年研究，2005（8）.

［221］郭启民.不断推进更充分更高质量就业［J］.红旗文稿，2021（9）.

［222］郭新强，胡永刚.中国财政支出与财政支出结构偏向的就业效应［J］.经济研究，2012（S2）.

［223］郭钟泽，谢宝国，程延园.如何提升知识型员工的工作投入？——基于资源保存理论与社会交换理论的双重视角［J］.经济管理，2016，38（2）.

［224］国福丽.国内就业质量研究述评：涵义、量化评价及影响因素［J］.中国集体经济，2008（24）.

［225］国际劳工组织.世界非标准就业：理解挑战、塑造未来［R］.2017.

［226］韩巍.新经济时代灵活就业的结构性转向——一个生产控制权的分析框架［J］.学习与实践，2017（1）.

［227］郝瑾，王凤彬，王璁.海外子公司角色分类及其与管控方式的匹配效应——一项双层多案例定性比较分析［J］.管理世界，2017（10）.

［228］何春建.单篇论文学术影响力评价指标构建［J］.图书情报工作，2017（4）.

［229］何勤，王琦，赖德胜.平台型灵活就业者收入差距及其影响机制研究［J］.人口与经济，2018（5）.

［230］何文炯.数字化、非正规就业与社会保障制度改革［J］.社会保障评论，2020（3）.

［231］侯海波，刘亚辉.非正规就业的教育收益率异质性分析［J］.调研世界，2018（10）.

［232］侯敏，滕永林，李雪燕，陈毓麒，郑双美，侯明午，周红照．话题型微博语言特点及其情感分析策略研究［J］．语言文字应用，2013（2）．

［233］胡峰，温志强，沈瑾秋．情报过程视角下大数据政策量化评价——以11项国家级大数据政策为例［J］．中国科技论坛，2020（4）．

［234］胡建国，裴豫．人力资本、社会资本与大学生就业质量——基于劳动力市场分割理论的探讨［J］．当代青年研究，2019（5）．

［235］胡金波．关于充分就业研究的几个问题［J］．南京林业大学学报（人文社会科学版），2002（1）．

［236］胡京．我国新业态从业人员职业伤害保障问题及其解决［J］．广东社会科学，2020（6）．

［237］胡思才，孙界平，琚生根，王霞，龙彬，廖强．基于扩展的情感词典和卡方模型的中文情感特征选择方法［J］．四川大学学报（自然科学版），2019（1）．

［238］黄嘉欣，黄静文，钟悦娜．大学生首次就业质量及其影响因素研究［J］．赤峰学院学报（自然版），2017（18）．

［239］黄靖雯，陶士贵．我国金融科技研究热点与前沿——基于Citespace的文献计量［J］．管理现代化，2020（5）．

［240］黄荣贵，桂勇．互联网与业主集体抗争：一项基于定性比较分析方法的研究［J］．社会学研究，2009（5）．

［241］黄炜，方玖胜．基于层次分析法大学生就业质量影响因素评价研究［J］．湖南文理学院学报（自然科学版），2010（2）．

［242］黄亚玲．我国财政政策对高校毕业生就业质量的影响分析［D］．湖南大学，2016.

［243］黄祖辉，胡伟斌．中国农民工的演变轨迹与发展前瞻［J］．学术月刊，2019（3）．

［244］惠宁，王丹丹，韩笠等．京津冀一体化背景下创新、创业与区域经济增长实证研究［J］．北京邮电大学学报（社会科学版），2017（2）．

［245］纪韶，李小亮．改革开放以来农村劳动力流动就业制度、政策演进和创新［J］．经济与管理研究，2019（1）．

［246］纪韶．农民工就业政策、问题及调整［J］．前线，2010（11）．

［247］纪雯雯，赖德胜．网络平台就业对劳动关系的影响机制与实践分析［J］．中国劳动关系学院学报，2016（4）．

［248］纪雯雯，赖德胜．中国残疾人劳动参与决策分析［J］．中国人口科

学，2013（5）．

[249] 简新华，黄锟．"十四五"规划时期中国需要开展农民工市民化攻坚战 [J]．经济与管理研究，2020（10）．

[250] 姜巍，刘石成．奥肯模型与中国实证（1978-2004）[J]．统计与决策，2005（24）．

[251] 姜作培，管怀鎏．论适度充分就业目标 [J]．管理现代化，1997（6）．

[252] 蒋利平，刘宇文．大学生"慢就业"现象本质解析及对策 [J]．学校党建与思想教育，2020（4）．

[253] 蒋利平．社会主要矛盾转化视角下大学生"慢就业"现象解读及治理 [J]．当代青年研究，2020（6）．

[254] 揭水平．大学生就业焦虑因素分析与调适方法略探 [J]．学校党建与思想教育，2007（8）．

[255] 靳敏．我国大学生就业支持政策供需分析 [J]．中国青年研究，2014（6）．

[256] 经晓峰，乐晓蓉，陈勇等．技术应用型高校毕业生就业质量的影响因素与评价体系研究 [J]．上海第二工业大学学报，2013（2）．

[257] 凯恩斯．就业、利息和货币通论 [M]．北京：商务印书馆，1983.

[258] 康小明．社会资本对高等教育毕业生职业发展成就的影响与作用——基于北京大学经济管理类毕业生的实证研究 [J]．清华大学教育研究，2006（6）．

[259] 柯羽．非专业素质对大学生就业质量的影响——基于浙江省本科毕业生调查数据的实证分析 [J]．中国青年研究，2010（7）．

[260] 柯羽．高校毕业生就业质量评价指标体系的构建 [J]．中国高教研究，2007，167（7）．

[261] 柯羽．基于主成分分析的浙江省大学毕业生就业质量综合评价 [J]．中国高教研究，2010（4）．

[262] 孔微巍，廉永生，刘聪．人力资本投资、有效劳动力供给与高质量就业 [J]．经济问题，2019（5）．

[263] 匡亚林，梁晓林，张帆．新业态灵活就业人员社会保障制度健全研究 [J]．学习与实践，2021（1）．

[264] 赖德胜，蔡宏波．周期性外部冲击对我国就业的影响及其应对 [J]．求是学刊，2019（3）．

[265] 赖德胜，高春雷，孟大虎，王琦．中国劳动力市场平衡性特征分析

［J］．中国劳动，2019（2）．

［266］赖德胜，李长安．创业带动就业的效应分析及政策选择［J］．经济学动态，2009（2）．

［267］赖德胜，孟大虎，李长安，田永坡．中国就业政策评价：1998～2008［J］．北京师范大学学报（社会科学版），2011（3）．

［268］赖德胜，石丹淅．我国就业质量状况研究：基于问卷数据的分析［J］．中国经济问题，2013（5）．

［269］赖德胜，石丹淅．新时代劳动力市场的宏观调控与实践路径［J］．求是学刊，2018（6）．

［270］赖德胜，苏丽锋，孟大虎，李长安．中国各地区就业质量测算与评价［J］．经济理论与经济管理，2011（11）．

［271］赖德胜．高质量就业的逻辑［J］．劳动经济研究，2017（6）．

［272］赖德胜．论教育优先发展与就业优先战略的关系［J］．中国人口科学，2012（6）．

［273］李长安，谢远涛．经济增长、要素价格对创业带动就业效应的影响研究［J］．北京师范大学学报（社会科学版），2012.

［274］李长安．经济新常态下我国的就业形势与政策选择［J］．北京工商大学学报（社会科学版），2016（6）．

［275］李长安．中美贸易摩擦对就业的影响及对策［J］．中国劳动关系学院学报，2018（3）．

［276］李春玲．疫情冲击下的大学生就业：就业压力、心理压力与就业选择变化［J］．教育研究，2020（7）．

［277］李慧慧．回族女大学生就业质量影响因素及对策［J］．统计与管理，2014（8）．

［278］李坤刚．就业灵活化的世界趋势及中国的问题［J］．四川大学学报（哲学社会科学版），2017（2）．

［279］李礼连，程名望，张珩．公共就业服务提高了农民工就业质量吗？［J］．中国农村观察，2022（4）．

［280］李凌云．我国非标准劳动关系立法的回顾与展望［J］．工会理论研究，2014（4）．

［281］李佩莹．区域创新能力与就业质量耦合关系研究［D］．安徽财经大学，2016.

［282］李荣华．大学生择业观理论探讨［J］．中国青年研究，2005（6）．

[283] 李珊珊. 人力资本与社会资本对我国新生代大学生就业质量的影响机制研究 [D]. 中国政法大学, 2013.

[284] 李善乐. 大学生就业质量：基于个体问卷数据的分析 [J]. 人口与发展, 2017 (2).

[285] 李实, 邓曲恒. 中国城镇失业率的重新估计 [J]. 经济学动态, 2004 (4).

[286] 李涛, 孙煖, 邬志辉, 单娜. 新冠疫情冲击下我国高校应届毕业生就业现状实证研究 [J]. 华东师范大学学报（教育科学版）, 2020 (10).

[287] 李彤彤. 城乡户籍大学生就业质量差异的成因及对策 [J]. 艺术科技, 2016 (11).

[288] 李维安, 陈春花, 张新民, 毛基业, 高闯, 李新春, 徐向艺. 面对重大突发公共卫生事件的治理机制建设与危机管理——"应对新冠肺炎疫情"专家笔谈 [J]. 经济管理, 2020 (3).

[289] 李贤柏. 创业带动就业的岗位创造效应研究——以大学生创业企业为例 [J]. 劳动保障世界, 2016 (27).

[290] 李晓, 陈煜. 疫情冲击下的世界经济与中国对策 [J/OL]. 东北亚论坛：1-15 [2020-05-07].

[291] 李秀玟, 向橄叶子, 桂勇. 在物质主义和后物质主义之间——后疫情时代大学生就业态度的变化 [J]. 文化纵横, 2021 (1).

[292] 李扬, 潘泉, 杨涛. 基于短文本情感分析的敏感信息识别 [J]. 西安交通大学学报, 2016 (9).

[293] 李业昆, 赵喜哲. 大学毕业生就业质量影响因素研究 [J]. 人力资源管理, 2015 (2).

[294] 李逸浩. 代际关系演变下的就业矛盾 [J]. 人民论坛, 2011 (12).

[295] 李颖, 刘善仕, 翁赛珠. 大学生就业能力对就业质量的影响 [J]. 高教探索, 2005 (2).

[296] 李永周, 王月, 阳静宁. 自我效能感、工作投入对高新技术企业研发人员工作绩效的影响研究 [J]. 科学学与科学技术管理, 2015 (2).

[297] 李志军, 张世国, 李逸飞, 单珊. 中国城市营商环境评价及有关建议 [J]. 江苏社会科学, 2019 (2).

[298] 李志军, 张世国, 牛志伟, 袁文融, 刘琪, 姜莱. 中国城市营商环境评价及政策建议 [J]. 发展研究, 2021 (9).

[299] 李志勇, 吴明证. 大学生社会支持与主观幸福感的关系：自我和谐的

中介作用［J］．中国临床心理学杂志，2010（3）．

［300］厉丹鸿，袁红清．大学毕业生初次就业的影响因素［J］．经营与管理，2011（5）．

［301］梁晓燕，梁栋青．大学生职业期望、应对方式和就业焦虑的关系研究［J］．高教探索，2012（3）．

［302］廖茂林，张明源．新冠肺炎疫情对中国经济增长的影响［J］．福建论坛（人文社会科学版），2020（4）．

［303］廖志成．提高大学毕业生就业质量的探讨［J］．教育评论，2005（3）．

［304］林成华，洪成文．风险社会视域下大学生失业引发重大社会危机的风险防控研究［J］．高校教育管理，2016（3）．

［305］林红珍．论灵活就业模式下劳动者社会保险的完善［J］．武汉冶金管理干部学院学报，2020，30（1）．

［306］林立涛，倪邦辉，侯士兵．高校毕业生就业心态分析及对策——基于2017年上海高校毕业生就业形势的调研［J］．思想理论教育，2017（8）．

［307］林琳，时勘，萧爱铃．工作投入研究现状与展望［J］．管理评论，2008（3）．

［308］刘保中，郭亚平，敖妮花．新冠肺炎疫情对大学毕业生就业质量的影响——基于疫情前后全国19所高校的调查对比分析［J］．中国青年研究，2022（10）．

［309］刘长全．权利认知对农民工就业质量的影响及其异质性——基于样本选择分位数回归的分析［J］．人口与发展，2022（3）．

［310］刘成斌，张晏郡．向体制内卷：疫情风险对大学生就业价值观的影响［J］．江汉学术，2021（4）．

［311］刘红艳．大学生就业质量影响因素研究［D］．合肥工业大学，2010．

［312］刘婧，郭圣乾，金传印．经济增长、经济结构与就业质量耦合研究——基于2005—2014年宏观数据的实证［J］．宏观经济研究，2016（5）．

［313］刘军，杨渊鋆，张三峰．中国数字经济测度与驱动因素研究［J］．上海经济研究，2020（6）．

［314］刘素华，韩春民，王龙．全球化对我国就业质量的影响机理及走势透析［J］．人口与经济，2007（2）．

［315］刘素华．建立我国就业质量量化评价体系的步骤与方法［J］．人口与经济，2005（6）．

［316］刘素华．就业质量：概念、内容及其对就业数量的影响［J］．人口

与计划生育，2005（7）．

[317] 刘素华．就业质量：内涵及其与就业数量的关系［J］．内蒙古社会科学（汉文版），2005（5）．

[318] 刘唐宇，罗丹．我国农民工就业歧视：现状、原因及政策建议［J］．四川理工学院学报（社会科学版），2014（3）．

[319] 刘小敏，邓智平，黎明泽．乡城移民市民化：历程、规律与进路［J］．广东社会科学，2019（2）．

[320] 刘小年．农民工政策的阶段新论——兼与胡鞍钢教授商榷［J］．探索与争鸣，2006（3）．

[321] 刘轩．江苏高职院校大学生就业质量的现状调查及影响因素分析［J］．商业经济，2016（12）．

[322] 刘轩．三维资本视域下高职院校贫困生就业质量的现状及影响因素分析［J］．商业经济，2017（8）．

[323] 刘燕斌．更高质量和更充分就业的内涵及其衡量指标——学习党的十九大报告体会［J］．中国就业，2017（12）．

[324] 刘燕斌．明确稳就业思路对策实现更高质量更充分就业［N］．中国劳动保障报，2019-03-26．

[325] 刘燕斌．试论促进灵活就业发展的政策措施［J］．中国劳动，2002（3）．

[326] 刘燕斌．试论推动实现更高质量的就业［J］．中国就业，2014（6）．

[327] 刘燕斌．新常态下我国就业形势和思路对策［J］．人才资源开发，2016（5）．

[328] 刘瑜．北京市90后知识型员工体面劳动的影响因素研究［D］．北京交通大学，2018．

[329] 刘宇文．当前高校毕业生"慢就业"现象研究［J］．人民论坛·学术前沿，2019（20）．

[330] 娄成武，张国勇．基于市场主体主观感知的营商环境评估框架构建——兼评世界银行营商环境评估模式［J］．当代经济管理，2018（6）．

[331] 娄成武，张国勇．治理视阈下的营商环境：内在逻辑与构建思路［J］．辽宁大学学报（哲学社会科学版），2018（2）．

[332] 娄宇．平台经济灵活就业人员劳动权益保障的法理探析与制度建构［J］．福建师范大学学报（哲学社会科学版），2021（2）．

[333] 鲁全．生产方式、就业形态与社会保险制度创新［J］．社会科学，

2021（6）.

［334］鹿健岚．我国灵活就业人员工伤保险存在的问题［J］．人力资源，2021（10）.

［335］吕达奇，周力．多维视角下中国劳动力就业质量研究［J］．人口与经济，2022（6）.

［336］罗楚亮．机器替代劳动力与教育的变革［J］．教育经济评论，2018（2）.

［337］罗明忠，陶志．大学生工作搜寻的"摘麦穗"效应——风险容忍视角下的大学生就业满意度分析［J］．南方经济，2017（12）.

［338］罗胜．断点回归设计：基本逻辑、方法、应用评述［J］．统计与决策，2016（10）.

［339］罗莹．当代大学生就业能力与就业质量的关系研究［J］．中国青年研究，2014（9）.

［340］马丛丛．大学毕业生就业质量的影响因素研究［D］．浙江财经大学，2018.

［341］马军，张抗私．经济增长总量与结构对高校毕业生就业的影响［J］．财经问题研究，2016（3）.

［342］马莉萍，刘彦林，罗乐．高校毕业生返乡就业的性别差异：趋势与特点［J］．教育与经济，2017（1）.

［343］马力，邓阳．高校毕业生"慢就业"探析及其对策［J］．中国青年社会科学，2019（5）.

［344］明娟，曾湘泉．工作转换与受雇农民工就业质量：影响效应及传导机制［J］．经济学动态，2015（12）.

［345］明弋洋，刘晓洁．基于短语级情感分析的不良信息检测方法［J］．四川大学学报（自然科学版），2019（6）.

［346］莫荣，李付俊．新冠疫情对灵活就业人员的影响分析［J］．新金融，2020（9）.

［347］牟俊霖，王阳．财政政策、货币政策的就业效应研究——基于要素扩展的向量自回归模型的估计［J］．宏观经济研究，2017（3）.

［348］宁敏．高等教育大众化语境下大学生就业焦虑研究［J］．河南师范大学学报（哲学社会科学版），2012（6）.

［349］潘旦．互联网"零工经济"就业群体的劳动权益保障研究［J］．浙江社会科学，2022（4）.

［350］潘文庆．就业价值观对大学生就业质量的影响研究［J］．广东社会科学，2014（4）．

［351］潘英丽．新发展格局中的就业新趋势与结构性就业对策［J］．探索与争鸣，2022（3）．

［352］庞飞．大学生就业质量研究［J］．教育理论与实践，2016（9）．

［353］彭益全，徐晓丽，刘亮．"三全育人"视域下农业高校毕业生"慢就业"现象的对策研究［J］．教育探索，2021（9）．

［354］彭正霞，陆根书，李丽洁．大学毕业生就业质量的影响因素及路径分析［J］．中国高教研究，2020（1）．

［355］彭正霞，陆根书．大学毕业生就业质量的性别差异：基于多群组结构方程模型的分析［J］．复旦教育论坛，2020（1）．

［356］戚聿东，刘翠花，丁述磊．数字经济发展、就业结构优化与就业质量提升［J］．经济学动态，2020（11）．

［357］钱芳，陈东有，周小刚．农民工就业质量测算指标体系的构建［J］．江西社会科学，2013（9）．

［358］乔珊，李红，李艳琼．大学生就业质量研究述评［J］．教育教学论坛，2015（16）．

［359］秦建国．大学生就业质量评价体系探析［J］．改革与战略，2007（1）．

［360］秦建国．就业质量评价指标体系探析［J］．广东行政学院学报，2011（2）．

［361］秦印．人力资本类型与大学生初职就业质量关系研究［J］．广西民族大学学报（哲学社会科学版），2017（4）．

［362］卿石松，曾湘泉．就业能力、实习经历与高校毕业生就业——基于山东省2007届高校毕业生的实证检验［J］．中国人口科学，2009（6）．

［363］曲绍卫，汪英晖．大学生资助对德育水平、学业成绩和就业质量的促进作用［J］．中国高等教育，2018（5）．

［364］曲垠姣，岳昌君，纪效珲．大学生经济资助对就业质量的影响研究［J］．清华大学教育研究，2018（1）．

［365］曲玉柱．大学生就业价值观的协同培养研究［J］．山西财经大学学报，2015（S2）．

［366］人口和就业统计司课题组，贾毓慧，冯帅章．中国更充分更高质量就业指数研究［J］．调研世界，2020（6）．

［367］任栋．调查失业率与登记失业率之差异辨析［J］．中国人口科学，

2013（2）．

［368］任远．完善非正规就业"上海模式的思考"［J］．社会科学，2008（1）．

［369］阮成武，唐菡悄．改革开放以来高等教育与就业的关系演进与逻辑嬗变［J］．教育发展研究，2020（21）．

［370］单菲菲，高敏娟．社区治理绩效的内涵、框架与实现路径——基于20个案例的模糊集定性比较分析［J］．上海行政学院学报，2020（5）．

［371］桑助来．如何应对疫情给劳动力市场带来的挑战［J］．中国党政干部论坛，2020（4）．

［372］申烁，李雪松，党琳．营商环境与企业全要素生产率［J］．经济与管理研究，2021（6）．

［373］沈堰奇．从应然精英走向实然精英：论大学生身份定位［J］．教育探索，2011（9）．

［374］石丹淅，赖德胜，李宏兵．新生代农民工就业质量及其影响因素研究［J］．经济经纬，2014（3）．

［375］石红梅，丁煜．人力资本、社会资本与高校毕业生就业质量［J］．人口与经济，2017（3）．

［376］石柱鲜，孙皓，宋平平．中国自然失业率的估计与应用——基于HPMV滤波的实证分析［J］．财经科学，2008（6）．

［377］时丹丹，稽国平．基于BP人工神经网络的工艺创新科技政策评价［J］．统计与决策，2011（16）．

［378］史及伟，杜辉．中国式充分就业与适度失业率控制研究［M］．北京：人民出版社，2006．

［379］史秀玉．组织差错管理氛围感知、主动社会化行为与就业质量的关系［D］．杭州师范大学，2015．

［380］舒晓丽，叶茂林，吴静珊，付瑞娟，王贵林．生涯适应力与择业焦虑：注意偏向和归因的认知加工作用［J］．心理科学，2021（5）．

［381］司晓悦，马一铭．区域科技创新的财政支持政策工具研究——基于清晰集定性比较分析方法［J］．上海行政学院学报，2020（3）．

［382］宋国恺．新时代高质量发展的社会学研究［J］．中国特色社会主义研究，2018（5）．

［383］宋洪远，黄华波，刘光明．关于农村劳动力流动的政策问题分析［J］．管理世界，2002（5）．

促进更充分更高质量就业问题研究

［384］宋健，胡波，朱斌辉．"慢就业"：青年初职获得时间及教育的影响［J］．青年探索，2021（6）．

［385］苏丽锋，陈建伟．我国新时期个人就业质量影响因素研究——基于调查数据的实证分析［J］．人口与经济，2015（4）．

［386］苏丽锋，赖德胜．高质量就业的现实逻辑与政策选择［J］．中国特色社会主义研究，2018（2）．

［387］苏丽锋，孟大虎．强关系还是弱关系：大学生就业中的社会资本利用［J］．华中师范大学学报（人文社会科学版），2013（5）．

［388］苏巧燕．企业下岗人员再就业的主要难点和解决对策［J］．就业与保障，2021（1）．

［389］孙桂香，刘鹤．"躺平的佛系青年"——互联网时代解构主义思潮的符号嬉戏［J］．思想教育研究，2022（1）．

［390］孙国敏．三维资本与大学生初次就业质量的关系研究［D］．华中农业大学，2016.

［391］孙毅，李欣芮，洪永淼，司马红，郑艳丽，刘志颖，郭琨．基于高质量发展的数字经济监测评估体系构建——以北京市全球数字经济标杆城市建设为例［J］．中国科学院院刊，2022（6）．

［392］孙玉山，刘新利．推进纳税服务现代化 营造良好营商环境——基于优化营商环境的纳税服务现代化思考［J］．税务研究，2018（1）．

［393］孙志萍．互联网平台就业者职业伤害保障问题研究［J］．兰州学刊，2021（9）．

［394］谭海波，范梓腾，杜运周．技术管理能力、注意力分配与地方政府网站建设——一项基于TOE框架的组态分析［J］．管理世界，2019（9）．

［395］谭杰，吴强．新时代下尼特族群体特征的新趋势——基于广东四个县区实证调查的分析［J］．中国青年研究，2021（6）．

［396］谭军华，冯丽霞．工科女大学生就业价值观及教育对策研究［J］．宏观经济管理，2017（S1）．

［397］谭永生．中国更高质量和更充分就业的测度评价与实现路径研究［J］．宏观经济研究，2020（5）．

［398］谭远发，徐林，陈蕾．大学毕业生保留工资落差与失业持续时间研究——来自山东省的经验证据［J］．宏观经济研究，2015（5）．

［399］唐蕾，孙配贞．追求成功的动机对大学生就业压力的影响：有调节的中介模型［J］．华南师范大学学报（社会科学版），2021（3）．

［400］唐婷婷，刘立波．民办高校毕业生就业状况及其影响因素分析——基于辽宁省 9 所民办高校的调查［J］．价值工程，2016，35（8）．

［401］田福双，陈至发，贺婷婷，曹蕾．新生代农民工就业质量影响因素的实证分析［J］．嘉兴学院学报，2015（3）．

［402］田瑞松．企业视角下 NCG 学院毕业生就业质量问题研究［D］．华东交通大学，2018．

［403］田松青．转型期农民工就业政策演变的特点及其成因探析［J］．中国特色社会主义研究，2010（6）．

［404］童辉杰，童定，仇月姣．苏南地区大学生就业质量：自我效能与职业期望的影响［J］．心理技术与应用，2017（3）．

［405］童辉杰，童定，仇月姣．大学毕业生就业质量：苏南地区的调查［J］．教育学术月刊，2017（6）．

［406］童玉芬．中国农村劳动力非农化转移规模估算及其变动过程分析［J］．人口研究，2010（5）．

［407］涂建明，涂晓明．高校毕业生就业质量评析及其提升路径［J］．国家教育行政学院学报，2015（8）．

［408］汪超．农民工政策公平性隐缺的一种话语解构路径——兼议公平性形式化的演绎逻辑［J］．求实，2019（4）．

［409］汪少华，佳蕾．新创企业及浙江新创企业的创业基础与成长特征［J］．南开管理评论，2003（6）．

［410］王超．解决结构性失业的建议［J］．经济研究参考，2005（63）．

［411］王丹丹．新时代高校毕业生"慢就业"对策研究［J］．中国大学生就业，2021（5）．

［412］王歌，汪文雄，毛斌红，冯彦飞，哈元琪．生计资本对农地整治农户有效参与的影响研究——基于路径分析与组态分析的双重视角［J］．中国土地科学，2020（3）．

［413］王广慧．高校毕业生就业质量影响因素的经验分析［J］．教育与经济，2015（3）．

［414］王赫．硕士毕业生的就业质量更高吗——基于 N 大学 2015-2017 年本硕就业数据的研究［D］．南京大学，2018．

［415］王娟，张一，黄晶，李由君，宋洁，张平文．中国数字生态指数的测算与分析［J］．电子政务，2022（3）．

［416］王娟．高质量发展背景下的新就业形态：内涵、影响及发展对策

[J]．学术交流，2019（3）．

　　[417] 王丽英．高校 BBS 教育舆情的时空特征模型构建和热点发现——基于南京大学小百合 BBS 数据集的分析 [J]．现代情报，2016（1）．

　　[418] 王利军，涂永前．论灵活就业人员社会保障制度的完善 [J]．广东社会科学，2022（6）．

　　[419] 王梦菲，张昕蔚．数字经济时代技术变革对生产过程的影响机制研究 [J]．经济学家，2020（1）．

　　[420] 王敏，李淑敏．工作负荷对个体感知到的团队内冲突的影响——控制点及情感信任的调节作用 [J]．管理评论，2017（4）．

　　[421] 王娜，夏杰长．税收对城镇居民劳动供给影响的实证分析 [J]．经济与管理，2006（9）．

　　[422] 王琦，赖德胜，陈建伟．科技创新促进创业就业模式的国际比较 [J]．山东社会科学，2015（3）．

　　[423] 王琦．"慢就业"不能变成"懒就业" [J]．中国就业，2020（10）．

　　[424] 王淑娟．知识员工职业发展"35 岁困境"：基于不确定性视角的解释 [J]．中国青年研究，2021（3）．

　　[425] 王水莲，陈志霞，于程灏．制造企业商业模式创新驱动机制研究——基于模糊集的定性比较分析 [J]．科技进步与对策，2020（20）．

　　[426] 王天骄，蒋承．"本科出身"重要吗？——"双一流"建设高校本科学历对研究生就业质量的影响 [J]．中国高教研究，2020（10）．

　　[427] 王天营，曹婷，沈菊华．基于价值取向的大学生就业焦虑心理差异分析 [J]．广西社会科学，2014（12）．

　　[428] 王霆，何立丹．大学生就业质量政策效用评估研究——基于北京市大学生就业的调查分析 [J]．华南师范大学学报（社会科学版），2019（2）．

　　[429] 王霆，刘玉．农民工就业政策量化评价 [J]．华南农业大学学报（社会科学版），2021（1）．

　　[430] 王霆，张婷．扩大就业战略背景下我国大学生就业质量问题研究 [J]．中国高教研究，2014（2）．

　　[431] 王霆．我国高校毕业生就业质量影响因素调查研究 [J]．高教探索，2015（11）．

　　[432] 王霆．大学生高质量就业的影响机制研究：人力资本与社会资本的视角 [J]．高教探索，2020（2）．

　　[433] 王巍，孙琴琴．灵活就业者就业现状的问题分析与对策建议 [J]．

经济研究导刊，2020（2）．

[434] 王向东，张应敏，孙铁燕．高校毕业生就业质量监测及其提升策略研究——以浙江省十年实证调查为例［J］．现代大学教育，2022（5）．

[435] 王雅雯，刘钧．企业就业岗位创造能力分析——基于省际面板数据模型［J］．中国大学生就业，2013（4）．

[436] 王阳．经济新常态下就业困难群体失业趋势研究［J］．经济理论与经济管理，2017（4）．

[437] 王英权．改革开放以来大学生就业价值观的变迁研究［J］．就业与保障，2021（17）．

[438] 王永洁．辩证认识灵活就业，提高就业质量［N］．中国社会科学报，2019-01-02（1607）．

[439] 王永洁．非标准就业视角下的平台就业研究——基于网约车驾驶员从业状况调查数据的分析［J］．北京工业大学学报（社会科学版），2021（6）．

[440] 王永洁．平台型非标准就业与劳动力市场规制［J］．北京工业大学学报（社会科学版），2020（3）．

[441] 王永友，张学亮．大学生更高质量就业供给侧改革的实践逻辑［J］．学校党建与思想教育，2017（11）．

[442] 王喆，陈胤默，张明．测度全球数字经济发展：基于 TIMG 指数的特征事实［J］．金融评论，2021（6）．

[443] 王震．新冠肺炎疫情冲击下的就业保护与社会保障［J］．经济纵横，2020（3）．

[444] 王志宇，田金信，王文静．财政支出政策的就业效应研究［J］．预测，2012（3）．

[445] 王智烜，邓秋云，陈丽．减税降费与促进高质量就业——基于 PVAR 模型的研究［J］．税务研究，2018（6）．

[446] 卫铁林，史淑桃．影响高校毕业生就业质量的需求因素分析［J］．郑州航空工业管理学院学报，2016（6）．

[447] 魏后凯，芦千文．新冠肺炎疫情对"三农"的影响及对策研究［J］．经济纵横，2020（5）．

[448] 魏杰，黄皓明，桑志芹．"985 废物"的集体失意及其超越——疫情危机下困境精英大学生的"废"心理审视［J］．中国青年研究，2021（4）．

[449] 魏下海，董志强，张永璟．营商制度环境为何如此重要？——来自民营企业家"内治外攘"的经验证据［J］．经济科学，2015（2）．

[450] 温珺，阎志军，程愚．数字经济与区域创新能力的提升［J］．经济问题探索，2019（11）．

[451] 文军，黄枫岚．改革开放 40 年中国农民工社会保障政策演进比较——以上海、湖南、重庆三地政策文本为例［J］．南通大学学报（社会科学版），2019（6）．

[452] 吴海江．新形势下大学生如何突围就业阴影［J］．人民论坛，2020（24）．

[453] 吴江．新时代促进灵活就业政策及其实施效果评价［J］．财经问题研究，2019（2）．

[454] 吴淼．影响高校毕业生就业的主要因素及其对策研究［J］．计算技术与自动化，2014（4）．

[455] 吴绮雯．"十四五"时期高质量就业面临的挑战及解决思路［J］．经济纵横，2021（7）．

[456] 吴清军，陈轩，王非，杨伟国．人工智能是否会带来大规模失业？——基于电商平台人工智能技术、经济效益与就业的测算［J］．山东社会科学，2019（3）．

[457] 吴文峰，卢永彪．应对方式与社会支持对高校毕业生就业压力的影响［J］．湖南科技大学学报（社会科学版），2013（4）．

[458] 吴新中，董仕奇，高校毕业生就业质量评价要素及体系建构［J］．科技进步与对策，2017（4）．

[459] 武向荣．论大学毕业生就业风险［J］．北京师范大学学报（社会科学版），2004（3）．

[460] 夏春秋．高校毕业生"慢就业"现象透视及其引导策略［J］．和田师范专科学校学报，2021（5）．

[461] 夏后学，谭清美，白俊红．营商环境、企业寻租与市场创新——来自中国企业营商环境调查的经验证据［J］．经济研究，2019（4）．

[462] 夏杰长，刘诚．Effects of China's Administrative Approval Reforms on Transaction Cost and Economic Growth［J］．China Economist，2017（5）．

[463] 肖江，丁星，何荣杰．基于领域情感词典的中文微博情感分析［J］．电子设计工程，2015（12）．

[464] 肖昊．学历学位对就业质量的影响［D］．东北财经大学，2015.

[465] 肖亚鑫，张立生．"95 后"大学生就业价值取向变化特点及引导研究［J］．山西大同大学学报（社会科学版），2019（4）．

［466］谢秀军，陈跃．新中国70年就业政策的变迁［J］．改革，2019（4）．

［467］信长星．努力推动实现更高质量的就业［J］．中国人口科学，2012（6）．

［468］修新路，徐馨．大学生"慢就业"研究述评［J］．中国大学生就业，2022（8）．

［469］徐莉，郭砚君．大学生就业质量与社会资本关系研究——以武汉高校为例［J］．中南民族大学学报（人文社会科学版），2010（5）．

［470］徐丽．基于微观社会学视角的大学生慢就业现象分析［J］．高教论坛，2021（3）．

［471］徐锡广，申鹏．经济新常态下农民工"半城镇化"困境及其应对［J］．贵州社会科学，2017（4）．

［472］徐新鹏，尹新哲，马大来．基于层次分析法的统筹城乡户籍制度改革政策评价的应用研究［J］．西北人口，2013（4）．

［473］徐永新．我国农民工政策的演变及未来走向［J］．河南社会科学，2005（4）．

［474］许长新，凌珑．中国微观就业质量：绩效评价、影响因素及优化路径［J］．江海学刊，2020（6）．

［475］许和连，王海成．简政放权改革会改善企业出口绩效吗？——基于出口退（免）税审批权下放的准自然试验［J］．经济研究，2018（3）．

［476］许涛．基于"个人—国家—家庭"三维需求侧的新时代大学生就业价值观引导［J］．教育与职业，2019（18）．

［477］许宪春，张美慧．中国数字经济规模测算研究——基于国际比较的视角［J］．中国工业经济，2020（5）．

［478］薛进军，高文书．中国城镇非正规就业：规模、特征和收入差距［J］．经济社会体制比较，2012（6）．

［479］薛在兴．社会资本对大学生就业质量的影响——基于北京市14所高校的一项实证研究［J］．青年研究，2014（3）．

［480］闫慧慧，杨小勇．平台经济下数字零工的劳动权益保障研究［J］．经济学家，2022（5）．

［481］杨海波，王军．就业质量与产业结构调整关系的实证检验［J］．统计与决策，2018（3）．

［482］杨河．大学生就业质量影响因素实证研究［J］．科技信息，2012（2）．

［483］杨河清，李佳．大学毕业生就业质量评价指标体系的建立与应用

[J]．中国人才，2007（15）．

[484] 杨蕙馨，李春梅．中国信息产业技术进步对劳动力就业及工资差距的影响 [J]．中国工业经济，2013（1）．

[485] 杨坚，吴悦，张研．医护人员工作投入、工作倦怠对离职倾向与任务绩效的预测 [J]．中国卫生事业管理，2017（1）．

[486] 杨丽君．我国物价稳定与充分就业关系的实证分析 [J]．统计与决策，2018（1）．

[487] 杨钋，郭建如，金轶男．高职高专毕业生就业质量分析 [J]．教育发展研究，2013（21）．

[488] 杨伟国，蔡为民．丹麦的灵活保障制度："金三角"模式及其借鉴 [J]．国家行政学院学报，2008（3）．

[489] 杨伟国，曹艳苗．信息技术对就业影响的微观透视 [J]．中州学刊，2006（3）．

[490] 杨伟国，邱子童，吴清军．人工智能应用的就业效应研究综述 [J]．中国人口科学，2018（5）．

[491] 杨雅南，钟书华．政策评价逻辑模型范式变迁 [J]．科学学研究，2013（5）．

[492] 杨艳琳，翟超颖．中国城镇化质量与就业质量的度量及其相关性分析 [J]．东北大学学报（社会科学版），2016（1）．

[493] 杨宜勇，蔡潇彬．新时代创业带动就业活力充分释放 [J]．经济与管理评论，2021（2）．

[494] 杨志明．新冠疫情对农民工复工的影响及应对分析 [J]．中国劳动，2020（1）．

[495] 姚树洁，冯根福，韦开蕾．外商直接投资和经济增长的关系研究 [J]．经济研究，2006（12）．

[496] 姚树洁，韦开蕾．中国经济增长、外商直接投资和出口贸易的互动实证分析 [J]．经济学（季刊），2008（1）．

[497] 姚先国，周礼，来君．技术进步、技能需求与就业结构——基于制造业微观数据的技能偏态假说检验 [J]．中国人口科学，2005（5）．

[498] 姚艳虹，张晶．情绪智力对大学生就业质量影响的实证研究 [J]．现代大学教育，2010（6）．

[499] 姚艳秋，郑雅雯，吕妍欣．基于 LS-SO 算法的情感文本分类方法 [J]．吉林大学学报（理学版），2019（2）．

［500］姚永告．青年农民工就业质量问题研究［D］．湖南师范大学，2009．

［501］叶汉生．充分就业：宏观调控的首要目标［J］．四川财政，2000（7）．

［502］殷俊，李晓鹤．促进就业政策的评价体系重构与实证分析［J］．吉林大学社会科学学报，2015（6）．

［503］殷琼，樊亚利．就业价值取向对南疆四地州高校毕业生初次就业的影响［J］．新疆社会科学，2015（4）．

［504］尹若珺，王馨第，张文颖．大学生就业质量影响因素调查与研究——以吉林大学为例［J］．中国大学生就业，2016（7）．

［505］尹希文．职业培训对农民工就业稳定性影响的机制分析［J］．福建师范大学学报（哲学社会科学版），2021（2）．

［506］应银华．高职生职业价值观对就业质量的影响研究［J］．中国大学生就业，2015（10）．

［507］于泊，郑建辉．"县校合作"视域下高职毕业生高质量就业影响因素研究［J］．中国管理信息化，2016（18）．

［508］于肖楠，张建新．自我韧性量表与Connor-Davidson韧性量表的应用比较［J］．心理科学，2007（5）．

［509］于艳芳，陈鑫．河北省农民工就业质量的影响因素与提升对策［J］．经济研究参考，2015（63）．

［510］余新丽，刘建新．基于就业能力的大学生就业指导效果的实证研究［J］．教育科学，2006（6）．

［511］郁松华．加快发展残疾人高等教育［J］．中国特殊教育，2009（4）．

［512］喻美辞．进口贸易、R&D溢出与中国制造业的就业变动［J］．国际商务研究，2010（2）．

［513］喻名峰，陈成文，李恒全．回顾与前瞻：大学生就业问题研究十年（2001-2011）［J］．高等教育研究，2012（2）．

［514］袁小平，王娜．资产的多样性、组合与反贫困效果——以J市易地搬迁扶贫为例［J］．山东社会科学，2018（12）．

［515］岳昌君，杨中超．我国高校毕业生的就业结果及其影响因素研究——基于2011年全国高校抽样调查数据的实证分析［J］．高等教育研究，2012（4）．

［516］岳昌君，杨中超．我国高校毕业生的就业结果及其影响因素研究——基于2011年全国高校抽样调查数据的实证分析［J］．高等教育研究，2012（4）．

［517］岳昌君．疫情对高校毕业生就业的影响［J］．中国大学生就业，2020（6）．

［518］岳德军，田远．人力资本与大学生就业质量：职业认同的中介作用［J］．江苏高教，2016（1）．

［519］曾令华．"货币短期非中性"的政策意义及实证分析［J］．金融研究，2000（9）．

［520］曾湘泉，郭晴．数字金融发展能促进返乡农民工再就业吗——基于中国劳动力动态调查（CLDS）的经验分析［J］．经济理论与经济管理，2022（4）．

［521］曾湘泉，李晓曼．破解结构矛盾 推动就业质量提升［J］．中国高等教育，2013（Z2）．

［522］曾湘泉，王辉．个人效用、教育因素和岗位特征——基于我国中职毕业生就业质量指标体系的研究［J］．学术研究，2018（3）．

［523］曾湘泉，徐长杰．新技术革命对劳动力市场的冲击［J］．探索与争鸣，2015（8）．

［524］曾湘泉，张成刚．深化对就业质量问题的理论探讨和政策研究［J］．第一资源，2012（2）．

［525］曾湘泉．缓解结构矛盾需要辩证思考［N］．贵阳日报，2021-11-22（007）．

［526］曾湘泉．变革中的就业环境与中国大学生就业［J］．经济研究，2004（6）．

［527］曾湘泉．基于大数据的劳动力市场研究［J］．中国人民大学学报，2017（6）．

［528］曾湘泉．实施减税降费 稳定就业环境［N］．中国劳动保障报，2019（003）．

［529］曾湘泉．完善失业统计指标体系实现更高质量和更充分就业［N］．中国劳动保障报，2018（003）．

［530］曾湘泉．中国就业市场的新变化：机遇、挑战及对策［J］．中国经济报告，2020（3）．

［531］曾向昌．构建大学生就业质量系统的探讨［J］．广东工业大学学报（社会科学版），2009（3）．

［532］曾学文．我国转型期财政和货币政策开发就业潜力的效果分析［J］．财贸经济，2007（2）．

［533］张冰子．改善就业服务实现更高质量更充分就业［N］．经济日报，2018-05-31（15）．

［534］张常新．大学生就业质量的影响因素及对策［J］．继续教育研究，2016（1）．

［535］张车伟．中国30年经济增长与就业：构建灵活安全的劳动力市场［J］．中国工业经济，2009（1）．

［536］张成刚，廖毅，曾湘泉．创业带动就业：新建企业的就业效应分析［J］．中国人口科学，2015（1）．

［537］张成刚．就业发展的未来趋势，新就业形态的概念及影响分析［J］．中国人力资源开发，2016（19）．

［538］张成刚．问题与对策：我国新就业形态发展中的公共政策研究［J］．中国人力资源开发，2019（2）．

［539］张抗私，李善乐．我国就业质量评价研究——基于2000-2012年辽宁宏观数据的分析［J］．人口与经济，2015（6）．

［540］张抗私，朱晨．大学毕业生就业质量的影响因素［J］．人口与经济，2017（1）．

［541］张莎．大学生"慢就业"群体就业质量提升探析［J］．学校党建与思想教育，2021（8）．

［542］张杉杉，杨滨伊．零工经济中平台型灵活就业人员的劳动供给影响因素研究——来自外卖骑手的证据［J］．经济与管理研究，2022（6）．

［543］张顺．数字经济时代如何实现更充分更高质量就业［J］．北京工商大学学报（社会科学版），2022（6）．

［544］张文勤，汪冬冬．挑战—抑制性压力对工作投入与反生产行为的影响——领导方式的调节作用［J］．软科学，2017（11）．

［545］张五六．动态奥肯定律理论在中美数据中的检验与比较［J］．贵州财经学院学报，2012（4）．

［546］张晓山．农民工大潮与中国的城镇化进程——改革开放以来农民工的贡献与未来的发展［J］．河北学刊，2019（2）．

［547］张昕蔚．数字经济条件下的创新模式演化研究［J］．经济学家，2019（7）．

［548］张旭光．灵活就业者工伤保险问题研究［J］．市场周刊，2020（4）．

［549］张勋，万广华，张佳佳，何宗樾．数字经济、普惠金融与包容性增长［J］．经济研究，2019（8）．

［550］张亚利．关于大学生情商水平与就业质量的相关研究［D］．华中科技大学，2004.

[551] 张亚强. 大学毕业生就业风险的社会危害及其规避 [J]. 山西财经大学学报, 2012 (S1).

[552] 张艳艳. 理工科女大学生就业难的问题分析 [J]. 现代商贸工业, 2018 (21).

[553] 张瑶祥. 基于三方满意度的高校毕业生就业质量评价研究 [J]. 中国高教研究, 2013 (5).

[554] 张轶文, 甘怡群. 中文版 Utrecht 工作投入量表 (UWES) 的信效度检验 [J]. 中国临床心理学杂志, 2005 (3).

[555] 张永安, 耿喆. 我国区域科技创新政策的量化评价——基于 PMC 指数模型 [J]. 科技管理研究, 2015 (14).

[556] 张永安, 郄海拓. "大众创业、万众创新" 政策量化评价研究——以 2017 的 10 项双创政策情报为例 [J]. 情报杂志, 2018 (3).

[557] 张玉胜. "慢就业" 需要 "快思考" [J]. 中国就业, 2020 (10).

[558] 张玉柱, 陈中永. 高校毕业生择业焦虑问卷的初步编制 [J]. 中国心理卫生杂志, 2006 (8).

[559] 张玉柱, 姚德雯. 高校毕业生择业焦虑问卷的跨地区验证和比较 [J]. 心理与行为研究, 2011 (2).

[560] 张郁萍. 高校实践教学与提升大学生就业质量研究——以 L 大学电子商务专业为例 [J]. 江西社会科学, 2017 (12).

[561] 张岳民. 新时代大学生就业价值观及对大学生就业质量的影响 [J]. 科教导刊 (电子版), 2017 (10).

[562] 张泽宝. 大学生就业价值观塑造论析 [J]. 学校党建与思想教育, 2021 (10).

[563] 张志红, 王露露, 宋艺. 营商环境生态如何驱动城市创新绩效?——基于创新型城市的模糊集定性比较分析 [J]. 研究与发展管理, 2022 (3).

[564] 张志明. 中国服务贸易的异质劳动力就业效应——基于行业面板数据的经验研究 [J]. 世界经济研究, 2014.

[565] 赵波, 蔡特金, 张志华. 新冠肺炎疫情下大学生情绪状态的呈现与调适——基于自我关怀的视角 [J]. 中国青年研究, 2020 (4).

[566] 赵宸宇, 王文春, 李雪松. 数字化转型如何影响企业全要素生产率 [J]. 财贸经济, 2021 (7).

[567] 赵宏斌. 人力资本投资收益-风险与大学生择业行为 [J]. 北京师范大学学报 (社会科学版), 2004 (3).

［568］赵建国，么晓敏．大学生就业扶持政策的有效性分析及改进：基于DEA 方法的实证分析［J］．数学的实践与认识，2013（11）．

［569］赵建国．基于扩散指数法的失业预警模型及实证分析［J］．财经问题研究，2005（11）．

［570］赵蒙成．社会资本对新生代农民工就业质量影响的调查研究——SZ市新生代农民工的案例研究［J］．人口与发展，2016（2）．

［571］赵明．我国大学生就业质量提升的对策研究［J］．江苏高教，2019（10）．

［572］赵涛，张智，梁上坤．数字经济、创业活跃度与高质量发展——来自中国城市的经验证据［J］．管理世界，2020（10）．

［573］赵腾．大学生职业自我概念对就业质量的影响及其影响机制研究［D］．中国科学技术大学，2018.

［574］赵燕慧，路紫，张秋姿．多类型微博舆情时空分布关系的差异性及其地理规则［J］．人文地理，2018（1）．

［575］郑诚，沈磊，代宁．基于类序列规则的中文微博情感分类［J］．计算机工程，2016（2）．

［576］郑东，潘聪聪．大学生提速"慢就业"的服务策略［J］．江苏高教，2019（2）．

［577］郑洁．家庭社会经济地位与大学生就业—— 一个社会资本的视角［J］．北京师范大学学报（社会科学版），2004（3）．

［578］郑苏江．基于 Citespace 文献计量视角的制造业服务化研究热点与趋势分析［J］．技术与创新管理，2020（1）．

［579］支华炜，张欣，楼稚明．高校毕业生初次就业影响因素探究——基于解释结构模型法［J］．财经问题研究，2016（s1）．

［580］中国劳动与社会保障部劳动科学研究所．中国灵活就业基本问题研究［J］．经济研究参考，2005（45）．

［581］钟秋明，刘克利．高校毕业生就业观影响就业质量的实证研究［J］．高教探索，2015（3）．

［582］周广肃，樊纲．互联网使用与家庭创业选择——来自 CFPS 数据的验证［J］．经济评论，2018（5）．

［583］周密，赵文红，姜玉洁．基于工作要求—资源模型的新生代产业工人工作倦怠的研究——心理韧性的作用［J］．软科学，2016（12）．

［584］周平，孟艳鹏．外出农民工流动规模变化：特征与意义［J］．农业经济与管理，2016（5）．

［585］周少斌．影响高职毕业生就业质量的因素分析［J］．职业教育研究，2008（2）．

［586］周申，何冰．贸易自由化对中国非正规就业的地区效应及动态影响——基于微观数据的经验研究［J］．国际贸易问题，2017（11）．

［587］周叔莲，王伟光．科技创新与产业结构优化升级［J］．管理世界，2001（5）．

［588］朱广华，陈万明，蔡瑞林，钱颖赟．大学生创业倾向性生成机理研究［J］．现代教育管理，2015（11）．

［589］左鹏飞，姜奇平，陈静．互联网发展、城镇化与我国产业结构转型升级［J］．数量经济技术经济研究，2020（7）．

附 录

附录1 大学生就业质量影响因素调查问卷
（用人单位填写版本）

尊敬的先生/女士：

您好！

十分感谢您在百忙之中填写本问卷。本问卷旨在了解用人单位对大学生就业质量影响因素的认知情况。本问卷采取匿名方式，最终结果仅用于学术研究，内容不涉及贵单位的机密问题，所获信息不用于任何商业用途，不会泄露您个人及单位信息。请您根据实际情况填写，谢谢您的合作！

本问卷所有题项，如未作特殊说明，均为单选题。请选择符合的选项。

一、基本情况

1. 贵单位的性质是？

（1）政府机构　（2）事业单位　（3）国有企业　（4）私有企业　（5）外资企业　（6）其他

2. 贵单位的规模是？

（1）100人以下　（2）100~500人　（3）500~1000人　（4）1000人以上

3. 贵单位所在地属于？

（1）北上广深　（2）新一线城市　（3）二三线城市　（4）其他城市　（5）乡镇

4. 您目前的职位属于？

（1）高层管理者　（2）中层管理者　（3）基层管理者　（4）员工

5. 您从事的工作是？

（1）人力资源工作　（2）非人力资源工作

6. 您是否参与过大学生员工的招聘工作？

（1）是　（2）否

二、用人单位对大学生就业质量影响因素的认知情况调查

从用人单位角度看，您认为以下各影响因素对当前大学生就业质量的影响程度是？

序号	影响因素	因素的重要程度				
		完全不重要	较不重要	一般	较重要	完全重要
1	性别	1	2	3	4	5
2	户籍所在地	1	2	3	4	5
3	政治面貌	1	2	3	4	5
4	学习成绩	1	2	3	4	5
5	学术类奖励及荣誉	1	2	3	4	5
6	社团与实践活动	1	2	3	4	5
7	实习及基层工作经历	1	2	3	4	5
8	家庭社会关系与经济状况	1	2	3	4	5
9	父母文化程度与家庭教育	1	2	3	4	5
10	父母职业	1	2	3	4	5
11	导师、朋友、校友及其他社会人士推荐	1	2	3	4	5
12	专业知识技能	1	2	3	4	5
13	环境适应能力	1	2	3	4	5
14	简历制作及面试表现	1	2	3	4	5
15	情商及人际沟通	1	2	3	4	5
16	学历	1	2	3	4	5
17	毕业院校知名度	1	2	3	4	5
18	职业发展规划与目标	1	2	3	4	5
19	对就业环境的认知	1	2	3	4	5
20	对本人情况的认知	1	2	3	4	5
21	思想道德与职业素养	1	2	3	4	5
22	就业指导	1	2	3	4	5
23	就业渠道	1	2	3	4	5
24	毕业院校教学质量	1	2	3	4	5
25	毕业院校专业设置与课程安排	1	2	3	4	5

序号	影响因素	因素的重要程度				
		完全 不重要	较不 重要	一般	较重要	完全 重要
26	就业地区经济发展状况及发展潜力	1	2	3	4	5
27	就业地区教育资源与质量	1	2	3	4	5
28	就业地区高考难度、学校及专业选择等	1	2	3	4	5
29	就业地区落户制度要求	1	2	3	4	5
30	政府在社保、就业、教育方面的支出	1	2	3	4	5
31	政府对企业的税收	1	2	3	4	5
32	政府就业政策	1	2	3	4	5
33	大学扩招现象	1	2	3	4	5
34	劳动力供给与需求数量	1	2	3	4	5
35	劳动力结构性匹配程度	1	2	3	4	5
36	国内经济增长速度	1	2	3	4	5
37	国内经济结构	1	2	3	4	5
38	国际经济发展情况	1	2	3	4	5

附录2　大学生就业质量影响因素调查问卷
（高校学生填写版本）

亲爱的在读生及毕业生：

您好!

十分感谢您在百忙之中填写本问卷。本问卷旨在了解大学生就业质量现状及您对就业影响因素的认知情况。本问卷采取匿名方式，最终结果仅用于学术研究，不会泄露您的个人信息。请根据您的自身情况如实填写，谢谢您的合作!

本问卷所有题项，如未作特殊说明，均为单选题。请选择符合的选项。

一、基本情况

1. 您的性别是?

（1）男　（2）女

2. 您的年龄是?

(1) 22 岁以下　(2) 23~26 岁　(3) 27~30 岁　(4) 31~34 岁　(5) 35 岁以上

3. 您的政治面貌是?

(1) 中共党员　(2) 共青团员　(3) 民主党派　(4) 群众

4. 您的毕业学校是?

(1) 985 高校　(2) 211 高校（非 985 高校）　(3) 一本（非 211 高校） (4) 二本　(5) 三本及其他　(6) 港台及海外高校

5. 您的学历学位是?

(1) 大学本科以下　(2) 大学本科　(3) 硕士研究生　(4) 博士研究生

6. 您的主修学科门类是?

(1) 哲学　(2) 经济学　(3) 法学　(4) 教育学　(5) 文学　(6) 历史学 (7) 理学　(8) 工学　(9) 农学　(10) 医学　(11) 军事学　(12) 管理学 (13) 艺术学

7. 您主修学科的综合成绩排名为?

(1) 前 5%　(2) 5%~10%　(3) 10%~20%　(4) 20%~50%　(5) 50%~ 80%　(6) 后 20%

8. 您就读大学前的户籍所在地是?

(1) 北上广深　(2) 新一线城市　(3) 二三线城市　(4) 其他城市　(5) 乡镇

9. 您在校期间是否有过以下学术获奖经历?（可多选）

(1) 获得奖学金　(2) 参加学术类竞赛　(3) 参加学术会议　(4) 发表学术论文　(5) 出版学术著作　(6) 无

10. 您在校期间是否有过以下技能实践经历?（可多选）

(1) 担任过学生干部　(2) 参加过兴趣社团　(3) 获得技能证书　(4) 参加实践类竞赛　(5) 参与基层志愿服务工作　(6) 无

11. 您有过几次与专业相关的实习经历（或工作经验）?

(1) 0 次　(2) 1~2 次　(3) 3~5 次　(4) 5~8 次　(5) 8 次以上

12. 您有过几次非专业相关的实习经历（或工作经验）?

(1) 0 次　(2) 1~2 次　(3) 3~5 次　(4) 5~8 次　(5) 8 次以上

13. 您是否已经就业?

(1) 是（请填写第一部分第 14 题）　(2) 否（请填写第一部分第 15 题）

14. 您的工作年限为?（请填写第二部分）

(1) 1 年以内　(2) 1~3 年　(3) 3~5 年　(4) 5 年以上

15. 您目前属于?

（1）在读学生（请填写第三部分）　（2）未签约的应届毕业生（请填写第三部分）　（3）已签约的应届毕业生（请填写第二部分）

二、毕业生就业质量情况调查

1. 您第一份工作的年薪是?

（1）5万元以下　（2）5万~10万元　（3）10万~15万元　（4）15万~20万元　（5）20万~25万元　（6）25万元以上

2. 您第一份工作每周的工作时间是?

（1）不超过40小时　（2）40~50小时　（3）50~60小时　（4）60小时以上

3. 您第一份工作每天单程的通勤时间是?

（1）不超过0.5小时　（2）0.5~1小时　（3）1~1.5小时　（4）1.5小时以上

4. 您第一份工作的工作强度如何?

（1）极小　（2）较小　（3）一般　（4）较大　（5）极大

5. 您第一份工作的挑战性如何?

（1）极小　（2）较小　（3）一般　（4）较大　（5）极大

6. 您第一份工作的单位是否提供全部的五险一金?

（1）是　（2）否,只提供一部分　（3）否,完全不提供

7. 您第一份工作的单位性质是?

（1）政府机构　（2）事业单位　（3）国有企业　（4）私有企业　（5）外资企业　（6）其他

8. 您第一份工作是否提供本地户口编制?

（1）是,入职即提供　（2）是,不立即提供,但申请条件较宽松　（3）是,不立即提供,且申请条件较严苛　（4）否

9. 您第一份工作的所在地是?

（1）北上广深　（2）新一线城市　（3）二三线城市　（4）其他城市　（5）乡镇

10. 您对您第一份工作的整体满意度是?

（1）完全不满意　（2）比较不满意　（3）一般　（4）比较满意　（5）完全满意

本部分已填写完毕,请跳转至第四部分。

三、在读生就业质量期望调查

1. 您期望第一份工作的年薪是?

（1）5万元以下 （2）5万~10万元 （3）10万~15万元 （4）15万~20万元 （5）20万~25万元 （6）25万元以上

2. 您期望第一份工作每周的工作时间是?

（1）不超过40小时 （2）40~50小时 （3）50~60小时 （4）60小时以上 （5）无所谓

3. 您期望第一份工作每天单程的通勤时间是?

（1）不超过0.5小时 （2）0.5~1小时 （3）1~1.5小时 （4）1.5小时以上 （5）无所谓

4. 您期望第一份工作的工作强度如何?

（1）极小 （2）较小 （3）一般 （4）较大 （5）极大 （6）无所谓

5. 您期望第一份工作的挑战性如何?

（1）极小 （2）较小 （3）一般 （4）较大 （5）极大 （6）无所谓

6. 您期望第一份工作的单位提供全部的五险一金?

（1）是 （2）无所谓

7. 您期望第一份工作的单位性质是?（多选）

（1）政府机构 （2）事业单位 （3）国有企业 （4）私有企业 （5）外资企业 （6）其他 （7）无所谓

8. 您是否期望第一份工作提供本地户口编制?

（1）是，入职即提供 （2）是，不立即提供，但申请条件较宽松 （3）无所谓

9. 您期望第一份工作的所在地至少是?

（1）北上广深 （2）新一线城市 （3）二三线城市 （4）其他城市 （5）乡镇 （6）无所谓

本部分已填写完毕，请跳转至第五部分。

四、毕业生对大学生就业质量影响因素的认知情况

您在毕业季寻找工作时，认为以下各影响因素对就业质量的重要程度是?

序号	影响因素	因素的重要程度				
		完全 不重要	较不 重要	一般	较重要	完全 重要
1	性别	1	2	3	4	5
2	户籍所在地	1	2	3	4	5
3	政治面貌	1	2	3	4	5
4	学习成绩	1	2	3	4	5
5	学术类奖励及荣誉	1	2	3	4	5
6	社团与实践活动	1	2	3	4	5
7	实习及基层工作经历	1	2	3	4	5
8	家庭社会关系与经济状况	1	2	3	4	5
9	父母文化程度与家庭教育	1	2	3	4	5
10	父母职业	1	2	3	4	5
11	导师、朋友、校友及其他社会人士推荐	1	2	3	4	5
12	专业知识技能	1	2	3	4	5
13	环境适应能力	1	2	3	4	5
14	简历制作及面试表现	1	2	3	4	5
15	情商及人际沟通	1	2	3	4	5
16	学历	1	2	3	4	5
17	毕业院校知名度	1	2	3	4	5
18	职业发展规划与目标	1	2	3	4	5
19	对就业环境的认知	1	2	3	4	5
20	对本人情况的认知	1	2	3	4	5
21	思想道德与职业素养	1	2	3	4	5
22	就业指导	1	2	3	4	5
23	就业渠道	1	2	3	4	5
24	毕业院校教学质量	1	2	3	4	5
25	毕业院校专业设置与课程安排	1	2	3	4	5
26	就业地区经济发展状况及发展潜力	1	2	3	4	5
27	就业地区教育资源与质量	1	2	3	4	5
28	就业地区高考难度、学校及专业选择等	1	2	3	4	5
29	就业地区落户制度要求	1	2	3	4	5
30	政府在社保、就业、教育方面的支出	1	2	3	4	5

续表

序号	影响因素	因素的重要程度				
		完全 不重要	较不 重要	一般	较重要	完全 重要
31	政府对企业的税收	1	2	3	4	5
32	政府就业政策	1	2	3	4	5
33	大学扩招现象	1	2	3	4	5
34	劳动力供给与需求数量	1	2	3	4	5
35	劳动力结构性匹配程度	1	2	3	4	5
36	国内经济增长速度	1	2	3	4	5
37	国内经济结构	1	2	3	4	5
38	国际经济发展情况	1	2	3	4	5

本问卷已填写完毕，感谢您的填写。

五、在读生对大学生就业质量影响因素的认知情况

您认为以下各影响因素对当前大学生就业质量的重要程度是？

序号	影响因素	因素的重要程度				
		完全 不重要	较不 重要	一般	较重要	完全 重要
1	性别	1	2	3	4	5
2	户籍所在地	1	2	3	4	5
3	政治面貌	1	2	3	4	5
4	学习成绩	1	2	3	4	5
5	学术类奖励及荣誉	1	2	3	4	5
6	社团与实践活动	1	2	3	4	5
7	实习及基层工作经历	1	2	3	4	5
8	家庭社会关系与经济状况	1	2	3	4	5
9	父母文化程度与家庭教育	1	2	3	4	5
10	父母职业	1	2	3	4	5
11	导师、朋友、校友及其他社会人士推荐	1	2	3	4	5
12	专业知识技能	1	2	3	4	5

序号	影响因素	因素的重要程度				
		完全不重要	较不重要	一般	较重要	完全重要
13	环境适应能力	1	2	3	4	5
14	简历制作及面试表现	1	2	3	4	5
15	情商及人际沟通	1	2	3	4	5
16	学历	1	2	3	4	5
17	毕业院校知名度	1	2	3	4	5
18	职业发展规划与目标	1	2	3	4	5
19	对就业环境的认知	1	2	3	4	5
20	对本人情况的认知	1	2	3	4	5
21	思想道德与职业素养	1	2	3	4	5
22	就业指导	1	2	3	4	5
23	就业渠道	1	2	3	4	5
24	毕业院校教学质量	1	2	3	4	5
25	毕业院校专业设置与课程安排	1	2	3	4	5
26	就业地区经济发展状况及发展潜力	1	2	3	4	5
27	就业地区教育资源与质量	1	2	3	4	5
28	就业地区高考难度、学校及专业选择等	1	2	3	4	5
29	就业地区落户制度要求	1	2	3	4	5
30	政府在社保、就业、教育方面的支出	1	2	3	4	5
31	政府对企业的税收	1	2	3	4	5
32	政府就业政策	1	2	3	4	5
33	大学扩招现象	1	2	3	4	5
34	劳动力供给与需求数量	1	2	3	4	5
35	劳动力结构性匹配程度	1	2	3	4	5
36	国内经济增长速度	1	2	3	4	5
37	国内经济结构	1	2	3	4	5
38	国际经济发展情况	1	2	3	4	5

本问卷已填写完毕，感谢您的填写。

附录3 大学生"慢就业"选择意愿调查问卷

您好！为了解大家对"慢就业"的选择意愿情况，我们诚邀您参加此项调查，您宝贵的意见和建议将成为我们研究的重要参考资料。本次调查采用随机抽样不记名的方式，我们对您的回答将予以保密，期待能收到您填写的完整的问卷，谢谢！

您是否是大学在读本科生？

①是　②否

在确定工作前，您更看重就业带来的长期收益（即未来的收益，如未来的工资福利、未来的发展空间）还是短期收益（即现在的收益，如现在的工资福利、现在的发展空间）？

①长期收益　②短期收益

您认为以下几项内容对您求职选择的重要程度如何？1为完全不重要，7为非常重要，从1→7重要程度增加

	1	2	3	4	5	6	7
工作稳定							
发展空间							
工作—生活平衡							
兴趣爱好							
发挥专长							
薪酬福利							
工作环境							
工作地点							
社会地位							
解决户口							

您估计您会在什么时候开始找工作？

①秋招前　②秋招　③秋招后春招前　④春招　⑤春招后毕业前　⑥毕业后

您认为您能接受的求职花费是多少？（求职开销比如培训费、服装费、车费、简历资料打印、食宿）

①500 元以下　②500～1000 元　③1000～1500 元　④1500～2000 元　⑤2000～2500 元　⑥2500 元以上

以下是对就业焦虑的测量，请您根据题目与您实际情况的符合程度进行选择，1 是完全不符合，5 是完全符合，1→5 符合程度增加。

	1	2	3	4	5
担心自己的职业理想难以实现					
一旦听到新闻报道大学生就业形势就有些着急					
因为学校无法提供足够多的用人信息而担心自己难以找到工作					
担心自己攻读的专业没有较强的就业竞争力					
会因为自己不了解应聘的技巧而感到着急					
会因为择业过程遇到难题时无处求助而焦虑					
如果用人单位不能提供较好的工作环境和较高的福利待遇，自己会感到失望					
对自己以后的就业前景感到不乐观					
会担忧自己的能力低而无法满足用人单位的要求					
一想到要参加招聘会就紧张					
会担忧自己的学业成绩不够优秀					
不知如何为就业准备相关的材料					
会因为家庭和社会关系的缺乏而担忧找不到好工作					
会因为不了解自己该办理哪些手续而担忧					
会因为对相关的就业政策不太了解而担心					
担心在招聘会上面对很多用人单位而难以选择					
担心自己的工作难以达到父母的期望					
担心自己的容貌会影响就业					
会因为用人单位的面试和考试而不自信和紧张					
会因为自己不了解相关的就业程序而担忧					
害怕与别人共同竞争					
担心在招聘会上没有一份自己理想的工作					
会担心自己在应聘时被用人单位拒绝					
若周围同学求职失败，我会更担忧自己的工作					

"慢就业"是指毕业之后既不打算立马就业也不打算立马升学，而是做出其

他选择，如支教、游学、备考、参加培训等。您认为您的"慢就业"意愿强度如何？1 是完全不愿意，7 是完全愿意，1→7 意愿强度递增。

	1	2	3	4	5	6	7
"慢就业"选择意愿							

针对以下各项"慢就业"行为，您的意愿如何？（1 是完全不符合，7 是完全符合，1→7 符合程度递增）

	1	2	3	4	5	6	7
我毕业之后不想立马工作，想拥有一段由自己安排的时间							
我毕业之后不想立马工作，想花一段时间去游学							
我毕业之后不想立马工作，想花一段时间去参加一些有关职业或者自己感兴趣的培训							
我毕业之后不想立马工作，想花一段时间去支教							
我毕业之后不想立马工作，想花一段时间准备创业							
我毕业之后不想立马工作，想花一段时间去准备考试，例如考研、考公务员、考资格证书、考事业编制岗位等							
我愿意为选择"慢就业"花费时间、精力和金钱，最终实现个人目标							

您有多少关系密切、可以得到支持和帮助的朋友？

①一个也没有　②1~2 个　③3~5 个　④6 个及以上

近一年来您：

①远离家人，独居一室　②住处经常变动，多数时间和陌生人住在一起　③住在集体宿舍　④和同学或朋友住在一起　⑤和家人住在一起

您与同班同学：

①相互之间从不关心，只是点头之交　②遇到困难可能稍微关心　③有些同学很关心我　④大多数同学都很关心我

您与邻居（包括室友）：

①相互之间从不关心，只是点头之交　②遇到困难可能稍微关心　③有些邻居很关心我　④大多数邻居都很关心我

您认为你在找工作期间可以从家庭成员得到的支持和照顾是：

	无	极少	一般	全力支持
恋人				
父母				
兄弟姐妹				
其他家庭成员				

过去，在您遇到急难情况时，曾经得到的经济支持或解决实际问题的帮助来源有（多选）：

①无任何来源　②恋人　③父母家人　④朋友　⑤亲戚　⑥同学　⑦工作单位　⑧党团工会等官方或半官方组织　⑨学校社团等非官方组织　⑩其他

过去，在您遇到急难情况时，曾经得到的安慰和关心的来源有（多选）：

①无任何来源　②恋人　③父母家人　④朋友　⑤亲戚　⑥同学　⑦工作单位　⑧党团工会等官方或半官方组织　⑨学校社团等非官方组织　⑩其他

您遇到烦恼时的倾诉方式：

①从不向任何人诉说　②只向关系极为密切的1~2个人诉说，其他人主动问也不说　③如果有人主动询问，就会说出来　④会主动诉说自己的烦恼，以获得支持和理解

您遇到烦恼时的求助方式：

①只靠自己，不接受别人帮助　②很少请求别人帮助　③有时请求别人帮助　④有困难时经常向家人、朋友、同学求援

对于团体（如党团组织、学生会等）组织活动，您：

①从不参加　②偶尔参加　③经常参加　④只要有活动就主动积极参加

您的性别为：

①男　②女

您目前所在的年级是

①大一　②大二　③大三　④大四

您就读的院校类型是：

①985高校　②211高校（非985）　③普通一本（非211）　④二本　⑤其他

您的专业类别是：
①理工类　②经管类　③人文类　④其他

附录4　互联网营销师职业发展状况调查问卷

尊敬的互联网营销师：

您好！

我们拟通过调查问卷对您的职业发展状况做相关了解。本问卷采取匿名方式，最终结果仅用于学术研究，内容不涉及您所从事职业的机密问题以及个人隐私，所获信息不用于任何商业用途，不会泄露您个人信息。

您的回答对我们的研究具有很重要的参考意义，期待您对自己的感受进行真实的评价。感谢您的支持与合作！

温馨提示：您所看到的问卷中提及的互联网营销师是指在数字化信息平台（包括但不限于淘宝、抖音、小红书及快手等）上，运用网络的交互性与传播公信力，对企业产品进行多平台营销推广的人员。2020年7月，互联网营销师被人社部联合国家市场监管总局、国家统计局列为新职业，正式纳入《国家职业分类大典》。

您目前从事的职业为互联网营销师？

（1）全职

（2）兼职

（3）没有从事（无须填写本问卷）

一、基本情况

1. 您的性别是？

（1）男　（2）女

2. 您的年龄是？

（1）20岁以下　（2）21～25岁　（3）26～30岁　（4）30～34岁　（5）35～45岁　（5）46岁以上

3. 您的学历学位是？

（1）高中以下（不包括高中学历）　（2）高中　（3）大学专科　（4）大学本科　（5）硕士研究生　（6）博士研究生

4. 您的毕业学校是？

（1）985 高校　（2）211 高校（非 985 高校）　（3）一本院校（非 211 高校）　（4）二本院校　（5）三本院校　（6）专科院校　（7）高中　（8）港台及海外高校

5. 您从事互联网营销师的工作年限是？

（1）不满一个月　（2）一个月至六个月　（3）六个月至一年　（4）一年至三年　（5）三年至五年　（6）五年以上

6. 您的月收入为？

（1）4000 元以下　（2）4000～6000 元　（3）6000～8000 元　（4）8000～10000 元　（5）10000～15000 元　（6）15000～30000 元　（7）3 万～5 万元　（8）5 万～10 万元　（9）10 万元以上

7. 您的弹性收入占您总收入的比重为？

（1）20% 以下　（2）20%～35%　（3）35%～50%　（4）50% 以上

二、自我评价

请根据以下描述与您的相符程度进行判断，其中 1 是最不符合，7 是最符合，具体而言，1~3 不符合的程度在依次降低，4 表示说不准，5~7 符合的程度依次加强。

序号	题项内容	相符程度
1	我能适应变化	1　2　3　4　5　6　7
2	我有亲密且安全的关系	1　2　3　4　5　6　7
3	有时命运能帮助我	1　2　3　4　5　6　7
4	无论发生什么我都可以应付	1　2　3　4　5　6　7
5	过去的成功让我有信心面对挑战	1　2　3　4　5　6　7
6	我能看到事情幽默的一面	1　2　3　4　5　6　7
7	应对压力使我感到拥有力量	1　2　3　4　5　6　7
8	经历艰难或者疾病之后，我往往能够很快恢复	1　2　3　4　5　6　7
9	事情的发生总是有原因的	1　2　3　4　5　6　7
10	无论结果怎么样，我都会尽自己最大的努力	1　2　3　4　5　6　7
11	我能实现自己的目标	1　2　3　4　5　6　7
12	当事情看起来没有什么希望时我也不会轻易放弃	1　2　3　4　5　6　7
13	我知道去哪里寻求帮助	1　2　3　4　5　6　7
14	在压力下我也能够集中注意力并清晰思考	1　2　3　4　5　6　7

续表

序号	题项内容	相符程度
15	我喜欢在解决问题时起到带头作用	1 2 3 4 5 6 7
16	我不会因为失败而气馁	1 2 3 4 5 6 7
17	我认为自己是个强有力的人	1 2 3 4 5 6 7
18	我能做出不寻常或艰难的决定	1 2 3 4 5 6 7
19	我能处理不快乐的情绪	1 2 3 4 5 6 7
20	我不得不按照预感行事	1 2 3 4 5 6 7
21	我有强烈的目的感	1 2 3 4 5 6 7
22	我感觉能掌控自己的生活	1 2 3 4 5 6 7
23	我喜欢挑战	1 2 3 4 5 6 7
24	我努力工作以达到目标	1 2 3 4 5 6 7
25	我对自己的成绩感到骄傲	1 2 3 4 5 6 7

三、工作情况

请根据您工作中的真实感受作答，其中1是最不符合，7是最符合，具体而言，1~3不符合的程度在依次降低，4表示说不准，5~7符合的程度依次加强。

序号	题项内容	相符程度
1	在工作中，我感到自己迸发出能量	1 2 3 4 5 6 7
2	工作时，我感到自己强大并且充满活力	1 2 3 4 5 6 7
3	我对工作富有热情	1 2 3 4 5 6 7
4	工作激发了我的灵感	1 2 3 4 5 6 7
5	早上一起床我就想要去工作	1 2 3 4 5 6 7
6	当工作紧张的时候，我会觉得快乐	1 2 3 4 5 6 7
7	我为自己所从事的工作感到自豪	1 2 3 4 5 6 7
8	我沉浸于我的工作当中	1 2 3 4 5 6 7
9	我在工作时会达到忘我的境界	1 2 3 4 5 6 7
10	我的某些工作任务有必要减少	1 2 3 4 5 6 7
11	我感到工作负担过重	1 2 3 4 5 6 7
12	我被给予了太多的责任	1 2 3 4 5 6 7
13	我的工作任务太繁重了	1 2 3 4 5 6 7

序号	题项内容	相符程度
14	我的工作数量妨碍到我想保持的工作质量	1　2　3　4　5　6　7
15	我对自己职业所取得的成功感到满意	1　2　3　4　5　6　7
16	我对自己职业所取得的进步感到满意	1　2　3　4　5　6　7
17	我对自己所取得的收入感到满意	1　2　3　4　5　6　7
18	我对自己职业所不断积累的热度（粉丝量）感到满意	1　2　3　4　5　6　7
19	我对自己职业所掌握的新技能感到满意	1　2　3　4　5　6　7